U0745120

国家出版基金项目
NATIONAL PUBLICATION FOUNDATION

海外著名汉学家评传丛书

葛桂录 主编

Academic Biographies
of Renowned
Sinologists

赵韧 著

A CRITICAL
鲁道夫·瓦格纳
评传
BIOGRAPHY

Rudolf G. Wagner

山东教育出版社
·济南·

图书在版编目（CIP）数据

鲁道夫·瓦格纳评传 / 赵韧著 . — 济南：山东教育
出版社，2023.12
（海外著名汉学家评传丛书 / 葛桂录主编）
ISBN 978-7-5701-2742-9

I.①鲁… II.①赵… III.①鲁道夫·瓦格纳—评传
IV.① K835.165.81

中国国家版本馆 CIP 数据核字（2023）第 223996 号

LUDAOFU WAGENA PINGZHUAN
鲁道夫·瓦格纳评传

赵韧 著

总 策 划	祝 丽
责 任 编 辑	孙文飞
责 任 校 对	舒 心
装 帧 设 计	M1 书籍 / 设计 / 工坊　刘运来工作室

主 管 单 位	山东出版传媒股份有限公司
出 版 人	杨大卫
出 版 发 行	山东教育出版社

地 址	济南市市中区二环南路 2066 号 4 区 1 号
邮 编	250003
电 话	(0531) 82092660
网 址	www.sjs.com.cn

印 刷	济南精致印务有限公司
开 本	710 毫米 x 1000 毫米　1/16
印 张	18.75
字 数	270 千
版 次	2023 年 12 月第 1 版
印 次	2023 年 12 月第 1 次印刷
定 价	92.00 元

如印装质量有问题，请与印刷厂联系调换，电话：0531-88783898

鲁道夫·瓦格纳（Rudolf G. Wagner，1941—2019）

总　序

　　"汉学"（Sinology）[1]概念正式出现于19世纪。1814年，法国法兰西学院设立了被称为西方汉学起点的汉学讲座。我国学界关于汉学概念的认知有所差异，比如有关"汉学"的称谓就包括海外汉学、国际汉学、域外汉学、世界汉学、中国学、海外中国学、国际中国学、国际中国文化等，近年来更有"汉学"与"中国学"概念之争及有关"汉学主义"的概念讨论。[2]李学勤先生将"汉学"看作外国学者对中国历史文化和语言文学等方面的研究。阎纯德先生在为"列国汉学史书系"所写的序言中说，中国人对中国文化的研究应该称为国学，而外国学者研究中国文化的那种学问则应称为汉学，汉学既符合中国文化的学术规范，又符合国际上的历史认同与学术发展实际。[3]这样，我们在综合国内外学者主流观点的基础上，目前拟将"（海外）汉学"初步界定为国外对中国的人文学科（如语言、文学、历史、哲学、地理、宗教、艺术、考古、人类学等）的研究，也将其作为本套"海外著名汉学家评传丛书"选择

---

〔1〕指代"汉学"的Sinologie（即英文的Sinology）一词出现在18世纪末。

〔2〕顾明栋：《汉学主义：东方主义与后殖民主义的替代理论》，张强、段国重、冯涛等译，北京：商务印书馆，2015年，第40-140页。

〔3〕阎纯德：《汉学历史与学术形态》，见阎纯德主编《汉学研究》（总第十集），北京：学苑出版社，2007年。

传主对象的依据之一。当然，随着海外汉学研究不断深入拓展，它所囊括的范围也将包括政治、社会、经济、管理、法律、军事等国际中国学研究所涉及的社会科学范围，打通国际"汉学"和"中国学"研究的学术领域。正如国内海外汉学研究的领军人物张西平教授所说，我们要树立历史中国和当代中国统一性的正确史观。[1]

中国自公元1219年蒙古大军第一次西征引发与欧洲的"谋面"始，与西欧就有了越来越多的接触与交流。数百年来的中西文化交流史，同时也是海外汉学的发展史，在这一历史过程中，海外汉学家是研究与传播中国文化的特殊群体。他们在本国学术规范与文化传统下做着有关中国文化与文学的研究和翻译工作。从中外交流的角度挖掘一代代海外汉学家的存在价值并给予其科学的历史定位，既有益于中国文化走向世界，也有利于中国学术与世界接轨，因而该领域的研究工作亟待拓展与深化。

本丛书旨在通过撰著汉学家评传的方式，致力于海外汉学研究的深耕掘进，具体涉及汉学家的翻译、研究、教学、交游，重点是考察中国文化、文学在异域的接受轨迹与变异特征，进而从新世纪世界文化学术史的角度，在中华文化与世界主要国家文化的交流、碰撞和融合之中深入探索中华文化的现代意义，加深对中华传统文化价值的认识，借此推动学术界关于"中学西传"的研究更上新台阶，并促进海外汉学在学科自觉意义上达到一个新高度。

一、海外汉学与中华文化国际传播

海外汉学的发展历程是中华文化与异质文化交流互动的历史，

---

[1] 张西平：《历史中国和当代中国的统一性是开展中国研究的出发点》，载《国际人才交流》，2022年第10期。

也是域外学人认识、研究、理解、接受中华文化的足迹，它昭示着中华文化的世界性意义。参与其中的汉学家是国外借以了解中华文化的主要媒介，中华文化正是在他们的不懈努力下逐渐走向了异域他乡，他们在中华文化走向世界的过程中做出了特殊的贡献。

季羡林先生早在为《汉学研究》杂志创刊号作序时就提醒世人不可忽视西方汉学家的重要价值："所幸在西方浑浑噩噩的芸芸众生中，还有一些人'世人皆醉，而我独醒'，人数虽少，意义却大，这一小部分人就是西方的汉学家……我现在敢于预言：到了21世纪，阴霾渐扫，光明再现，中国文化重放异彩的时候，西方的汉学家将是中坚人物，将是中流砥柱。"[1]季先生还指出："中国学术界对国外的汉学研究一向是重视的。但是，过去只限于论文的翻译，只限于对学术论文、学术水平的评价与借鉴。至于西方汉学家对中西文化交流所起的作用，他们对中国所怀的特殊感情等等则注意还不太够。"[2]

事实上，海外汉学家将中华文化作为自己的兴趣关注点与学术研究对象，精心从事中华文化典籍的翻译、阐释和研究，他们丰富的汉学研究成果在其本国学术界、文化界、思想界相继产生了不小的影响，并反过来对中国学术发展产生了一定的促进作用。汉学家独特的"非我"眼光是中国文化反照自身的一面极好的镜子。通常汉学家不仅对中华文化怀着极深的感情，而且具有深厚的汉学功底，是向域外大众正确解读与传播中华文化的最可依赖的力量之一。尤其是专业汉学家以对异域文化、文明的译研认知为本位，其

---

[1]季羡林：《重新认识西方汉学家的作用》，见季羡林研究所编《季羡林谈翻译》，北京：当代中国出版社，2007年，第60页。
[2]季羡林：《重新认识西方汉学家的作用》，见季羡林研究所编《季羡林谈翻译》，北京：当代中国出版社，2007年，第60页。

研究与译介中国文化与文学本着一种美好的交流愿景，最终也成就了中外文化与文学宏大的交流事业。他们的汉学活动提供了中国文化、文学在国外流播的基本资料，因而成为研讨中华文化外播与影响的首要考察对象。

自《约翰·曼德维尔游记》（ *The Travels of Sir John Mandeville,* 1357 年）所代表的游记汉学时代起，海外汉学至今已有六个多世纪的历史。如果从传教士汉学、外交官汉学或学院专业汉学算起，也分别有四百多年、近三百年以及约两百年的历史。而中外文化、文学交流的顺利开展无法绕过汉学家这一特殊的群体，"惟有汉学家们才具备从深层次上与中国学术界打交道的资格"[1]。

19 世纪下半叶至 20 世纪初，随着第二次工业革命的兴起，西方国家对海外市场开拓的需求打破了以往传教士汉学时代以传教为目的而研讨中华文明的格局，经济上的实用目的由此成为重要驱动力，这一时期是海外汉学由"业余汉学"向"专业汉学"转变的过渡时期。海外汉学在这一时期取得了较大的突破，不论汉学家的人数抑或汉学著述的数量皆有很大增长。

尤其随着二战以后国际专业汉学时代的来临，各国学府自己培养的第一代专业汉学家成长起来，他们对中华文化的解读与接受趋于准确和理性，在中华文化较为真实地走向世界的过程中做出了巨大贡献。他们是献身学术与友谊的专业使者，是中国学术与世界接轨的桥梁。其中如英国著名汉学家大卫·霍克思（David Hawkes），他把自己最美好的时光献给了他所热爱的汉学事业。霍克思一生大部分时间都用于中国文化、文学的翻译、研究、阐释与传播。即使

---

[1] 方骏：《中国海外汉学研究现状之管见》，见任继愈主编《国际汉学》（第六辑），郑州：大象出版社，2000 年，第 14 页。

到晚年，他对中华文化的热爱与探究之情也丝毫未减。2008年，85岁高龄的他与牛津大学汉学教授杜德桥（Glen Dudbridge）、卜正民（Timothy Brook）专程从牛津搭乘火车赶到伦敦，为中国昆剧《牡丹亭》青春版的英国首次演出助阵。翌年春，霍克思抱病接待前来拜访的时任中国驻英大使傅莹女士。傅莹大使赠送的一套唐诗茶具立即引起霍克思的探究之心，几天后他给傅莹大使发去电子邮件，指出这套唐诗茶具中的"唐"指的是明代唐寅而非唐代，茶具所画乃唐寅的《事茗图》，还就茶具所印诗作中几个不甚清楚的汉字向傅莹大使讨教。霍克思这样的汉学家对中华文化的熟悉程度与探究精神让人敬佩，他们是理性解读与力图准确传播中国文学与文化的专业汉学家。确实如前引季羡林先生所说，这些汉学家对中国怀有特殊的感情。

霍克思与他的汉学前辈翟理斯（Herbert Allen Giles）、阿瑟·韦利（Arthur David Waley）可以共称为推动中国文学译介最为有力的"英国汉学三大家"，在某种程度上他们改变了西方对中国的成见与偏见。他们三人均发自内心地热爱中华文化，从而成为向英语国家乃至西方世界读者推介中国文学特别是中国古典文学的闯将。西方读者正是通过他们对中国优美诗歌及文学故事的移译，才知晓中国有优美的文学，中国人有道德承担感。如此有助于国际的平等交流，也提升了中国在西方的地位，同时他们也让西方读者看到了中国的重要性，使关于中国的离奇谣言不攻自破，让外国人明白原来中国人可以沟通并理解，并非像过去西方出于成见与偏见而想象的那样异样与怪诞。

由此可见，海外汉学家在中国文学与文化向域外传播的过程中扮演着重要的角色，他们与中华文化国际传播存在着天然的联系。诚如北京语言大学原校长刘利教授在题为《构建以汉学为重要支撑的国际传播体系》的文章中指出："汉学自诞生之日起，便担负着中华文化国际传播的重要使命。汉学家们在波澜壮阔的中外交流史中留下了独特且深厚的历史印记，他们广博精深的研究成果推动了中外文化交流和文明交融互鉴，世界各国对中国形象的认知也因此更为清晰、立体、真实。"[1]确实，中外文明交流互鉴的结果有利于在世界上显现丰富而真实的中国形象，这不仅意味着中华文明"外化"的传播，也意味着异域文明对中华文明"内化"的接受，这有助于展示中华文明走向外部世界的行行足迹。

在新的时代背景下，推进中华文明国际传播，推动中华文化更好地走向世界，除了我们自身要掌握思想和文化主动，还要特别关注海外汉学家的著译成果，特别是海外汉学家的全球史视野、跨文化比较视阈以及批判性反思与自我间离的能力，有助于增强不同文化之间的共识，创建我们所渴求的文化对话，并发展出一套相互认同的智性标准。[2]因而，在此时代语境中，探讨海外汉学具有重大战略意义。

从中国角度看，海外汉学可以帮助我们了解中华优秀传统文化在国外的传播与影响情况，了解域外的中国形象构成及其背后的诸多因素，并吸收他们传播中华文化的有益经验。从世界角度看，海外汉学著译成果及汉学家的诸多汉学活动（教育教学、与中国学人的互动交流等），可以让世界了解中华文化的特性及其与域外文化交流互补的特征。

充分关注与深度研讨丰富多彩的海外汉学成果，有助于我们站在全球史视野与新世纪世界文化学术史的角度，在中华文明与异域

---

[1] 刘利：《构建以汉学为重要支撑的国际传播体系》，载《学习时报》，2023 年 7 月 21 日。

[2] 葛桂录：《中华文明国际传播与话语建设》，载《外国语言文学》，2023 年第 3 期。

文化的碰撞交流与融合发展之中，梳理与总结出中国文学与文化对外传播影响的多元境遇、历史规律、思路方法，为国家制定全球文化战略提供学术佐证，为深化文明交流互鉴提供路径策略，为中华文化国际传播与中国话语体系建设提供历史经验。

　　本丛书正是以海外汉学家为中心的综合研究的成果，我们将从十位汉学家的思想观念中理解和分析具体的汉学文本或问题，从产生汉学著作的动态社会历史和知识文化背景中理解汉学家思想观念的转折和变化，从而总体性把握与整体性评价汉学家在中华文明外播域外的进程中所做的诸种努力及其实际效果，以确证海外汉学的知识体系和思想脉络。在外国人对中国认知逐步深入的过程中，汉学研究的成果始终起着传播和梳理中国知识、打破旧有思想体系束缚、引领国民中国观念、学习和融合中华文化的重要作用。

二、撰著的方法路径与比较文学视角

　　海外汉学研究离不开汉学知识史的建构与汉学家身份的认知。正如张西平教授所说："在西方东方学的历史中，汉学作为一个独立学科存在的时间并不长，但学术的传统和人脉一直在延续。正像中国学者做研究必须熟悉本国学术史一样，做中国文化典籍在域外的传播研究首先也要熟悉域外各国的汉学史，因为绝大多数中国古代文化典籍的译介是由汉学家们完成的。不熟悉汉学家的师承、流派和学术背景，自然就很难做好中国文化的海外传播研究。"[1]

　　海外汉学自身的跨文化、跨语言、跨学科的特质要求我们打破

---

〔1〕葛桂录主编：《中国古典文学的英国之旅——英国三大汉学家年谱：翟理斯、韦利、霍克思》，郑州：大象出版社，2017年，总序第5页。

学科界限，使用综合性的研究方法；用严谨的史学方法搜集整理汉学原典材料，用学术史、思想史的眼光来解释这些材料，用历史哲学的方法来凸显这些材料的观念内涵；尽可能将丰富的汉学史料放在它形成和演变的整个历史进程中动态地考察，区分其主次源流，辨明其价值与真伪，将汉学史料的甄别贯穿于史料研究、整理工作的全过程之中；充分借鉴中国传统学术如版本目录学、校雠学、史料检索学以及西方新历史学派的方法论与研究理念，遵循前人所确立的学术规范。

　　目前已出版的海外汉学专题研究论著，不少是在翻译研究的学术框架下以译本为中心的个案研究，通过原本与译本的比较，援引翻译研究理论，重点是考察与比较汉学家翻译工作中的误读、误释的基本情况，揭示汉学典籍在域外的传播与变异特征。本丛书旨在文献史料、研究视野、学理方法、思想交流诸方面创新海外汉学研究的观念价值，拓展海外汉学领域的学术空间，特别是深度呈现中外文化交流语境里中华文化的命运，详尽考察中华文化从走出国门（翻译、教学与研究）到走进异域思想文化（碰撞、认知与吸纳）的路径，再到以融合中华文明因子的异域思想文化为参照系，激活中国本土文化的提升空间与持久动力的历程。具体也涉及特定历史文化语境中的汉学家如何直接拥抱所处时代的文化思想及学术大潮，构建自身的异域认知与他者形象。我们要借助丰富多彩的海外汉学成果，关注中外哲学文化思想层面的交互作用，在此意义上评估中华文明的延展性、适时性、繁殖力等影响力问题。

　　在方法路径上，首先，要在中外文化交流史的基础上弄清楚中华文化向域外传播的历史轨迹，从这个角度梳理出海外汉学形成的历史过程及汉学家依附的文化语境。其次，以历史文献学考证和分析的基本方法来掌握海外汉学文献的传播轨迹和方式，进而勾勒出构成海外汉学家知识来源的重要线索。最后，借用历史语境主义的研究范式探究海外汉学家不同发展阶段的汉学成就及观念诉求。

因而，文献史料的发掘与研究不仅是重要的基础研究工作，同时也意味着学术创新的孕育与发动，其学术价值不容低估。应该说，独立的文献准备是学术创见的基础，充分掌握并严肃运用文献，是每一位海外汉学研究人员必须具备的基本素养。而呈现数百年来中华文化在域外传播影响的复杂性与丰富性的途径之一，就是充分重视文献史料对海外汉学家研究和评传写作的意义。海外汉学史研究领域的发展、成熟与文献学相关，海外汉学研究史料的挖掘、整理和研究，仍有许许多多的工作要做。丛书在这方面付出了诸多努力，包括每位传主的年谱简编及相关文献史料的搜集整理，为厘清中华文化向域外传播的历史轨迹，梳理海外汉学发展的历史过程及汉学家依附的文化语境，起到了重要的支撑作用。

构建海外汉学史的框架脉络，需要翻阅各种各样的包括书刊、典籍、图片在内的原始材料，如此才能对海外汉学交流场有所感悟。这种感悟决定了从史料文献的搜集中，可以生发出关于异域文化交流观念的可能性及具体程度。海外汉学史研究从史料升华为史识的中间环节是"史感"。"史感"是在与汉学史料的触摸中产生的生命感。这种感觉应该以历史感为基础，同时含有现实感甚至还会有未来感。史料正是在研究者的多重感觉中获得了生命。

通过翔实的中外文原典文献资料的搜罗梳理及综合阐释，我们既可以清晰地看出海外汉学家、思想家对中国文化、文学典籍的译介策略与评述尺度，又能获知外国作家借助于所获取的汉学知识而书写的中国主题及其建构的中国形象，从而加深对中外文学、文化同异性的认知，重新审视中外文学交流的历史性价值和世界性意义，有助于提升中外文学交流史的研究层次，提出新的研究课题，拓展新的研究领域，并奠定中外文学交流文献史料学的研究基础。

　　海外汉学家研究属于中外文学、文化交流的研究领域，从属于比较文学研究的学科范畴。我们要以海外汉学数百年的发展史为背景，从中外文化与文学交流的角度来重新观照、审视汉学家的汉学经历、成就及影响，因而必须借鉴历史分析等传统学术研究方法，并综合运用西方新史学理论，接受传播学理论、文本发生学理论、跨文化研究理论，以及文化传播中的误读与误释理论等理论成果，从文化交流角度准确定位海外汉学家的历史地位，清晰勾勒他们如何通过汉学活动以促进中外文明交流发展的脉络。这不仅有利于传主汉学面貌的清晰呈现，也裨益于中国文学与文化的域外传播，同时更有助于我们透视外国人眼中的中华文化。因此，海外汉学家研究作为中国比较文学学科的一个重要领域，必将能为中华文化的海外弘扬贡献力量，它昭示的是中华文化的世界性意义。

　　同样，海外汉学家在其著译与教育交流实践中，也非常关注比较文学视角的运用。比如，霍克思担任牛津汉学讲座教授几年后，从比较文学的视角正面回答了汉学学科这一安身立命的问题。在他看来，中国文学的价值在于其与西方的相异性，作为世界文化的一个组成部分，其独特性使其有了存在与被研究的必要。霍克思认为，对不同文学间主题、文体、语言表达与思想表达差异的寻找等都是中西文学比较中可展开的话题。他在多年的汉学研究中时刻不忘比较视域，其学术路径在传统语文学研究方法基础上增加了比较思想史视野下审视学术文献意义的步骤。对于霍克思而言，研究汉学既是为了了解中国，了解一个不同于西方的文学世界，也是为了中英互比、互识与互证。此中贯穿着比较，贯穿着两种文化的互识与交流。霍克思对中国典籍译研的文化阐释影响深远，比较文学意识可算是贯穿其汉学著译始终的重要研究理念。

　　比较文学视角有助于促成跨文化交流与文明互鉴的理想结果，也就是对话双方能够在交流中找寻本土思想文化创新发展的契机并实现互惠。因为，跨文化对话有一种镜子效应，把陌生文化当作一面镜子，在双方的对话中更好地认识自己，而且新意往往形成于两者的交锋对话之中。当然，安乐哲（Roger T. Ames）也提醒我们："文化比较需要一把'双面镜'，除了要站在西方文化的立场上依据西方的思想体系和结构翻译与诠释中国文化外，我们更应当以平等的态度和眼光，通过回归经典去实事求是地理解中国的传统，即从中国哲学和文化本身出发去理解它，并且从中认识到其所具有的独特性。"[1]

　　在此意义上，海外汉学家在中国典籍翻译阐释中所展示的跨文化对话意识具有特殊意义。他们固然可以复制出忠实于原作的译本，同时更可能出于自己的理论构想与文化诉求，通过主观性阐释与创造性误读，使译作具有独立于原作之外的精神气质与文化品格，同时进行着本民族文化传统的"自我重构"。他们借助于独具特色的译介中国行动，既构筑了新的中国形象，也试图通过东西方文明对话构筑起新的世界，从而实现跨文化对话的目标。

　　本丛书在撰著过程中立足于比较文学视角，依靠史料方面的深入探究，结合思想史研究的路径、文献学的考证和分析、跨文化形象学研究的视角与方法发掘，在具体汉学家的思想观念中理解和分析具体的汉学文本或问题，从产生汉学著作的动态社会历史和知识文化背景中把握汉学家思想观念的转折和变化，展示海外汉学学科体系奠基与进行中西文化融合的过程，从而把握海外汉学的知识体系和思想脉络。

---

[1]［美］安乐哲：《"生生"的中国哲学：安乐哲学术思想选集》，北京：人民出版社，2021年，第141页。

三、编撰理念与总体构想

　　海外汉学家数量颇为可观。本丛书选择海外著名汉学家十位，每位传主一卷，分别展开他们的综合研究工作，评述每位传主的汉学历程、特点及重要贡献。通过评传编撰，呈现每位传主汉学生涯的生成语境；通过分析阐释传主的翻译策略、文集编选、汉学论著、教育教学理念等，揭示传主汉学身份特征，论析传主汉学思想的载体与构成要素，站在中外文化交流史与海外汉学思想发展史的高度，客观评述传主的汉学成就。反之亦然，从传主的汉学成就观照其所处时代、所在区域的汉学思想演进脉络。撰述过程中关注时代性、征实性、综合性，最终凸显作为汉学思想家的传主形象。

　　本丛书编撰遵循历史还原、生动理解与内在分析的基本思路。所谓历史还原，即通过对文献史料的爬梳，重现传主汉学成就的历史文化语境。所谓生动理解，即通过消化史料，借助合适的解释框架，理解及重构传主鲜活的汉学发展脉络。所谓内在分析，即通过厘清传主汉学生涯的基本理路，分析传主饱含学养的汉学体验与著译成就。

　　本丛书各卷的撰述风格与笔法，希望能与今天的阅读习惯接轨，在丰厚翔实、鲜活生动的叙述之中，将传主立体地呈现在读者面前。丛书将以丰富的史料、准确稳妥且富有见地的跨文化传播观点、开放的文化品格、独特的行文风格，使不同层面的读者都能在书中找到各自需要的灵韵，使之在不知不觉的阅读中形成这样的共识：通过几代海外汉学家的不懈努力，中华文化走进异域他乡，引发了中外文学与文化的交融、异质文化的互补，这不仅是昨天的骄傲，更是今天的时尚与主题。

　　本丛书各卷采用寓评于传、评传结合的体例，充分考虑学术性（吸收学界最新成果）与可读性（充满活力的语言），有趣亦有益。各卷引言总论传主的汉学思想特征，各章梳理传主的生活时代与社会思想背景，呈示传主的生平事迹、著述考辨、学养构成，阐释传主的各种汉学成果，从传主的译介、研究、教育教学活动等方面全方位呈现其汉学成就，概括传主的汉学贡献，以确认其应有的汉学地位，最终凸显作为汉学思想家的传主形象，继而为全面深入探讨海外汉学史提供知识谱系与思考路径。同时，我们通过以海外著名汉学家为中心的比较文学跨文化、跨学科（跨界）研究，深入研究、阐释中华优秀传统文化蕴含的思想观念、人文精神、道德规范，力争在中外文明的双向交流中阐发中华文明的内在精髓与独特魅力，努力提高推动中华文明走进域外世界的社会意识，借此回应与推进国家文化发展与国际传播战略，实现中华优秀传统文化的创造性转化与创新性发展，彰显中外人文交流与文明互鉴的价值与意义。

葛桂录

2023 年 10 月 6 日定稿于福建师范大学外语楼

目录

第三章　"选择西潮论"　057

第四章　"小生境"与公共领域　100

第五章　时代与文本的融合　137

第六章　汉学界的"广大教主"　179

04

第一章 穿越的"他者"

一、汉学的"多棱镜"

19 世纪初法国的法兰西学院设置了关于汉学研究的第一个教席[1]，这标志着欧洲汉学作为一个独立学科的诞生。以欧洲为代表的传统汉学通常被称为"Sinology"，以文献和古典研究为中心，包括哲学、宗教、历史、文学、语言等方面，研究方法也以这些欧洲传统的人文学科研究方法为主；到了 20 世纪中期，在卫三畏等美国传统汉学家的研究基础之上，美国的中国学研究（Chinese Studies）开始异军突起，其以现实为基础，以实用为原则，将目光投射在近现代，重概念、尚实用，多从政治、地理、商业、语言角度进行研究，与法德的汉学研究略异。一言以蔽之，中国学研究强调使用多门社会科学整合的方式来研究近现代中国问题。侯且岸这样描述美国汉学研究演变到中国学研究的过程：

> 美国的汉学研究发生了重大的分化，最终使中国学研究彻底摆脱传统的束缚，从古典研究规范中分离出来。应当说，这种分离是一个过程，它始于 20 世纪 20 年代中期，其中主要的标志之一就是 1925 年太平洋学会（Institute of Pacific Relations，简称

---

[1] 罗芃、冯棠、孟华：《法国文化史》，北京：北京大学出版社，1997 年，第 461 页。

IPR）的成立。太平洋学会是美国中国学研究史上一个不容忽视的、具有学术转向标志的学术团体。由于它的出现，传统意义上的东方学、中国学研究开始走出古典语言文字、历史、思想文化的纯学术研究壁垒，转向侧重现实问题和国际关系问题研究的新领域，从而揭开了地区研究的序幕。[1]

一部分欧洲的汉学家对美国主导的中国学研究有很深的忧虑，如德国汉学家沃尔夫冈·顾彬写当代汉学研究：

　　二战之后，英语在高奏凯歌的同时，也在中国学研究领域造成了这样的印象：第一流的汉学研究似乎多半只存在于美国……今天美国的汉学主流（尤其是在现代领域）主要遵循两条思想路线和一个方法论——政治的正确性、后殖民话语和（从历史角度分析很成问题的）教科书的渊博精深（课本知识＋流行的文学理论）。[2]

事实上，虽然欧洲汉学和美国中国学存在着研究对象、研究方法和研究主体的不同，但汉学发展到 21 世纪，这两种研究范式可以说是你中有我，我中有你，出现了融会贯通的形态特点，两种不同的情况既出现在欧洲又出现在美国。从中外文化交流的角度来看，首先需要考察中国文化在海外传播的形式和特点，其次更需要了解和阐释异质文化对中国文化的接受。这个异质文化"内化"中国文化的过程一定不是照搬照抄，也不可

---

〔1〕侯且岸：《从学术史看汉学、中国学应有的学科定位》，见《国际汉学》（第 10 期），郑州：大象出版社，2004 年，第 5-6 页。
〔2〕［德］沃尔夫冈·顾彬：《汉学：路在何方？——对汉学状况的论辩》，王卓斐译，载《中国图书评论》，2010 年第 11 期。

能一帆风顺和平铺直叙，误解、歪解和误读必然存在。汉学和中国学在两种有所区别的研究范式中，异质文化呈现为不同性质的"他者"。不同的"他者"对中国文化的接受和传播也一定存在着不同的特点。我们的目的并不是进行非黑即白或者孰高孰低、孰是孰非的判断，而是通过对西方文明这个巨大的"他者"所反映出的镜像更好地获得自我认知，认清我们所肩负的文化使命和责任。

纵观 20 世纪的汉学史，是否能够找寻到这样一位汉学家，既能从其研究中考察出西方对中国文化的宏观认知，又能反映出欧洲汉学和美国中国学作为中国文明的不同"他者"时所存在的研究方法、价值判断和学术细节上的区别；既能考察古代中国灿烂的思想文化，又能对近现代中国研究有所涉猎——这样的问题意识指引我们找到了鲁道夫·瓦格纳（Rudolf G. Wagner，1941—2019）。作为德国海德堡大学曾经的汉学系主任，瓦格纳常年盘桓在欧美大陆间。凭着突出的汉学研究水平，他获得了 1993 年度的莱布尼茨奖，同时担任欧洲汉学学会的秘书长和国际儒学联合会理事会成员。瓦格纳在德国汉学研究视野内是一个令人无法忽视的名字。使人心生困惑的情况是：对这位德国汉学界的重镇，中国国内学界所给予的关注少之又少，不仅二手研究文献乏善可陈，著作也没有得到全面和系统的中译，陷入了一种中译缺乏、缺少关注、研究零散的局面。与顾彬、冯铁等现当代领域的德国汉学专家出版中文译著并得到中国知识界甚至超出知识界之外的广泛反响和回应相比，瓦格纳所受到的学术关注似乎无法与其学术成果"量多面宽"的状况相匹配。基于以上原因，本书试图对瓦格纳进行个案研究。

汉学家个案研究是现今海外汉学研究的重要路径，通过个案研究可以对海外汉学进行细致入微的考察。对汉学家个案的"深描式"探讨使我们得以厘清其学术传承、学术价值观和学术方法论等内在学术肌理，了解其关于中国的内在情怀和生命体验，从而由点及面，由微观至宏观，由特殊性至其普遍性，从个案中提取总体性和抽象性的概念特征。汉学家个案研究可以说是一面多棱镜，从丰富的层面折射出不同汉学家的思想，带来各异的研究方法、视角和立场。

鲁道夫·瓦格纳 1941 年出生在德国黑森州的威斯巴登。出生当年其父就去世了。1962 年他离开母亲开始求学生涯。由于当时德国学制与美国不同，没有本科与研究生的区别，即他一进入大学就开始学术化的训练，毕业时所取得的第一张证书就是硕士毕业证。瓦格纳进入大学以后就开始思考自己的学术方向和兴趣，这成为其多年汉学学术生涯的开始。一开始的时候他选择的主题是 20 世纪 50 年代到 60 年代出版的禅宗翻译作品。[1]这个学术选择一直延伸到了他后来的博士论文论题，可谓影响深远。1963 年为了学习哲学解释学的方法，瓦格纳来到海德堡跟随哲学家汉斯·齐奥尔格·伽达默尔学习。"读过伽达默尔的《真理与方法》之后，我从波恩大学搬到了他所任教的海德堡大学。"因为瓦格纳感到"他的方法将有助于我自己的汉学研究"[2]。

> 这种方法试图重建一种眼界，其间，一个居住在另一个空间、时间和环境的人正在思考、写作、阅读和被阅读，这似乎是一种好的方式来避免轻率地将思考、写作和阅读是为某种人为发明出来的范畴下的附庸。这帮助我学会尊重王弼作为一个曾经试图基于《老子》文本去了解《老子》的人。[3]

---

〔1〕参见郭妍伶、萧开元：《由"边墙"中寻找真相——专访德国汉学家瓦格纳教授》，载《学林人物》，2010 年 3 月号。
〔2〕张一帆：《访谈：德国海德堡大学教授鲁道夫·瓦格纳：重建思想的眼界——跨文化视域下的概念史研究》，载《文汇报》，2016 年 8 月 28 日。
〔3〕张一帆：《访谈：德国海德堡大学教授鲁道夫·瓦格纳：重建思想的眼界——跨文化视域下的概念史研究》，载《文汇报》，2016 年 8 月 28 日。

　　伽达默尔的思想无疑对瓦格纳的日后研究之路起到了重大的指导性的影响，这对瓦格纳倾注半生的王弼研究起到了方法论上的贯彻性引导。瓦格纳的中国现当代文学研究也从哲学解释学的方法论中受益良多，这将在最后一章探讨瓦格纳的德国学术谱系时进一步分析。但是没过多久，伽达默尔的研究便不能满足瓦格纳的学术需求，因为哲学解释学虽然是一门科学，但它对哲学思想和概念的解释均建立在德语的基础之上，也就是说这种研究的隐形前提是德语为哲学上的"特权"语言，而瓦格纳"想要说服伽达默尔和他的继任者将他的机构的视线扩展到中国哲学、佛教哲学或者阿拉伯哲学的努力"[1]失败了。瓦格纳却一直相信"诠释学有潜力成为一种跨文化研究的重要途径"[2]。攻读博士期间，由于指导教授鲍吾刚定居在慕尼黑，瓦格纳便转往慕尼黑完成博士学业。1969 年瓦格纳博士毕业，其博士论文的主题是佛教僧侣慧远研究。他的博士学业进行了 7 年，第一个原因是上文所述的德国学制，第二个原因是他在攻读博士学位期间亲身经历了欧洲 1968 年的学生运动，这也成为他人生经历的重要组成部分。

　　正当瓦格纳在学生运动中彷徨之际，美国哈克纳斯基金会为他提供了赴美访学的机会。1969 年初瓦格纳开始了为期三年的美国访学，一年在美国哈佛大学，接下来的两年在加州大学伯克利分校。1972 年瓦格纳回到柏林自由大学任教。1981 年瓦格纳在完成了教授论文《正始时期的语言、哲学和政治》之后又来到了美国康奈尔大学做研究。[3]康奈尔大学收藏了比较丰富的太平天国研究史料。太平天国是瓦格纳 19 世纪中国学研究的开

〔1〕张一帆：《访谈：德国海德堡大学教授鲁道夫·瓦格纳：重建思想的眼界——跨文化视域下的概念史研究》，载《文汇报》，2016 年 8 月 28 日。
〔2〕张一帆：《访谈：德国海德堡大学教授鲁道夫·瓦格纳：重建思想的眼界——跨文化视域下的概念史研究》，载《文汇报》，2016 年 8 月 28 日。
〔3〕参见王维江：《徜徉于中国学研究之中——德国海德堡大学瓦格纳教授的学术道路》，载《社会观察》，2004 年第 11 期。

端。离开康奈尔大学并返回柏林后一年，瓦格纳第三次赴美，在哈佛的费正清研究中心做了一年访问学者，接着又在加州大学伯克利分校进行了两年的访学。他的很多重要著作都在此期间成形。20 世纪 90 年代初，瓦格纳回到德国，担任海德堡大学汉学系第三任系主任。从海德堡大学汉学系退休以后，瓦格纳常年生活在美国波士顿，其夫人叶凯蒂受聘于美国波士顿大学。

面对这样一位在德国汉学界和美国中国学学界中都占有一席之地的学者，面临他在中国国内寥寥无几的被了解和被研究的状况，本书主要试图回答以下几个方面的问题：瓦格纳关于王弼哲学的研究成果有哪些？瓦格纳的王弼研究秉承了怎样的研究思路？采用了哪些特殊的研究方法？瓦格纳在他的晚清研究中如何理解传统与现代之间的关系？他的晚清宏观叙事与第一代美国中国学学者相比具有哪些创新性、先进性和哪些片面性及局限性？瓦格纳如何进行近代上海城市研究及报刊研究？使用了哪些理论和创造了哪些概念？瓦格纳在中国当代文学中使用怎么样的研究方法，秉承着怎样的研究思路？他在怎样的学术谱系中成长起来？他的个人经历和学术谱系对他的学术研究有何影响？他的学术思想和价值判断在其学术生涯中经历着怎样的变化？他拥有怎样的学术特色，这些特色在哪些因素的影响下才得以形成？他的观点有哪些独特之处及局限性，这些局限性是否可以算作正常的"文化误读"？在新时代中国走向世界的过程中瓦格纳的学术研究可以带来哪些启示？

本书的研究重点有二：一是通过将瓦格纳著作与有关王弼玄学的主流学说进行比较，爬梳瓦格纳王弼研究的成果和方法论，以此扩充国内学界对魏晋玄学的研究边界，展示西方学术理论如何为中国古代哲学服务的成功案例。二是通过对瓦格纳关于现当代中国主题的学术作品进行详细的分析和阐释，找到瓦格纳在欧洲汉学和美国中国学之间进行切换时所表现出的学术认知、立场、理论、方法等方面的变化。换句话说，他融合了哪些美国中国学的学术特征，又保留了哪些欧洲汉学的研究特色，在学术价值和意识形态上应该做如何的判断。在深挖式考量这些问题的过程中，试图以一管窥青天，用个案和细节来反映欧洲汉学与美国中国学之间细微差别及共通之处，考察这同根同源，融会贯通却仍有差异之处的两个"他者"对"自我"的认识情况究竟如何，从而进一步得出有关自我认知的多角度答案。

二、历史的两端

如上文所提到，国内针对瓦格纳现当代中国学研究而展开的研究文献非常匮乏，现就笔者能力可以查到的只有张志忠在《长城》2013 年第 3 期上发表的《转折关头的时代精神与文本阐释——瓦格纳的中国当代散文文体作品研究》；《文汇报》名为《重建思想的眼界——跨文化视域下的概念史研究》的访谈及中国台湾刊物《学林》于 2010 年 3 月号发表的人物专访《由"边墙"中寻找真相——专访德国汉学家瓦格纳教授》。此外，2004 年《社会观察》第 11 期王维江撰写过一篇叫作《徜徉于中国学研究之中——德国海德堡大学瓦格纳教授的学术道路》的文章。中国台湾刊物《汉学研究通讯》曾在总第 106 期"新书评介"专栏发表了徐玮对瓦格纳教授的新书《参与世界想象共同体：中国早期报纸中的文字、图像和城市》（ *Joining the Global Public: Word, Image, and City in Early Chinese Newspaper*, 2007 ）的介绍。这些研究主要是一些比较零散的期刊类文章，其中大部分文章是访谈类的，内容主要集中在对瓦格纳生平经历和学术成果的概括性介绍，缺乏对其学术研究较为细致和深刻的探讨。

由于瓦格纳是德文和英文双语写作者，本书的研究资料既有德文文本也包括一部分英文文本。瓦格纳教授从 20 世纪 70 年代开始直至其逝世的 2019 年，持续进行学术写作、著书立说，共撰写有关中国学的十几部专著

008

和几百篇学术论文，其学术生命可谓深厚而漫长。瓦格纳的学术成果自魏晋时期的王弼研究起，经历晚清直至当代中国。时间轴漫长延绵，几乎穿越了整部中国历史，从古代行至新时代的中国。

从整体上看，他的中国学学术产出可以分成以下四类。

（一）王弼研究。他对王弼玄学的思考及研究起源于 1971 年首次在哈佛大学访学期间，直至 1994 年告一段落，历时 23 年，可称得上皓首穷经。瓦格纳自言其埋首研究王弼玄学的时间正好与少年天才王弼的寿命相同。然而由于学术命运的跌宕，以及他专心投身海德堡大学汉学系的建设，有关王弼研究的三卷本英文专著的卷一在六年后的 2000 年才得以出版，直至 2003 年卷二、卷三才出版完毕。北京大学哲学系的杨立华教授将瓦格纳的王弼研究英文专著译成中文，2008 年正式由江苏人民出版社出版，名为《王弼〈老子注〉研究》，分上下两册。全书共有三编：第一编"注释的技艺"；第二编"文本的批判性重构与翻译"；第三编"语言哲学、本体论和政治哲学"，分别对应瓦格纳有关王弼研究的英文"三部曲"：

1. *The Craft of a Chinese Commentator: Wang Bi on the Laozi*. Albany: SUNY Press, 2000.

2. *A Chinese Reading of the Daodejing: Wang Bi's commentary on the Laozi with critical text and translation*, Albany, NY: State Univ. of New York Press, 2003.

3. *Language, Ontology, and Political Philosophy: Wang Bi's Scholarly Exploration of the Dark*（*Xuanxue*）. Albany: SUNY Press, 2003.

对这三编构成的理论世界，瓦格纳如此阐释："我的梦想是涵盖从文本的版本到翻译、从注释策略的分析到哲学和政治意涵的研究的整个过程。我试图保持三个部分的特质，并把它们设计在一种使之独立停下的方式中。"[1]可以看到瓦格纳的研究对象不仅仅是书名上所题之《老子注》，而

---

[1]［德］鲁道夫·瓦格纳：《王弼〈老子注〉研究》，杨立华译，南京：江苏人民出版社，2008 年，第 5 页。

是包含了《老子微旨略例》《周易注》《周易略例》和《论语释疑》等在内的一个集合，也对王弼的本体论和政治哲学进行抽象的解读。或许我们将其研究对象称为"王弼玄学"会更为合适。当然瓦格纳自己也参与了整个译本的校对过程，并阐说了第三编有关王弼《老子注》核心哲学问题。这说明这个书名是受到了瓦格纳的认可和证实的。

（二）有关中国现当代文学的研究：20 世纪 80 年代初冷战正酣之时，瓦格纳编辑并参与撰写了两部关于中国现当代文学的著作：一部是与顾彬共同主编的《中国现代文学与文学批评随笔》（ *Essays in Modern Chinese Literature and Literary Criticism,* 1982 ）；另一部是他作为主编，并撰写大部分章节的《中华人民共和国的文学与政治》（ *Literatur und Politik in der Volksrepublik China,* 1983 ）。1990 年瓦格纳在加州大学伯克利分校出版社发表了《当代中国历史剧：四个实例研究》（ *The Contemporary Chinese Historical Drama: Four Studies,* 1990 ）。有关中国现代文学的学术论文还包括《现代中国的改造小说》（ Der Moderne Chinesische Untersuchungsroman, 1979 ），《严复》（ Yan Fu, 1980 ），《中国作家的镜像：中国作家关于文学及其目的的自我反射》（ Der chinesische Autor im eigenen Licht. Literarische Selbstreflexion über die Literatur und ihren Zweck in der VR China, 1985 ），《中国作家的镜像——作者、国家和社会——文学的证据》（ The Chinese Writer in His Own Mirror: Writer, State, and Society - the Literary Evidence, 1986 ），《从文学的视野看中国的知识分子》（ The PRC Intelligentsia: A View from Literature, 1990 ）。与戏剧有关的论文还包括《影像中的暴力》（ Gewalt aus dem Imaginaire, 1990 ），《以祝贺的姿态：周信芳之海瑞的政治象征》（ In Guise of a Congratulation: Political Symbolism in Zhou Xinfang's Hai Rui, 1991 ），《文化与密码：社会主义环境中的历史小说——在民主德国和中国》（ Culture and Code. Historical Fiction in a Socialist Environment: The GDR and China, 1996 ），《文学与政治》（ Literatur und Politik, 2003 ），《传记作为人生的规划；中国传记学

的常规作用》（Biographie als Lebensprogramm. Zur normativen Funktion der chinesischen Biographik, 2003）,《迟到的现代化，关于新中国文学的主题》（Nachholende Modernisierung. Thesen zur neuen chinesischen Literatur, 2005）,《阅读汉学翻译作品有没有意义？》（Does This Make Sense? Reading Sinological Translations, 2007）,《萧军的小说〈八月的乡村〉》和"普罗文学"传统》（2014）。由此可以看到，中国现当代文学研究基本可以算作瓦格纳关于现当代中国的学术研究生涯之开端，其思想从端倪到发展和延续基本都处于冷战时期或者冷战刚刚结束的 20 世纪 90 年代。对瓦格纳学术研究的基本认识应该建立在对宏大历史构建和时间框架的认识之上。

（三）瓦格纳在 20 世纪 80 年代初同时启动了其学术生涯中另一个重要研究领域，即 19 世纪中国社会宏观研究。在康奈尔大学访学期间他开始接触到大量的有关太平天国的资料，太平天国主题成为其 19 世纪中国学研究的开端。在这一年他发表了专著《重制天国图景：太平天国运动中宗教的作用》（*Reenacting the Heavenly Vision: The Role of Religion in the Taiping Rebellion*, 1984）；论文《国家集权与各种时代选项——论"西方野蛮人"在 19 世纪中国的角色》（Staatliches Machtmonopol und Alternative Optionen-Zur Rolle der 'Westlichen Barbaren' im China des 19. Jahrhunderts, 1981）；《中国的帝国梦》（Imperial Dreams in China, in C.Brown, ed. Psycho-Sinology. The Universe of Dreams in Chinese Culture, 1987）,《想象中的冲突：中国的机构结构和现代化》（Konfrontation im Imaginaire: Institutionelle Struktur und Modernisierung in der Volksrepublik China, 1992）,《太平村公共领域的运作：神学与技术》（Operating in the Chinese Public Sphere: Theology and Technique of Taiping Propaganda, 1993）,《新精英阶层和现代性的挑战》（Neue Eliten und die Herausforderung der Moderne, 1998）,《解读太平天国模式的基督教中国：类比、利益与政策》（Understanding Taiping Christian China: Analogy, Interest and Policy, 1998）。

（四）公共领域理论视野下的 19 世纪新兴城市史和报刊新闻史研究，是瓦格纳关于 19 世纪中国社会宏观研究中的一个重要分支。1993 年瓦格纳首次将公共领域的概念使用到太平天国研究领域中，发表了《太平村公共领域的运作：神学与技术》（Operating in the Chinese Public Sphere: Theology and Technique of Taiping Propaganda, 1993）,《中国公共领域中西人社区的作用》（The Role of the Foreign Community in the Chinese Public Sphere, 1995）,《〈申报〉的危机：1878—1879 年〈申报〉与郭嵩焘之间的冲突和国际环境》（The Shenbao in Crisis: The International Environment and the Conflicty between Guo Songtao and the Shenbao in 1878-1879, 1999）,《进入全球想象的图景：上海的〈点石斋画报〉》（Joining the Global Imaginaire: The Shanghai Illustrated Newspaper Dianshizhai huabao, 2001）,《道德中心和转变的推进器：两个中国城市的故事》（Das Moralische Zentrum und das Triebwerk des Wandels. Eine Geschichte zweier chinesischer Städte, 2000）,《申报馆早期的书籍出版》（2002）,《公共领域与公共意见》（Öffentlichkeit und öffentliche Meinung, 2003）,《晚清新政与西学百科全书》（2007）,《1872—1890 申报出版物中的女性》（Women in Shenbaoguan Publications 1872-1890, 2008）。

瓦格纳的专著除了《王弼〈老子注〉研究》以外，其他均无中译本。只有一些文章被中译后收进了一些合辑。其中,《进入全球想象的图景：点石斋画报》的中译版发表在《中国学术》2001 年第 4 期上，中译版《中国的"睡"与"醒"：不对等的概念化与应对手段之研究（二）》收录在《东亚观念史集刊》第二期里,《危机中的〈申报〉：国际背景下的郭嵩焘与〈申报〉之争》出现在《清史译丛（第九辑）（罗威廉专辑）》中，收录于陈平原、米列娜主编《近代中国的百科全书》中的《晚清新政与西学百科全书》，收录于陈平原、王德威、高伟主编《晚明与晚清——历史传承与文化创新》中的《申报馆早期的书籍出版》。

　　根据瓦格纳学术著作的这四大分类，本书将瓦格纳的中国学研究分为四大部分来进行探讨：第一类是宏观晚清叙事，重点在中西方文化交流或者说传统与现代关系研究。第二类是瓦格纳在美国中国学出现"中国中心观"的理论导向后开展的晚清城市和新闻报刊史研究。晚清乱世中一个遗世独立的繁华都市——上海的形象呈现在瓦格纳笔下。在上海城市研究中"小生境文化"的概念起着指导性作用。瓦格纳在海德堡大学拥有一个对 19 世纪上海新闻报刊进行研究的团队，瓦格纳个人最典型的成果是《申报》和《点石斋画报》研究。第三类主要集中在现当代中国的文学作品研究，其中包括"十七年文学"和"伤痕文学"研究。瓦格纳的各类著作很多是在 20 世纪八九十年代刊行的。在今天看来这些作品可能有很多介绍和分析比较简陋，但仍有很大的研究价值，因为一方面这些成果产生于当时的社会思潮和历史背景下，具有鲜明的时代特色和研究的典型性；另一方面也反映了当时真实的历史情况，在当时的信息条件和学术积累之下，属于当时具有前沿性质的研究；同时，他的王弼玄学和晚清报刊的研究哪怕放到当下的学术环境里，仍然具有现实的意义。

三、纵横的网络

　　由于瓦格纳的学术著作涉及哲学、史学与文学，所以本书在比较文学、比较哲学、比较史学的理论视野下，使用史学史、史学理论、哲学史、哲学理论及文学史、文学理论研究的一般方法对其研究进行分析与解读。由于本书的主要视角之一是文化流动、文化认知与文化比较，因此相关的文化理论也是重要的工具之一。瓦格纳的中国研究是一种建立在跨文化、跨学科研究视域之上的综合研究，有着深厚的文化渊源和固定研究方式及研究指向。因此本书还需要借鉴多学科的研究方法和理论内容，如社会学、政治学和新闻传播学等。当然瓦格纳的中国研究作为历史的产物，对其研究一定不是单一地锁定其学术著作就可以完成的。本书主要围绕瓦格纳所撰写的学术著作和瓦格纳的学术谱系展开，以对其学术著作的研究为主，对个人经历和学术谱系的考察为辅。如果说瓦格纳的学术著作是本书的经线，那么他的个人经历和学术谱系则是本书的纬线。本书使用多学科理论指导下纵横结合的研究框架。在理论工具的协助下和研究框架的约束下，本书使用一些基础的研究方法，首先是文本分析法：对瓦格纳的著述进行全面的搜集、细读和辨别，将历史与逻辑、分析与综合、归纳和演绎相结合，力图从这些资料中找到瓦格纳的中国研究之范式、立场和思路，从繁难的细节研究中提出建立在坚实的文本基础上的综合概括。其次是历史溯源法：瓦格纳对中国的研究看似领域比较丰富，内容比较纷杂，但他是从东西德并立时期成长起来的一代汉学家，经历了两德冷战、1968 年的学生运动、东西德合并等德国现代史上的重大事件；学生时代他师从阐释学大师伽达默尔。后来他与华裔女学者叶凯蒂结为人生伴侣，并长期地活跃在美国的中国学研究界。他的身上同时具备着德国和美国两种学术渊源，这种种成为其中国学著述的机缘，而这种个人经历和学术谱系对其学术成果的影响需要在正文中一一探究和论证。再次，作为一种学术行为，瓦格纳的研究必然建立在前人一定的基础之上，同时又为后来之人做出一定的铺垫。所以，如果需要对瓦格纳的研究成果在德国汉学或美国中国学中做出定位和评价，就不免要对其他德国或美国的汉学家甚至哲学家、思想家的理论思想做一些梳理和思考。

　　上文提到，对瓦格纳学术著作的研究和对其学术谱系的研究构成了本书基本的纵横框架。瓦格纳的学术研究主要分成王弼研究、晚清宏观叙事、微观叙事和中国当代文学研究四个方面；其学术谱系包括瓦格纳所生活的时代特征和所经历的历史事件，以及他在德国和美国接受双重训练和熏陶的学术背景和学术渊源。学术谱系是前提、基础和渊源，学术著作是表现、结晶和成果，这两者要结合在一起。本书试图以一张"网"的形

式系统地解析瓦格纳现当代中国研究的学术底蕴、时代根源、主要观点和
思考特色；分析其现当代中国学研究的整体特征和其在中西方文化交流过
程中所做出的贡献和存在的局限性，同时追根溯源地找到造成这些正面或
反面的影响的缘由。

瓦格纳的研究范围比较宽泛，研究对象比较多元。本书的目的之一：
对这一德国汉学史、美国中国学史及中西文化交流史上比较重要的学者展
开深入系统的研究；探索瓦格纳中国研究的各种成果，为这些研究成果梳
理出一个起源、发展、继承之脉络，并且在此基础上探究瓦格纳中国学研
究之学术范式、主要研究特点、秉承之学术立场以及固有之学术思维方式，
从中分析出瓦格纳学术研究中的洞见和不见。目的之二：厘清和描绘瓦格
纳在德国及美国的中国学界的学术谱系地图，将其置在更加广阔的学术
场域中，研究其有怎样的学术经历和学术渊源；探究其常年来往于欧美之
间后持有何种学术身份认同；研析其学术研究在怎样的话语语境展开、又
有什么样的个人承担和历史抱负，以及造成这种局面的原因。我们可以进
一步探知瓦格纳之"不见"的根本来源和成因。目的之三：瓦格纳著作丰
富，是欧洲汉学界深具影响力的汉学家，同时他又常年深入美国的中国学
界，这是他与其他的德国汉学家的最大不同之处，但我们并不以研究瓦格
纳为最终目的，而是通过对他的个案研究，以瓦格纳为媒介来了解中德甚
至是中美德之间文化交流的动向、实质，这将有助于我们把握国与国之间
文化交流现象中所蕴含的本质。通过对以瓦格纳为代表的西方汉学家在中
国学领域的研究进行梳理和总结，来了解"他者"对"自我"的认知，认
识两者之间的距离，了解两者的互为构建方式，为理解和认识不同文化交
流中的各种现象乃至自我文化的认同提供一些正向或者反向的启示。我们
想要进行的不是非黑即白的对与错的辨析，也没有将消灭异质文化的不同
特点作为目标。跨文化的对话本来就是一场充满着误读的经历，总是真实
掺杂着想象。我们的目的是希望在跨文化的解读中提高对"他者"的敏感

性，以期舍却"他者"和"自我"双方均以本位文化为起点的思考模式和愿望。本书希望为这种跨文化的对话做出微薄的努力。

根据以上思路，本书主要从以下六个章节对瓦格纳中国学研究进行分析。

第一章主要说明本书的选题背景与研究意义、国内外研究现状和文献综述以及研究方法和论文结构。

第二章主要梳理瓦格纳对王弼注释的研究成果，展现瓦格纳王弼研究中踏实的细节研究；考察瓦格纳视角下的王弼注释策略及瓦格纳对王弼注本的非典型性英译。

第三章是对瓦格纳的 19 世纪晚清研究进行探讨和分析。该章将其对晚清中西方文化互动的观点总结为"选择西潮论"，重点强调 19 世纪中国作为主体对作为客体的西方进行选择。在该章小结中将对瓦格纳这个观点的先进性和局限性进行详细评述。

第四章是对瓦格纳在公共领域理论视野下进行的 19 世纪中国城市史和新闻报刊史研究进行探索和讨论。瓦格纳对中国城市史的研究实际是对中国公共领域形成的探讨过程，对《申报》和《点石斋画报》的具案描述均建立在这样的理论框架前提下。

第五章主要解析瓦格纳的中国当代文学研究，包括"十七年文学"、新中国戏剧和"伤痕文学"；研究其对作家作品的阐释方式、角度以及所使用的文学研究方法和文学研究立场。

第六章是对瓦格纳的现当代中国研究进行总结性的分析和阐释工作，将会从瓦格纳的学术谱系、学术特点及瓦格纳个案研究的价值和意义三个方面进行阐释。

第二章 哲学解释学视野下的王弼研译

　　王弼研究在中国学界是一个长久不衰的话题，例如刘大杰、贺昌群、容肇祖、汤用彤、汤一介、许抗生、钱穆、牟宗三、余敦康、王晓毅等先生都曾就此著书立说。近年来亦有青年学者试图从诠释学的角度解释王弼《老子注》，由此探讨王弼玄学的特点：中国社会科学出版社的"哲学与文化"丛书中蒋丽梅的《王弼〈老子注〉研究》与瓦格纳的著作同名，梳理了王弼生平、学术渊源；《老子注》流传及其版本方面的内容；老学思想；包括"道与无"的界限，"本与末"的概念，心与知、情、欲，"无为与有为"等王弼的庄学思想。她还分析了王弼《老子注》中的庄学精神与《庄子》原文。最后，她将王弼《老子注》与王弼前注进行比较，找到其思辨性与体系性的特点，并爬梳了王弼《老子注》的后世形象和王弼本人的历史形象。刘季冬的《儒道汇通——王弼〈老子注〉之思想构建》则首先将中国经典注释的主题放到了西方诠释学的背景之下，强调了西方诠释学的"原意重构"和"前理解"概念对传统文本诠释的重要性，在此基础上切入题旨，梳理了王弼注《老子》的缘起，《老子注》对老子哲学思想的继承与发展，以及王弼哲学思想体系构建与王弼《老子注》的思想归属、范畴体系，最后上升到整体性的高度探讨了王弼哲学之思想方法及其一致性与矛盾。

　　瓦格纳对王弼研究是有梯度和层次的，不只着眼于王弼的注释技巧。

他的研究对象首先是王弼《老子注》《周易注》等经典文本本身。瓦格纳将王弼对《老子》和《周易》的结构性分析本身视为重要的哲学著述，在其中王弼的注释策略和文本写作方法更是瓦格纳的关注重点。瓦格纳研究王弼在国内同领域具有相当高的可信度和一定的权威性。这点从近年以王弼为主题的各种出版物和博硕士论文的文献引用上可见一斑。一位汉学家的学术研究能够得到国内学界承认，并且作为重要参考文献被反复引用，实属不易。

　　瓦格纳与国内学者对王弼研究的主要不同之处在于：瓦格纳着重从哲学解释学的视角对王弼注释方法论进行细读，着重考察采用了哪些注释方法，注释具有哪些特点，更为关注王弼注释的方法论以及王弼如何通过注释在尊重和保护原文本的基础上建立自己的哲学系统。王弼这样的天才，"他选择了一种对作者有更严格约束的哲学反思的形式——注释，以及概括《老子》和《周易》的行文和论辩结构的分析性文章。这些形式的使用，迫使作者将他的主要精力花在理解另一文本、从中展开统一的意义，而非探索他自己的思想"[1]；国内学者的研究重点更多在于王弼建立了什么样的哲学世界，更多地关注王弼哲学的内容和主题。这些著作虽然非常鲜明地指出了王弼哲学思想与解释学之间的关联，但更多的还是从宏观层面来解读王弼自身的哲学思想，而瓦格纳的王弼研究与其最大区别在于对文本进行了逐一的细节分析，以及明确和强调王弼作为"注释者"的身份。在注家身份的基础之上开展对其他哲学内容的考察。

　　对于中国国内王弼研究的状况，瓦格纳的理解是：

　　　　他们的著作将被当作独立的哲学论文，而几乎完全忽略了这一事实：它们是作为另一有更高权威的文本的注释来展开其论辩

---

[1][德]鲁道夫·瓦格纳:《王弼〈老子注〉研究》，杨立华译，南京：江苏人民出版社，2008年，第19页。

的。其结果是，它们与文本的互动关系、它们的注释策略并没有得到研究。[1]

这让瓦格纳深感疑惑，虽然他并不忽视王弼思想的整体性哲学解读，但他认为着眼于"大视野"的整体性研究"有可能脱离文本"。[2]瓦格纳关于王弼研究的方法论基础是细节研究，也是这样的特点使得瓦格纳对汤用彤的王弼研究提出了异议：

> 自从汤用彤的先驱性研究以来，出现了许多以汉语写就的关于玄学的概括性研究，但几乎没有对个别作品和作者的细节性研究。由于在许多场合，训诂学的问题甚至还没有展开，这些总体看法无法使自己基于一个前驱工作的基体之上，而是在无法在个别的问题和文本上花费太多时间的情况下，通过检讨所有他们认为重要的东西来进行研究。[3]

本书认为瓦格纳对王弼注释学的基本态度和宏观看法与国内学者是一致的，即王弼对《老子》进行了科学的解读，并在这种训诂含义的解读基础上，创立了属于自己的哲学系统，将自己的哲学思想融汇其中。王弼以其天才之思想对《老子》进行了重大的"改造"，使《老子注》成为承载自己哲学思想的绝佳文本。这种"改造"包括了对文本结构的阐释与更新，对义理层次的进一步发挥，以及对前人思想的统观与进一步的创新。这种"改造"不是"篡改"，而是以科学体系为依据，是基于原文本并尊重原

---

[1][德]鲁道夫·瓦格纳：《王弼〈老子注〉研究》，杨立华译，南京：江苏人民出版社，2008年，第4页。
[2][德]鲁道夫·瓦格纳：《王弼〈老子注〉研究》，杨立华译，南京：江苏人民出版社，2008年，第35页。
[3][德]鲁道夫·瓦格纳：《王弼〈老子注〉研究》，杨立华译，南京：江苏人民出版社，2008年，第719-720页。

文本的。对于瓦格纳王弼研究的这种鲜明特征，译者杨立华教授做了简单而精辟的总结：

> 王弼思想的诠释学基调被从整体上忽视了。在这样的氛围下，王弼《老子注》不是首先被当做注释，而是被当做王弼本人的哲学构造来研究和引用的。王弼本人则被当成了某一类不受文本约束的"自由"的解释者。瓦格纳（Rudolf G. Wagner）教授的《王弼〈老子注〉研究》在这样的整体氛围当中是一个辉煌的例外。作者首先致力于揭示王弼的注释技艺。他向读者呈现出了这样一个王弼的形象：在自觉地接受文本的内在约束的前提下，在致力于消除文本的多义性的同时，将《老子》本文中所蕴含的哲学可能性发阐到了一个空前的高度。进而，作者将自己的精力投入到既艰辛又充满"危险"的工作当中：重构王弼《老子》本和《老子注》，并给出结构性的转写和翻译。在翻译《老子》文本和王弼的注释时，作者插入了大量推论性的成分，以尽可能地降低文本的多义性。与那种语焉不详的翻译相比，这样的做法至少提供了一种可以"证伪"的译本。而减少多义性这一根本指向，则充分体现了王弼《老子注》的基本精神。在上述文本研究的基础上，作者对王弼政治哲学、语言哲学以及本体论的考察，向我们完整地展现了哲学素养和品味对于思想史研究的重要性。[1]

此外，瓦格纳的王弼研究还有着比较强烈的"研译结合"的特点，瓦格纳强调，"在西方经典的研究中，分工是相当明确的：一部分学者从事

---

〔1〕〔德〕鲁道夫·瓦格纳：《王弼〈老子注〉研究》，杨立华译，南京：江苏人民出版社，2008年，"译者的话"，第1-2页。

020

文本的汇纂、编辑、注释和翻译，另外一部分学者则致力于分析由第一部分工作而变得可读的著作"。瓦格纳在王弼研究中的"野心"是"试图跨越整个事业的广度"，"从艰辛的文字学研究，经由宗教、社会和政治思想的广博分析，直至哲学文本和宗教信仰的内在逻辑的解释学探索"。[1]

最终在王弼研究中，瓦格纳也力证了其"野心"的可能性。他除了关注王弼的注释策略和技巧以外，承担了更为繁杂的基础工作，致力于恢复王弼《老子注》的原貌，建立了关系非常明确的英译本。《王弼〈老子注〉研究》是在英译本的基础上再翻译的中译本。

瓦格纳的王弼研究和众多中国学者的研究并无高低之分，它们之间存在着辩证关联，中国学者多年的研究成果也成了瓦格纳细节研究的基石。多方面因素导致了它们有不同的方法论，其中包括不同母语的语言特色和参差的汉语语言水平，因此并不能判断其优劣，但瓦格纳王弼研究的细节分析确是引人注目和不可忽视，"在强调文本研究的思想史传统中，是具有典范意义的"[2]。中国解释学历史悠久渊源深厚，在中国思想文化史的发展中扮演了很重要的角色。从两汉经学到魏晋玄学，中国解释学对儒道经典的诠释和理解一直在变化和创新。精通西方哲学解释学的瓦格纳对中国古代解释学先驱人物王弼的解读是东西方解释学穿越时间和空间维度的一次碰撞。

瓦格纳在王弼研究中提出了一个问题：为什么不同注者在同一文本的阐释过程中得出了完全不一样的结果？这个问题解答淋漓尽致地体现了瓦格纳王弼研究的哲学解释学视角。瓦格纳认为文本阐释结果不同主要在于注释文本产生的语境相异。[3]瓦格纳将《老子想尔注》（东汉张道陵著）

---

[1] [德]鲁道夫·瓦格纳：《王弼〈老子注〉研究》，杨立华译，南京：江苏人民出版社，2008年，第3页。
[2] [德]鲁道夫·瓦格纳：《王弼〈老子注〉研究》，杨立华译，南京：江苏人民出版社，2008年，第3页。
[3] [德]鲁道夫·瓦格纳：《王弼〈老子注〉研究》，杨立华译，南京：江苏人民出版社，2008年，第231-232页。

和王弼的《老子注》进行了对比。他主张首先两部作品的隐藏作者是不同的：在《老子想尔注》中老子被等同为"道"，道在《老子想尔注》中具有最高的权威。《老子》对《老子想尔注》而言不是"众多有同等价值的文本之一，而是真理唯一的来源"。老子对《老子想尔注》而言具有绝对的唯一性。而对王弼版注释来说，老子"只是一个低于孔子的哲学家依据其语言本质的不可靠性对哲学的探索性尝试"。《老子》只是众多经典之一，需要与《周易》《论语》等典籍进行同样的哲学和语言层次运作的，必须一块儿解读。[1] 瓦格纳对作者立场的考察遵循了由点及面进而由面及点的原则。他没有将《老子注》作为一个独立的、与其他作品割裂的文本看待，而是将其与王弼的《周易注》《论语释疑》等作为一个不可分割的整体。从王弼《老子注》推衍到王弼其他的注释作品，再从整体性的注释著作退回到对《老子注》作者的考察，最后得出了王弼视角中《老子》隐藏作者的结论：

> 　　《老子》是一个由老子本人撰写的文本。由此，似乎假设了这一文本在力求哲学上的同质性。对它的注释必须把单立的分章读作一个均质整体的部分。《老子》探索的是那个唯一的哲学问题——"所以"的特征以及"所以"与万物的关系。这一假设决定了整个《老子》的一般背景。由于要成为所有特殊的东西的"所以"就必定是非特殊的，因此它拒绝以特殊性为前提的定义。与此同时，这一"所以"在万物中作为万物之"所以"显现出来。这一关系被复制在盛行于存在者中的某些结构中。这一情况使得用语言材料作为能指和符号来描述它们成为可能。老子在写作中对这一语言结构有清醒的理解。[2]

---

[1]［德］鲁道夫·瓦格纳：《王弼〈老子注〉研究》，杨立华译，南京：江苏人民出版社，2008年，第228页。

[2]［德］鲁道夫·瓦格纳：《王弼〈老子注〉研究》，杨立华译，南京：江苏人民出版社，2008年，第134页。

首先，瓦格纳明确了王弼对《老子》隐藏作者的认定。"王弼将《老子》视为由老子本人推敲和构造的文本"，他"将作者界定为一个个体"。[1]

> 《老子》是由一个名叫老子的作者撰写的这一假设，是关于该文本哲学上同质性的假设。这样，作为最先的一个步骤，我们将"老子"界定为《老子》的同质性的标志。由此出发，依所释读策略，《老子》的每一章都必须在整体的上下文中读解，这一整体的文本环境决定着进入文本的视角。[2]

其次，瓦格纳主张两个注本的隐藏读者也是相异的。《老子想尔注》的读者是弟子或者信徒，膜拜在老师的宗教和学术权威之下，而王弼想象中的读者已经阅读过其他版本的《老子注》，作者需要向读者证明其文本的合理性和合法性：

> 像《周易略例》那样，王弼用《老子旨略》应对与其他注家和读者的争论，这样一来就将他自己的注释置入了一个关于《老子》的正确阐释的争论语境中。这证明他熟知其他的注释，并且觉得他的读者也同样如此。[3]
>
> 在阅读王弼的分析的过程中，历史的读者需要暂时将《老子》文本与那些他读过的注释分割开来，并以试验性的态度进入王弼对《老子》的构造中；这样，他们就一定会将王弼的《老子》解读与其他人的相比较，然后对哪一个有最高的说服力做出

〔1〕〔德〕鲁道夫·瓦格纳：《王弼〈老子注〉研究》，杨立华译，南京：江苏人民出版社，2008年，第116页。
〔2〕〔德〕鲁道夫·瓦格纳：《王弼〈老子注〉研究》，杨立华译，南京：江苏人民出版社，2008年，第116页。
〔3〕〔德〕鲁道夫·瓦格纳：《王弼〈老子注〉研究》，杨立华译，南京：江苏人民出版社，2008年，第155页。

结论。[1]

综合这两方面，瓦格纳认为王弼注本是一个比较纯粹的哲学著作，并没有被赋予神圣的权威性。通过瓦格纳的解读，我们可以看到王弼的注释理想是将《老子》构建为一个同质化的文本。王弼的注书目标是构建一个对他的读者来说前后统一，没有含混和疑问的老子文本。当然瓦格纳强调王弼想象的读者并不代表着现代读者。

第一节　消除文本多义性——王弼的注释策略考察

王弼是正始玄学的创始人之一，在短暂的人生旅途中他注释了《周易》《老子》《论语》等先秦典籍，他的玄学思想主要通过对经典著作的诠释得以体现。《魏志》卷二十八《钟会传》注："弼注《老子》，为之《指略》，致有理统；著《道略论》，注《易》，往往有高丽言。太原王济好谈，病《老》《庄》，尝云：'见弼《易》注，所悟者多。'"[2]王弼的《老子注》和《周易注》都不局限于前人的思路。他生于公元 226 年，卒于公元 249 年，年 23 岁。王弼家学渊源深厚，蔡邕把《论衡》带入中原，赠予王粲，而后其藏书全数归于王弼之父王业。王弼可以说是从小伴随着蔡邕的藏书长大的。王弼自小就被视为天才，对儒道学说有超乎其年纪的理解和觉悟。据《世说新语》记载，裴徽曾问王弼："夫无者，诚万物之所资，圣人莫肯致言，而老子申之无已，何邪？"当时只有 17 岁的王弼语出惊人："圣人体无，无又不可以训，故言必及有；老庄未免于有，恒

---

[1]　[德] 鲁道夫·瓦格纳：《王弼〈老子注〉研究》，杨立华译，南京：江苏人民出版社，2008 年，第 147 页。
[2]　楼宇烈：《王弼集校释》，北京：中华书局，1980 年，第 641 页。

训其所不足。"[1]这位年轻人的答案初显儒道会通之格局，使得裴徽惊叹不已。何晏认为他思想深刻："仲尼称后生可畏，若斯人者，可与言天人之际乎？"[2]汤用彤认为王弼思想的根源可以归于荆州学派："其父祖两辈与荆州有关系。粲、凯以及粲之子与业必均熟闻宋仲子之道，后定之论。则王弼之家学，上溯荆州，出于宋氏。夫宋氏重性与天道，辅嗣好玄理，其中演变有相当之联系也。又按王肃与宋衷读《太玄》，而更为之解。张惠言说，王弼注易，祖述肃说，特去其比附爻象者。此推论若确，则由首称仲子，再传子雍，终有辅嗣，可谓一脉相传者也。"[3]

> 自称名家，抑且与性道之学有自然拔出之建设。因其深有所会，故于儒道经典之解释，与前人著述之取舍，均随意所适。以合意为归，而不拘于文字，虽用老氏之义，而系因其合于一己之卓见。虽用先儒书卷之文，而只因其可证成一己之玄义，其思想之自由不羁，盖因其孤怀独往，自有建树而然也。[4]

王弼的核心哲学思想主要体现在对《老子》的注释和解读过程中。王弼的典籍注本为魏晋玄学史写上了极为绚丽的一笔。王晓毅先生评价说："王弼在哲学史上奏出了时代的最强音。虽然他像流星一样匆匆闪过，只生活了二十三个春秋，却以其不可思议的天才智慧之光，照亮了整个时代，指明了魏晋玄学的理论航向。"[5]《道德真经集注杂说》记载，宋人晁说之对王弼本《老子》有很高的褒扬，他说："王弼《老子道德经》二卷，真得老子之学欤，盖严君平《指归》之流也。其言仁义与礼，不能自用，必

〔1〕余嘉锡：《世说新语笺疏》，北京：中华书局，1983年，第198页。
〔2〕陈寿：《三国志》，裴松之注，北京：中华书局，1999年，第591页。
〔3〕汤用彤：《魏晋玄学论稿》，上海：上海古籍出版社，2001年，第79页。
〔4〕汤用彤：《汤用彤全集》（第四卷），石家庄：河北人民出版社，2000年，第78页。
〔5〕王晓毅：《中国文化的清流》，北京：中国社会科学出版社，1991年，第178页。

待道以用之，天地万物各得于一，岂特有功于老子哉。凡百学者，盖不可不知乎此也。予于是知弼本深于《老子》……然弼题是书曰《道德经》，不析乎《道》《德》，而上下之，犹近于古欤！……尝谓，弼之于《老子》，张湛之于《列子》，郭象之于《庄子》，杜预之于《左氏》，范宁之于《穀梁》，毛苌之于《诗》，郭璞之于《尔雅》，完然成一家之学，后世虽有作者，未易加也。予既缮写弼书，并以记之。"王弼对他之前所存的老子注不甚满意，认为它们都是"随其所鉴"，"顺其所好"。

因此王弼耗费经年心血在注释经典之上，工欲善其事，必先利其器。注释即"器"，是达到将个人理解与文本思想融合理想境界的一种手段和工具。王弼耗费大量心血在"器"的打造上，而瓦格纳又对王弼打造"器"的过程和方式产生了巨大的兴趣。瓦格纳的王弼《老子注》研究是对王弼研究方法的梳理和阐释，是对"器"的细致考察。其中既包括对"器"组成方式和内部结构的解析，也可以跳出对细节本身的描摹，体察和关注"器"对"事"的影响和作用。"器"既必不可少，又围绕着"事"发生和展开。对"器"本身以及"器""事"关系的考察是瓦格纳王弼研究的关键着眼点。

瓦格纳指出王弼《老子注》中"高超的注释技艺"主要体现在两方面：在文字解读层面，王弼比较擅长梳理语言，解析《老子》中并未清晰言明和表达的隐含句意。在文本精神层面，他能够用清晰的语言和逻辑，揭示《老子》的主旨。这是王弼高超学养和哲学全局观的体现。瓦格纳指出王弼注《老子》的基本态度是重"意"，但不轻"言"与"象"。"言生于象，故可寻言以观象；象生于意，故可寻象以观意。"以高屋建瓴的抽象而系统的思想贯穿整个文本，从而给予提纲挈领的说明和导向。这个过程中"言"和"象"虽然是一种工具性的存在，但仍需重视。王弼既看重"象"，又重视"言"和"意"。王弼注《老子》时对"言""意"的分析具有很强的科学性和艺术性，瓦格纳因此进行了非常细致的整理、爬梳和归纳。在"言"的层面，王弼的注释将《老子》潜含的没有言明或是没有细读的地方给予明晰的阐释和表达；在"意"的层面将他所认为的被误解和误读的老子思想进行纠偏，这两点更多地保留在义理学的层面上。以此为基础，在"象"的层面上王弼把自己的思想通过《老子》这一经典文本进行进一步的呈现和发挥。

根据瓦格纳的考察，王弼注释策略的整体宗旨是消除读者视角中《老子》文本的多义性。《老子》中存在比较多的难以解读的情况，类似主语缺失、比喻不明等。王弼注释在意义上的唯一性和明确性建立在他对《老子》文本的整体性把握之上。瓦格纳认为王弼的注释方法符合西方解释学的路径，超越了他自己的时代的历史局限。他判断总结王弼所注《老子》的隐藏读者有以下的共同特征："可能会受这一论断的诱惑；终极事物是超越语言的，因此，文本是完全不可靠的，是些无用的东西。熟知《老子》。同意这一点：如果郑重对待，这一文本需要注释。了解《老子》的其他注本。不根据某位老师或他的教导界定他的思想倾向。假设《老子》中包含着可能已经被忘却或被注家喋喋不休淹没的伟大的洞见。假设《老子》与孔子实质上处理的是同一问题，以至于二者可以相互澄清。愿意自己被论辩（而非权威）说服，从而依从某种不同的《老子》解读。从其政治思想和对《老子》的解读看，他的隐含的读者强烈地受到各家教说的影响，特别是法家和名家。是那个时代实际的领袖，在理解上有缺陷，因而对普遍的社会混乱负有责任，急需指导。"[1]王弼拥有非常超前的读者至上观，他所辨析和阐明的多义性，是读者视域中的多义性。王弼自己站在宏观和统筹的视角看待《老子》，对他来说文本中并不存在模棱两可和隐晦的含义，其意义是清晰可见的。瓦格纳认为老子文本中完全相同的句子在不同的读者中也可以有截然不同的解读，文本常常具有多重意义。而王弼

---

〔1〕〔德〕鲁道夫·瓦格纳：《王弼〈老子注〉研究》，杨立华译，南京：江苏人民出版社，2008年，第163-164页。

注文的目的是让文本的含义变得明确而唯一。

　　瓦格纳主张注释的本质为"翻译"，他这样定义"翻译"："翻译不一定意味着从一种语言到另一种语言的变换。翻译有可能是将某一个文本从一个时代的语言转为另一个时代的语言……"[1]他认为王弼使用了两种翻译的方法：首先"用其他更易理解的字句对某个给定句子的内容的意译，在此过程中指出语法和逻辑的关联，详细阐明某些暗示"[2]，打破原文本的句式，不做逐字逐句的解释，这可称为"意译"的方法；其次是"直译"的方法，"是阐明隐含的语法和逻辑关联以及隐含的主语和宾语的直译"[3]。这里的"直译"可以理解为直接按原句结构进行解释，而"意译"是指打破原句结构，加入注释者个人化的阐释。瓦格纳举了《老子》第三十六章中"国之利器"一句的注解作为"直译"的例子。这里的"利"在未进行界定的情况下可以同时解释为形容词或是动词：作形容词时可以解释为"对国家有益的工具"，作动词时可解为"国家所用的工具"；而王弼直接将其译为"利国之器"，说明了其中的语法结构，并使得其含义变得单一且易于辨析。王弼注释的特点在此例子中体现得淋漓尽致，他将艰深难懂、意义飘忽、系统开放的老子文本，转变为确定和具有唯一性意义的表达。在消除读者视角中的文本多义性的整体原则指导下，瓦格纳考察了王弼注释的一些具体策略。

一、自身指涉的注释策略

　　哲学上的"自身指涉"指的是一个概念、语句或理论在自身内部引用的情况。作为王弼注释的具体策略，瓦格纳清晰地给出了它的定义："它

---

[1]［德］鲁道夫·瓦格纳：《王弼〈老子注〉研究》，杨立华译，南京：江苏人民出版社，2008年，第250页。
[2]［德］鲁道夫·瓦格纳：《王弼〈老子注〉研究》，杨立华译，南京：江苏人民出版社，2008年，第250页。
[3]［德］鲁道夫·瓦格纳：《王弼〈老子注〉研究》，杨立华译，南京：江苏人民出版社，2008年，第250页。

拒绝承认任何基于外部强加的材料和思想的解读策略的合法性，而是建立
起基本上作为自我说明的单位的文本观念，其中有待解释和阐发的原始材
料只能从文本自身抽取出来。"〔1〕

王弼将文本视为一个整体，将注释与原文本直接结合在一起。注释首
先解释了个别表意比较含混的句子中的逻辑关系，由此设定和建构了一个
比较完整的解释框架。然后王弼将无法释义的部分与能够清晰阐释相同主
题的文本关联起来，用相对较为清晰的理解来阐释同一主题下比较含混和
令人费解的部分。读者在这样的解释框架中就能够理解同一主题下的其他
句子。瓦格纳指出，对问题进行合并与归类的方法使得王弼在《老子》注
释中所需要处理的问题数量大大减少了。〔2〕瓦格纳从哲学解释学的角度指
出，王弼的注释犹如读者和文本进行视域融合的助推器，它已经被直接地
整合入文本，成为文本中不可或缺的一部分。

瓦格纳取了《老子》第二十四章中"企者不立"一句为例，王弼将其
解释为"物尚进则失安，故曰企者不立"。这一注释补充交代了隐含角色
的身份问题，交代了二者之间的逻辑关系。由此之后的句子："跨者不行，
自见者不明，自是者不彰，自伐者无功，自矜者不长。"读者也就可以在这
样的逻辑框架范围内理解。〔3〕

王弼经常在注释文字之后加上"故""故曰"或"故谓"，这些表达
之后会逐字逐句引用被注释的原文。瓦格纳对王弼的原文重述类表达也有
着从哲学解释学角度出发的理解。他指出王弼对老子读者存在一个基本的
认识和预期。在他的认识中这些读者对《老子》的各种注本已经了然于胸。
王弼注在构建自有的解释体系的同时，也兼顾了减弱或清除读者已有其他
解释的功能。瓦格纳认为"故""故曰""故谓"之后对引文表达了"反

驳性"的调子，强调性地否定了读者对老子已有的其他理解，"并不是因为你们从前读过并追随的注释者提出的奇异构造，这就是《老子》说……的原因"[1]。瓦格纳主张，王弼使用"故"这样的解释结构，主要出现在王弼认为其他版本的注释严重地误解了《老子》的情况下。"王弼是在与它们在读者头脑中的影响抗辩"[2]，瓦格纳举过的例子是王弼对《老子》第二十一章的注文"以无形始物，不系成物，万物以始以成，而不知其所以然。故曰……"[3]这样的"故曰"就有了两重功能：一是使读者信服"自己的新注释给出的构造的合理性和可行性"。同时，又有了一种"反驳性"的强调，"故曰""故谓"重点勾勒所引结论与之前其他注释文本的相异之处。瓦格纳给出的另一个证据是在此之后的引文必定以感叹号结束。[4]他进一步阐释这类的引文：

　　　　王弼并没在他的所有注释里都给出这样的逐字引文，只是在相当有限的章节里这样做。我认为此类对某一段落真实意义的重新确认是在他觉得其他注释严重误解了《老子》的情况下出现的。[5]

　　王弼注释的结果不仅将《老子》呈现为一个前后统一，没有矛盾的同质化文本，同时也构造了一个系统化的哲学世界。

　　瓦格纳使用的另一个例子，更加直观地说明了王弼在注释过程中对原文本的重视和使用。《老子》第二十八章原文言："知其雄，守其雌，为天下谿。"其中涉及了三个比喻意象：雄鸡、雌鸡和谷。王弼的注文为："雄，先之属。雌，后之属也。知为天下之先者必后也。是以'圣人后其

---

[1][德]鲁道夫·瓦格纳：《王弼〈老子注〉研究》，杨立华译，南京：江苏人民出版社，2008年，第239页。
[2][德]鲁道夫·瓦格纳：《王弼〈老子注〉研究》，杨立华译，南京：江苏人民出版社，2008年，第240页。
[3][德]鲁道夫·瓦格纳：《王弼〈老子注〉研究》，杨立华译，南京：江苏人民出版社，2008年，第247页。
[4][德]鲁道夫·瓦格纳：《王弼〈老子注〉研究》，杨立华译，南京：江苏人民出版社，2008年，第239页。
[5][德]鲁道夫·瓦格纳：《王弼〈老子注〉研究》，杨立华译，南京：江苏人民出版社，2008年，第239页。

030

身而身先'也。"在这里王弼直接引用了《老子》第七章中圣人"后其身而身先"的句子，说明了圣人与社会之间的关系以及圣人所持之态度，符合《老子》的整体语境。[1]王弼注是从兼顾词句训诂和义理分析的注释文本，从语义学、修辞学和语法学的含义对《老子》原文进行了解释。他既分析了单个措辞、比喻的具体含义，也整合和厘清了文本中很多没有明确陈述的隐含信息；从读者视角有可能误读或者漏读的部分，王弼均阐明了其语法关系，包括主语、宾语等语法关联等。

瓦格纳指出，王弼经常用"言"字引出关于整个语段的意译。王弼的"言"可以详尽地解释为："如果翻译为我们当代的语言，并且将所有隐含的语法和逻辑关系，主语和宾语明确出来，那么这一《老子》陈述说的是……"[2]《老子》第五十八章写道"其政闷闷"，王弼注文为："言善治政者，无形无名无事无正可举，闷闷然卒至于大治，故曰：其政闷闷也。"这段注文是王弼主张《老子》为自身指涉文本的明证。王弼使用了《老子》原文其他章节的内容来建构语境，并使得前后文的思想表达得到了统一。瓦格纳指出《老子》第五十七章提道："以正治国，以奇用兵。以无事，取天下。"第五十八章的"无正"是"以正"的相反形式，"卒至于大治"是原文未表述出来的隐藏结果。这样的"意译"是王弼注释策略的重要组成部分。这段文字的形式结构也是王弼注文中的典型，以"言"开始，以"故曰"结尾，为一些比较难解和抽象的段落提供了一个新的构造，原文的多义性和模糊性被大大地削弱了。当然王弼常用的注释方法还包括对具体词汇的直接界定。如《老子》第八章道"载营魄"，王弼定义"载"字："载，犹处也。"

王弼注文和《老子》文本在王弼的哲学世界中形成了相互渗透、相互

---

〔1〕参见［德］鲁道夫·瓦格纳：《王弼〈老子注〉研究》，杨立华译，南京：江苏人民出版社，2008年，第241-244页。
〔2〕［德］鲁道夫·瓦格纳：《王弼〈老子注〉研究》，杨立华译，南京：江苏人民出版社，2008年，第253页。

解说的辩证关系。《老子》文本在注释过程中成了理解和阐释的合法性基础。有关注文对文本的作用问题，瓦格纳这样论断："注释已被直接整合进本文了。而且，它把自己插入阅读的时间顺序和程序结构中，成为本文的修辞以及读者的解读 / 构造程序的一个不可分割的部分；它在一个读者总是处于迷失或随意解释的危险的文本中，为他提供桥梁、道路和联接。"[1]

瓦格纳充分肯定了王弼注释的现代性："王弼建构起了发展他自己的《老子》解读策略的极具革新性、原创性的方式：在对现代解释学的独特方法之一的一种早期预期中，他从《老子》本身给出的关于文本性质的提示中绌绎出了解读《老子》的策略。根据展开的注释策略，这是一种决定性的、极具影响的步骤。"[2]"自身指涉"的注释原则是为"消除文本多义性"的整体宗旨服务的。建立同一性的文本是根本目的，自身指涉一方面是王弼注释的方法论指导，另一方面也为消除文本多义性提供了合法性的基础。瓦格纳认为，王弼在方法论和哲学主张上都甘愿从属于原文本作者。他对《周易》和《论语》的注释同样服从于这样的解读原则和策略。王弼老子注是自身指涉文本，因为"王弼的注释技艺是以《老子》自身的理论陈述和实践方法为基础的……他用来消除多义性的材料绝大多数来源于《老子》，再用源自与孔子相关的文本的对等文段加以强化"[3]。瓦格纳认为王弼注释《老子》是具有绝对必要性的，特别是在今文经学将各家的思想系附在《老子》文本之上，并以他们的思想为基础来解释文本。而王弼通过自我指涉的方式，以《老子》解《老子》，一定程度上恢复了其本来面目。瓦格纳认为，王弼的注释以消除读者视角中的文本多义性为宗旨，共包含三个层面的操作：第一，将文本构造为可以理解的表达；第二，解释文本所包含的哲学主张；第三，消解其读者曾经接受过的解读。

---

[1][德]鲁道夫·瓦格纳：《王弼〈老子注〉研究》，杨立华译，南京：江苏人民出版社，2008年，第238页。
[2][德]鲁道夫·瓦格纳：《王弼〈老子注〉研究》，杨立华译，南京：江苏人民出版社，2008年，第167页。
[3][德]鲁道夫·瓦格纳：《王弼〈老子注〉研究》，杨立华译，南京：江苏人民出版社，2008年，第267页。

二、非线性的文体风格

王弼充分认识到了语言的局限性，因此在表达形式上部分地打破了二维语言表达方式，建立起了三维的线性结构。这种表达结构部分地类似于"骈体"风格，却比"骈体"更注重思想内容的连贯结构。王弼的注释不仅在"神"上与《老子》文本融合为一体，更在"形"上完全采纳和吸收了《老子》文本的表达方式。它是"有关玄和道的话语的基本文体模式"，是老子在表达捉摸不定的宇宙规则时常常使用的表述方式，同时也是被王弼等注家用来解读古代经典文本如《老子》《周易》等的策略。王弼的读解水平与方法已经超越了注释本身的意义，而"具有了学术洞见的价值"。[1] 它同时展现了王弼自身的写作风格，虽然《老子》文本也采用这种文体，但它在王弼时代比老子时代有了更清楚而明确的发展。瓦格纳非常欣赏王弼注释的这种表达结构，并将其命名为"链体风格"，英文名称为 "Interlocking Parallel Style" [2]。这是瓦格纳为了王弼《老子》文本及注释特别构造的专业术语。他在王弼研究中提出了这个重要概念，并且尝试了将其科学化和体系化。链体风格既有意义上相互紧扣的关联关系，又有结构上两句平行或相对的形式特征。译者杨立华教授在译者注中提道：

> "链体"与我们熟悉的"骈体"有相同之处，但"骈体"风格往往只强调对偶句子间横向的对称关系，而"链体"风格则在横向的对称关系之外，要求关键语汇或思想要素的纵向连续性。在 Wagner（瓦格纳）教授对王弼《老子注》及《老子微旨略例》的研究中，对文体研究的关注是值得注意的。在他看来，王弼行

[1]［德］鲁道夫·瓦格纳：《王弼〈老子注〉研究》，杨立华译，南京：江苏人民出版社，2008年，第110页。
[2]［德］鲁道夫·瓦格纳：《王弼〈老子注〉研究》，杨立华译，南京：江苏人民出版社，2008年，第47页，注1。

文中常常出现的"链体风格"，并不仅仅是一种文人式写作惯习，如六朝时期盛行的骈体文风，而是出于一种思想表达的需要。所谓"链体"，即两个思想要素平行交错地展开。这一概念，对于理解本书中的注释技艺的分析、思想的探讨及文本结构的转写都至为关键。[1]

瓦格纳为王弼的"链体风格"总结了一整套严格的规范和完整的体系。"链体风格"中首先包括"对子"，这指对称的骈体结构，其次的一个重要概念称为"串系"。"串系"指核心内容具有互补或其他关系的平行对子。"这一平行对子指示出两个相对领域的相似甚至相同的结构，这一结构是形式上的和非语言性的。"[2]瓦格纳将链体风格中没有对偶的句子称为"c要素"，通常"c要素"具有表达各个串系的总体结论的作用。

链体结构是具有一定的局限性的，并不是所有的《老子》原文都可以用链体结构来概括，这只适用于一部分的文本，一定要避免生拉硬扯之感。瓦格纳首先细数了王弼《老子》本中的链体风格实例：

> 《老子》中有近一半（81章中有39章）的分章是完全或部分地以链体风格写成的，它们是：1，2，3，5，7，9，10，13，19，22，23，25，26，27，29，33，38，39，41，44，47，49，50，51，53，56，57，61，62，63，64，65，67，68，70，73，76，77，80。有几章的句子中包含一个 abc 的层次，但没有链体结构，比如《老子》第75章和第81章。[3]

---

[1][德]鲁道夫·瓦格纳：《王弼〈老子注〉研究》，杨立华译，南京：江苏人民出版社，2008年，第47页，注1。

[2][德]鲁道夫·瓦格纳：《王弼〈老子注〉研究》，杨立华译，南京：江苏人民出版社，2008年，第59页。

[3][德]鲁道夫·瓦格纳：《王弼〈老子注〉研究》，杨立华译，南京：江苏人民出版社，2008年，第91页。

瓦格纳在书中举了一个明显及易于理解的链体风格文本例子，为《老子》第六十四章；一个比较复杂但很明确的文本，为《老子》第二十七章；两个隐蔽的链体风格例子，即第七十章和第二十六章，其中第二十六章为缺省型——"链体风格"的一种罕见变体。归纳总结瓦格纳的描述，链体风格的基本特点有二。

特点一：三维效果。

链体风格在瓦格纳的笔下是一种始于文字而高于文字的表达结构，这里的"高于"指的是超越语言性，能够表达出语言文字所无法表达的内容。"链体风格"强调的是"空间的而非线性的读解。普通的文本是以线性的字符传达信息的，而链体风格则以空间性、结构性信息为主"[1]。瓦格纳在这里以《周易》为例："空间性文本的最明显的例子是《周易》，但链体结构开启了一种空间化地组织陈述的方式：在线性的文本上添加一种新的组织，并赋予其隐含的议论主题的一个丰富的新层面。"[2]

特点二：科学性与普适性。

瓦格纳一再强调对王弼注的翻译，并不考虑文字措辞和优美度，因为其主要的研究对象是注文结构，"应该提起注意的是，我这里处理的是结构，而非翻译的细节。即使有人想要选择不同的翻译语汇，那么只要我们的结构分析不被证伪，这一论点就仍然成立"[3]。换而言之，瓦格纳对王弼注释文字的翻译并不是传统意义上的译介活动，而是学术研究，是对王弼注释的剖析式的解读和阐释。他使用"链体风格"体系为分析工具，通过对王弼注的推衍来重构《老子》文本，瓦格纳尝试将"链体风格"抽象为一种可以在古代文本中使用的普适工具和标准，用于解读与"玄""道"

---

[1]［德］鲁道夫·瓦格纳：《王弼〈老子注〉研究》，杨立华译，南京：江苏人民出版社，2008年，第58页。

[2]［德］鲁道夫·瓦格纳：《王弼〈老子注〉研究》，杨立华译，南京：江苏人民出版社，2008年，第59-60页。

[3]［德］鲁道夫·瓦格纳：《王弼〈老子注〉研究》，杨立华译，南京：江苏人民出版社，2008年，第57页。

有关文本的完整体系。同时一些无法套用工具的特殊情况瓦格纳也尝试做了解释。

瓦格纳并没有醉心于自己的新创造，除了不断完善"链体风格"工具化程度，还从最微小的细节发现了王弼"链体风格"写作的局限性。"王弼作品中的段落也揭示出由链体结构的二分性安排带来的局限也可能阻碍其论述的展开，产生一些怪异的结构。"[1] 注中说明此语针对王弼《老子微旨略例》，"在那里王弼将'名'与'称'分列在一系列平行的句子中间。然而，它们并不是真正平行的"[2]。可以找到天才王弼隐藏如此深的问题，并将其归类于自己的研究体系中，瓦格纳的功夫真正做到了毫末之间，力透纸背。

　　　　　读者将会注意到，我在建立关联的时候很少引用王弼的注释。尽管王弼是在《老子》使用了链体风格这一假设基础上进行读解的，并且有时会将它们指出，但这一模式的出现并不依赖王弼的权威，而是如我希望我已经表明了的：存在于对各种误解和歪曲的学术检验中。[3]

这里的"建立关联"指的是在第一编第一章《注释的技艺》中所选取的王弼《老子》校订本中多个原文句段。通过对这些句段的分析，瓦格纳分层次、分情况地呈现了"链体风格"这种写作方式在《老子》原文中的存在和体现。通过瓦格纳的论证，可以发现"链体风格"不仅在王弼《老子》原文中大量使用，而且还大篇幅出现在《王弼》注及王弼的哲学著作《老子微旨略例》当中。文中的探讨虽然还涉及了《周易》等，但王弼的《老子注》是瓦格纳唯一进行了全文翻译的王弼注本。这也符合瓦格纳经

---

[1][德]鲁道夫·瓦格纳：《王弼〈老子注〉研究》，杨立华译，南京：江苏人民出版社，2008年，第109页。
[2][德]鲁道夫·瓦格纳：《王弼〈老子注〉研究》，杨立华译，南京：江苏人民出版社，2008年，第197页。
[3][德]鲁道夫·瓦格纳：《王弼〈老子注〉研究》，杨立华译，南京：江苏人民出版社，2008年，第92页。

典解读的一贯原则。

　　　　以王弼在解释《老子》时留下的方法论暗示为指南来解释和
阐发王弼的《老子注》，成了 Wagner（瓦格纳）的指导性原则。
正是在这一原则的引领下，王弼《老子注》才第一次被真正当作
一个注释文本、而非仅仅借用注的形式来表达注释者自己思想
的哲学文本来加以研究。[1]

　　根据王弼对"链体风格"的重视和模仿，瓦格纳发现王弼将《老子》
作为哲学文本的修辞典范，十分强调文体形式的重要性。他一方面承认这
种文体形式是能够解开文本隐晦多义性的必要依靠，另一方面又将这种文
体修辞本身作为具有哲学价值的研究对象来看待。瓦格纳将曹丕的"文气"
说与王弼的"文体"研究进行对比，他认为曹丕和王弼观点的共同处在于，
"他们指出文本的文学性天赋是带有哲学意味的独特而且值得学者关注的
成分"，是"一种既可以表达个人情感又有表达哲学洞见的可能性的方
式。诗作为非议论性的表达形式成为处理不可表达的东西的一种可行媒介，
最终成为哲学话语的形式之一"[2]。《老子》文本是魏晋时代比较流行的文
本，它使用比较诗化的语言以及象征、隐喻等文学的表达方式，拥有不可
名状的文学意象。它与汉代之界定清晰，词汇固定之书写方式完全区分开
来。曹丕说："文以气为主，气之清浊有体，不可力强而致。譬诸音乐，
曲度虽均，节奏同检。置于引气不齐，巧拙有素，虽在父兄，不能以遗子
弟。"[3]曹丕的"文气说"受到王允的"禀气说"的影响，对曹丕"以气释

---

〔1〕[德]鲁道夫·瓦格纳：《王弼〈老子注〉研究》，杨立华译，南京：江苏人民出版社，2008年，第939页。
〔2〕[德]鲁道夫·瓦格纳：《王弼〈老子注〉研究》，杨立华译，南京：江苏人民出版社，2008年，第114-115
页。
〔3〕曹丕：《典论·论文》。

文"观点的形成有基础性的影响。曹丕的"文气论"奠定了魏晋文学理论和文学评论的基本风格，也是刘勰《文心雕龙》"风格论"形成的最直接的基础。文气说强调作家个人性情、天赋秉性对其创作风格和作品的精神面貌的影响，同时曹丕还提倡华美的文章风格，这样才能"不假良史之辞，不托飞驰之势"[1]，文章才能够真正达到"经国之大业，不朽之盛事"的崇高地位。这种对"丽"的追求正是对魏晋时代审美情趣的阐释和反映，也是王弼《老子注》所形成的理论氛围之所在，是王弼在注释经典文本的同时对文学性和修辞性强烈追求的思想根源。

　　曹丕的《文论》建立了"文气说"的核心美学思想，突破了将文学作品置于次要位置的历史观念，挣脱了文学作品中形式美的附庸地位，认定修辞和辞藻都是评判作品的重要标准，这开创了中国文学理论的新格局。鲁迅说："汉文慢慢壮大起来，是时代使然，非专靠曹操父子之功。但华丽好看，却是曹丕提倡的功劳。"[2]《典论·论文》的写作时间学术界大概推测为211年（建安十六年）到217年（建安二十二年）之间。在时间范畴上可以推断，曹丕的《文论》为魏晋文人营造了重视形式、强调审美的理论氛围，王弼注《老子》，正是在这样的社会环境之下出现的。

　　　　王弼对《老子》的文学和修辞手法的理论描述和实践分析作
　　为他哲学的一个实质的成分，反过来为其他使用非线性的哲学话
　　语形式的尝试提供了更充分的正当性，并提高了对文学性文本的
　　理论理解。[3]

　　难得的是瓦格纳不拘泥于链体风格本身，并把定义和解读链体风格认

〔1〕曹丕：《典论·论文》。
〔2〕鲁迅：《鲁迅全集》卷五，北京：人民文学出版社，2005年，第526页。
〔3〕［德］鲁道夫·瓦格纳：《王弼〈老子注〉研究》，杨立华译，南京：江苏人民出版社，2009年，第116页。

定为研究者的义务。他站在中国传统文化传承的高度上，思考王弼注老子的现代意义："任何对《老子》以及王弼注的现代读解都要求将这隐含的结构和议论明确化，因为这样的解码已不再是现代读解训练的一部分。"[1]

　　瓦格纳将构成王弼注释合法性的原因总结为"合理性"和"可行性"两点，瓦格纳将合理性理解为《老子》文本所体现的文本意志，是一个围绕既定作者老子的哲学观点所建立的"整体构造"，而"可行性"更多指向王弼的个人意志，是王弼哲学认识和注释策略及技巧的双重体现。"二者都是一种有效注释的必要条件"。王弼在遵从文本"合理性"的最大范围内，将个人的"可行性"发展到了极致。王弼通过"自我指涉"的方法解释文本的多义性，在唯一化文本意指的过程中，选择了他所倾向的诠释方向，既解释了文本的潜在含义，又构造了属于自己的文本结构。同时这种构造是受束缚和约束的，因为"合理性的要求决定可行地构造出于其中的范围。在王弼《老子注》中，不容许任何段落、任何句子同一性的整体构造不一致"[2]。王弼《老子注》在尊重原材料和构建个人观点之间达到了微妙的平衡。瓦格纳主张，王弼的注释最终抽象地运用了《老子》《周易》和《论语》中的语言和哲学要素，试图构建和发展出一个整体的精确的语言系统。他将这种语言运用在其注文之中。王弼通过其坚持的"合理性"和"可行性"原则使得注文的语言、构造和内容都从属于其文本。虽然瓦格纳将研究重点放在王弼的注释策略和技巧上，但也同时承认，王弼注文在解释原文的基础上，重构了一个比原文更为精确和详尽的哲学世界。"这是以相当简约而且常常是了不起的阐释天分完成的，其结果是一种有相当高的学术和哲学水准的完全统一的文本。"[3]

---

〔1〕〔德〕鲁道夫·瓦格纳：《王弼〈老子注〉研究》，杨立华译，南京：江苏人民出版社，2009年，第60页。
〔2〕〔德〕鲁道夫·瓦格纳：《王弼〈老子注〉研究》，杨立华译，南京：江苏人民出版社，2009年，第268页。
〔3〕〔德〕鲁道夫·瓦格纳：《王弼〈老子注〉研究》，杨立华译，南京：江苏人民出版社，2009年，第269页。

第二节 非典型性典籍译介——对王弼著作的"结构性转写"

一、"三方谈判"——王弼《老子注》译文

瓦格纳把他的王弼《老子注》译本放在了专著《王弼〈老子注〉研究》的第二编，并全文收录了整个《老子注》的译本。译文首先打破了传统的文本结构形式，不采用逐句叙述的形式来建构译文，而是采用打破原来传统篇章的语句构成方式，使用"链体风格"的结构分析方法，拆解句子与句子之间的关系，并将句子之间在逻辑、含义等方面的相关性通过非线性图形的方式直接呈现给读者。这是瓦格纳在"链体风格"语句研究范式基础上的重大个人创作。凭借这样的方法，典籍翻译过程中信息的获取方式发生了巨大改变。读者通过篇章构造的改变，直观地了解到王弼的思维循环方式。这是瓦格纳翻译王弼著作与传统典籍翻译的最大不同之处。瓦格纳的译本除了"译文"部分以外，在某些章节的结尾部分会加上一个"结构"部分。"译文"部分的原作者为王弼，而"结构"部分是由瓦格纳撰写的，内容是对王弼注文中暗含的链体结构的解读。在《老子注》共 81 章的译文中，"结构"部分出现在第 1、2、3、4、5、7、9、10、11、12、13、19、22、23、24、25、26、27、29、33、38、39、41、43、44、45、47、49、51、53、56、57、61、62、63、64、65、66、67、68、70、72、73、75、76、77、80、81 章中。出现的频率和密度比较大，充分说明"结构"部分是瓦格纳王弼译本的有机组成部分。由此可见，瓦格纳对王弼注文的翻译和研究是不可分割的，他的译本并不是传统意义上的典籍翻译，而是一种具有比较强烈解释学属性的研译结合的学术产物。他承认译本旨在为他对王弼注释策略的解读提供一些实证根据；而他对王弼注释策略特别是"链体风格"文体的定义和阐释也为整个翻译过程铺设了特

定的范式和路径。

以英译本第 9 章为例：

9.1 持而不盈，不若其已。（底本：傅奕古本）

持谓不失德也。既不失其德，又盈之，势必倾危，故不若其已也。不若其已者，谓乃更不如无德无功者也。（底本：刘惟永《集义》本）

9.2 揣而锐之，不可长保。（底本：范应元本）

既揣末令尖，又锐之令利，势必摧衄，故不可长保也。（底本：刘惟永《集义》本）

9.3 金玉满室，莫之能守。（底本：傅奕古本）

不若其已。（底本：范应元本）

9.4 富贵而骄，自遗其咎。（底本：傅奕古本）

不可长保也。（底本：刘惟永《集义》本）

9.5 功遂身退，天之道。（底本：马王堆乙本）

四时更运，功成则移。（底本：刘惟永《集义》本）

9.1 By maintaining［it］and then even adding to it,［a ruler］is not as well off as if he had nothing. "To maintain" refers to［what in Laozi 38.2 is called］"*not to let go of the receipt/capacity.*" *If［he］already does not let go of his capacity, but still adds on to it,［this results in］a situation where there is an unavoidable danger of being toppled. That is why［as the text says］"he is not as well off as if he had nothing." "He is not as well off as if he had nothing" means it is not even as good as having neither capacity nor achievements.*	By polishing［it］and then 9.2［furthermore］grinding it,［a ruler］will be unable to protect［himself］for long.

9.3 [Accordingly,] no one who fills [his already sumptuous] palace [furthermore] with gold and jades will be able to preserve [them]. *[Having these riches] one "is not as well off as if one [had] nothing" [as Laozi had stated in the parallel phrase above].*	someone who is [already]　9.4 wealthy and honored but [in addition turns] arrogant brings calamity upon himself. *He "will be unable to protect himself for long" [as Laozi had stated in the parallel phrase above].*

To withdraw [as a ruler] with one's person once the task is achieved—that is the Way of Heaven!
The four seasons alternate, when the task [of one of them] is completed, there is a change [to the next one].

THE STRUCTURE OF LAOZI 9

Laozi 9 has nearly all of the formal markers of IPS. Texts 1 and 2 are parallel in the number of characters and structure. Texts 3 and 4 are parallel in the number of characters, and both divide into two blocks of four, but the grammar in the two segments is not parallel. Text 5 is not parallel to any other phrase, and with its grand "that is the way of Heaven" announces itself as a general conclusion for both strains of argument. However, the link between the first and the second pair of texts, between texts 1 and 2 and 3 and 4 is hard to decipher, as the links are "closed" and not explicit, as in other zhang. Wang Bi solves the riddle with a simple technique by quoting a segment of text 1 under text 3, and a segment of text 2 under text 4, thus linking two symmetrical pairs and prescribing a strategy for reading that I have tried to make explicit in my translation. This construction of Wang Bi's is supported by the reading of the Guodian Laozi A, which repeats the term 盈 from the first line in the third with the formula 盈室 , so that at least the link between lines one and three is explicit. The structure of the zhang is thus according to Wang Bi:

> a　　　b (9.1, 9.2)
> a　　　b (9.3, 9.4)
> 　　　c (9.5)

D. C. Lau has suggested (Tao Te Ching, 13) that the terms of text 1 refer to the "ch'ih ying" vessel, which stands in position when empty but overturns when full. His translation strategy has been to cut the text into proverbial segments without much interest for any potentially cohesive argument. Wang Bi's reading strategy has been the opposite. [1]

[1] Wagner, Rudolf G.. *A Chinese Reading of the Daodejing: Wang Bi's Commentary on the Laozi with Critical Text and Translation.* NewYork: State University of New York Press, 2003, p143-146.

以 9.1 为例，"持而不盈，不若其已"为老子原文。"持谓不失德也。既不失其德，又盈之，势必倾危，故不若其已也。不若其已者，谓乃更不如无德无功者也"是王弼的注释。瓦格纳把原文和注释文本二者都译成英文，其中王弼注释用斜体表示。"［…］"之中的词句是瓦格纳的补充，通常为被省略的主语、宾语或状语等句子成分。瓦格纳感到古汉语文本中这些词汇的省略影响了现代读者的理解，就自行将其补充完整。他通过对王弼文本中信息的逻辑化梳理，明确了王弼注释中自我指涉的部分。在译本中鲜明地体现出王弼注释同一性的特点，让王弼注释成了更为具体和详细的同一化文本。瓦格纳在译本中对王弼"链体风格"文字进行了比较充分的整理和转换。他对"链体风格"文本不仅仅停留在分析、总结、归纳和提炼中。在他掌握了一套"链体风格"的行文公式之后，他大胆地将其使用在自己的译文之上。"链体风格"在王弼书写的注释文本中是隐藏式的，需要经过一定的解读策略和技巧才能体会和显现，是一种"加密文件"。而瓦格纳在将这"隐藏密码"解密之后，将译文语句进行了结构上的重新组合，使其成了按照"链体风格"排列组合的译文形式，打破了传统的文本书写结构。从第 9 章的英译本中可以直观地看到，瓦格纳并没有进行线性的语言排版。他认为 9.1 与 9.3，9.2 与 9.4 之间是关联关系，形成了两个"串系"；9.1 与 9.2，9.3 与 9.4 之间是并列关系，形成了两个"对子"。9.5是 c 要素，是整章的总结句。因此其文字排版如下，并随着这个三维结构的确立界定了这个段落的解读策略：

a（9.1）	b（9,2）
a（9.3）	b（9.4）
c（9.5）	

瓦格纳贯彻了王弼关于语言局限性的哲学观点，打破了译本的线性结

构，使用三维结构的形式设计，比王弼更加自觉地使用语言本身之外的方法来弥补其表达上的局限性。高度精练及非线性的文本表达方式体现了王弼和瓦格纳在增扩语言表达途径方面的努力。"对链体风格规则的理解除了有在某个文本内建立结构性关联和等级并减少文本的混淆这些实际的优点外，它还开启了包含在文本中的一种重要的、但未形诸言辞的哲学和论述资源。"[1]瓦格纳的译本是非线性的，提供了重要的空间性和结构性的信息。结构性译本的意义不仅仅体现在形式上，同时也体现在义理上。他翻译王弼作品不强调不同语言之间的互相转换，不要求神韵上的还原，不追求语言结构上的平衡与对等。瓦格纳的王弼译本具有不以源语文本为转移的独立性。相较于对原文本的忠实性，瓦格纳更为重视他的读者对译文理解的可能性。他经常对文本一些缺省的地方进行补充，并且概述一些他认为会影响读者理解的前期知识。在英译《老子注》相当多的章节里，瓦格纳插入了例如"The Structure of *Laozi...*"的段落。杨立华教授的中译本中将其直接翻译为"结构"部分。实践了"翻译即解释"的观点，承认源语言和目的语之间的不对等性，不强调忠实源语言。

瓦格纳对王弼注释重新阐释，语言方面是古代汉语转化为英语，后来又由杨立华教授将其译注从英语翻译为了现代汉语，并由瓦格纳教授亲自审核，语言的转换体现了翻译的过程；义理方面则是瓦格纳对王弼注文进行了"结构性转写"，或者也可以被称为一种解释行为。瓦格纳的译本具有很强的解释学特征。他高度理解王弼文本的解释学原则和哲学理念，并内化入自己的译本：充分体会了王弼"以经解经"的阐释原则——将原文本作为一切解释活动基础，并将自我指涉的部分进行一一拆解和详细说明及补充。

瓦格纳译本的解释学属性首先体现在他对注释者及文本之间深刻关系

---

[1]［德］鲁道夫·瓦格纳：《王弼〈老子注〉研究》，杨立华译，南京：江苏人民出版社，2008年，第109页。

的认知。他认为注释者经常抱有还原"原文本"的意愿，王弼也声称他的注释中包含了原文本的哲学本意。瓦格纳指出这种观点的存在在中国具有较长的传统，但是"我们可能早已被告诫要放弃此类文本的某种'原意义'的概念，将其视为基本无用且不可用的启发式假设"[1]。与之前的观点相对应，这里的"我们"可以理解为西方学术视角，他在此表达了完全出自哲学解释学理论的注释观：假使原文作者复活，也无法完美地注释原文本，因为随着历史的长河，原文本已经在不同时代和不同环境之下被不同的文化所浸染，所以不同的读者对原文本已经有了不同的解释，甚至比原作者的意图要深刻得多。基于这样的解释学观点，瓦格纳也反对注释文本是为原文本服务这样的观点。[2]

> 在这一层次上，注释者，特别是如王弼这样以意义为导向的注释者，将根据这一核心意义重构整个文本材料。因此，我们看到注释者接管了文本的意义解释，并以此方式达到了高于文本本身的程度。[3]

值得注意的是，瓦格纳借助哲学解释学理论得出了注释文本可以高于原文本的结论，在这样的西方理论视野之下他并未选择西方注释作品作为证明，而是以王逸的《楚辞注》为例。他强调《楚辞注》正是这样拥有文本意义上极具权威性的作品。

瓦格纳清晰地认识到注释翻译首先要建立在对注释家贡献的尊重和认可之上，如果把注释家当作"二手学者"而轻视，就影响了从注文中推论出原文本构造的过程。瓦格纳指出注释文本的译者必须让自己接受注释

---

〔1〕［德］鲁道夫·瓦格纳：《王弼〈老子注〉研究》，杨立华译，南京：江苏人民出版社，2008年，第400页。
〔2〕［德］鲁道夫·瓦格纳：《王弼〈老子注〉研究》，杨立华译，南京：江苏人民出版社，2008年，第400页。
〔3〕［德］鲁道夫·瓦格纳：《王弼〈老子注〉研究》，杨立华译，南京：江苏人民出版社，2008年，第400页。

的引导，文本翻译的导向应该是注释者的解读方向，但又不能完全忽视原
文本。他把对注文的翻译定义成为译者与原文本、注释家之间的"三方谈
判"。译本既要达成原文本的历史意义，又要遵从王弼所构建的意义结构。
但注文作者的意图和宗旨对译者来说更为重要。瓦格纳指出，注文翻译因
此是一件充满困难的工作。因为首先注释者面对的不是毫无经验的读者。
注释者在行文中要一边阐释自己的解读，一边推翻其他的解释可能性。假
设当王弼将"刍狗"解释为"草和狗"，那么这个词汇隐藏的礼仪性和比
喻含义都由此消失了，而译者只能根据这一种注释进行翻译。其次，译者
在将注文翻译成现代文字的过程中受到极大的束缚，"都将极大地减少文
本在其蛮长的理解史中获得的意义空间"。瓦格纳特别强调，无论是翻译
成现代汉语、日语或西方语言，译文文本中历史空间感的减弱都会产生，
"他在历史的读者中间激起的震颤消失了"。这是瓦格纳解释学性质翻译宗
旨的体现。瓦格纳指出："这一意义空间不仅涉及某些词汇（如'道'或
'玄'）的意义，而且涉及语法、修辞、隐含的主语和宾语以及没有在任何
句子中表达出来但却浸染了整个文本的整体宗旨。"[1]

　　因此，瓦格纳的翻译宗旨是以注文为主要参考，给出和原文本及注文
具有同一性和连续性的译文，能够清楚地表现注释者想要表达的整体语境
以及其对每个词句段落的解读方式。瓦格纳主张，作为注释文本的译者，
"需要具有高度创造的灵动性以及同样高度控制的强制性"[2]。这里对译者
提出的要求"灵活性"和"强制性"与瓦格纳曾经定义的王弼注释文本
的"可行性"和"合理性"形成了互相呼应、环环相扣的关系，完美阐释
了译者、注释者和原文本之间的"三人谈判"。注释文本需要合理地符合
和对应原文本的整体语境，译者也具有对注释和原文本的双重语境负责的

〔1〕［德］鲁道夫·瓦格纳：《王弼〈老子注〉研究》，杨立华译，南京：江苏人民出版社，2008 年，第 401 页。
〔2〕［德］鲁道夫·瓦格纳：《王弼〈老子注〉研究》，杨立华译，南京：江苏人民出版社，2008 年，第 402 页。

义务，这是"合理性"和"强制性"之间的联系；对于文本的具体语境采用相应的修辞和语法来表述，这是"可行性"和"灵活性"之间的关联。"合理性"和"强制性"是宏观要求和整体背景，"可行性"和"灵活性"是微观而具体的文本处理方法和手段，两方面缺一不可，共同构成了一个客观又辩证的注释文本翻译构造系统。瓦格纳认为注释文本翻译成译文之后，它与原文本意义之间所存在的复杂互动不可能被完全复制，因此，译者让读者认识到注文的哲学意义和成就的方法是一方面解读注文，另一方面提醒读者，原文本和注释者架构起来的文本含义之间可能具有一定的区别和距离。

瓦格纳甚至假设理想的解释学翻译方法为：在每一个句子前加上一个无限大的括号，里面列举出迄今为止的各种解读可能和它们的优缺点，并与注文作者选择的解读方案进行比较。由此可见，瓦格纳经典翻译的重点不在于从一种语言向另一种语言的转换，而在于对注释文本和原文本解读策略的理解，重点在于选择现有解读方式的原因以及与其他注释版本之间的区别。瓦格纳刻意忽视了翻译过程中古代汉语转化为英语的过程，而将焦点放在将古代汉语表达进行拆解、整合和补充的结构性转写的过程。特别是当这部王弼《老子注》的英文译作重新又被翻译成中文之后，这种结构性转写的特征更为明显。

瓦格纳对王弼《老子注》的翻译是一种典型的再次"视域融合"。读者带着自己的生命体验和知识体系来阅读和理解文本，与文本进行交谈，这是哲学解释学的"视域融合"，而这样的过程在瓦格纳、王弼和《老子》原文本这三方之间发生了两次。第一次的"视域融合"发生在王弼和《老子》文本之间，王弼本身视域的深度和广度与《老子》文本本身的词语、句法、结构和韵律等共同建构了王弼所理解的文本含义。《老子注》是王弼与《老子》原文本的"交谈"成果，有不同于《老子》的整体结构。瓦格纳对王弼注释文本的翻译是第二次的"视域融合"。王弼的儒家经典注释和《老子》原文文本一样具有很强烈的意向性，在篇章结构和文字韵律上都有其特殊性。随着瓦格纳《老子注》翻译的完成，《老子注》英译本成为另一个完整的结构。

瓦格纳对王弼注文的翻译具有其特殊性，犹如他自己所说的那样，他的翻译是一场"三方谈判"。译文是瓦格纳、王弼和《老子》原文间调整、平衡之后的产物。为什么《老子》原文对瓦格纳的翻译也很重要？这个问题从王弼书写其经典注释的文本形式中可以找到答案。王弼的《老子注》首先是按照章节顺序抄写《老子》原文，每一章的原文后直接阐释其逐字逐句的理解，因此《老子注》是一部原文与注文融合的作品。《老子注》英文译本按照王弼的文本形式，首先按章节摘引原文与注释连接在一起的中文语段，接着才开始英文翻译。《老子注》的文本组织形式，给译者瓦格纳带来了比较大的困难。这意味着译者需要同时翻译《老子》原文和王弼注文。王弼的注释是译文的参照系和根本出处。译者应该对此抱有丝毫不疑的尊敬态度，但与此同时他也是王弼注释与老子原文之间历史性交谈的观察者。译者由此对王弼注释带着多维复杂的态度。因此，从阐释学含义上看，瓦格纳的译文在多重"视域融合"之下获得了比一般翻译文更为突出的丰富性和多元性。

海德格尔在《存在与时间》中提出了"前理解"的概念。他认为诠释者在真正理解之前就已经拥有了"前理解"，在此基础上解释才能得以进行。因此，理解必然是主观的。伽达默尔在海德格尔的基础上提出了"前见"的概念，他认为前见是理解的基础，决定了理解的历史性。对伽达默尔来说，理解是一种创造行为。姚斯的接受美学更是继承了伽达默尔的理论，以此为基础，强调阅读过程中文本的不确定性和读者在解释文本过程中所起到的主导作用。如果没有读者的参与，一部文学作品就不具备生命价值和历史意义。瓦格纳对王弼《老子注》的翻译也体现了他的前见。作为西方学者，他对文本的阅读和把握很大程度体现在对其中逻辑信息的辨别和梳理，这是瓦格纳翻译王弼注释文本时的前见。

瓦格纳在"三方谈判"之中所创造的译本具有强烈个人特色，从翻译学角度，这是一部关于《老子》及其魏晋注释的汉译英作品，将《老子》原文及王弼注进行了整体性的翻译；从阐释学的角度，这是瓦格纳教授对王弼《老子注》的进一步注解。瓦格纳从他自己的学术经验和阅读理解出发，对王弼注进行了阐释。阐释学对瓦格纳译本的意义已经上升成为其翻译活动的方法论指导，阐释性内容成为其译本的有机组成部分。瓦格纳的译本遵从着忠于原文而不囿于原文的原则，在他感到需要进行超远原文词语范围的解释时，会加上"[…]"。

> 我们这里的翻译提供了两样东西：一种对后世所有注释者（无论是哲学还是宗教取向的）都产生了巨大影响的《老子》的特定历史构造；以及3世纪一个年轻的天才对《老子》的哲学探索及其意义的详尽阐释。[1]

瓦格纳也对"翻译"的概念做了一些阐释。概括而言，瓦格纳王弼研究三部曲中所呈现的译本，既包含了对王弼《老子》校订本原文的翻译，又囊括了对王弼注释文的翻译。"翻译"这个词可能会引起此书读者的困惑，因为《王弼〈老子注〉研究》全篇均为中文，又何来"翻译"一说。关于这点前文已有说明，这里再次引用《译后记》中的详细说明：

> 由于Wagner（瓦格纳）对王弼《老子》本及《老子注》往往有颇为独特的理解（这些理解都包含在本书第二编的译文中），所以在翻译中直接将他所引用的资料译回原文，往往无法准确地

---

[1]［德］鲁道夫·瓦格纳：《王弼〈老子注〉研究》，杨立华译，南京：江苏人民出版社，2008年，第403页。

把握论述的脉络。但在具体的译介中，如果过多地使用他的译文，则无法兼顾文字的可读性和行文的顺畅性。所以，我在翻译的时候，能够直接引用的地方还是尽可能引用原文。对于那些必须了解 Wagner（瓦格纳）的独到见解的地方，则或是在原文后面附上译文，或是以译注的方式指出参考本书第二编中的相应译文的必要。[1]

瓦格纳的王弼研究三部曲是英文著作，其中包含了瓦格纳的英文译本，而此将英文译本重新翻译回中文时确实面临着参照标准改变的问题，到底是以瓦格纳的英文译本为参照，还是以英译之前的《老子》原文为标准，译者杨立华教授选择了后者。这又可能使一部分尚未仔细阅读的读者产生疑问，这样反复来回中—英—中翻译过程，能否产生意义？这就涉及瓦格纳对王弼《老子》文本和《老子注》翻译的特点。瓦格纳的翻译首先将未注释的原文本和注释文本放在一起，构成同一译本的两个部分，既完整又不混淆；其次瓦格纳的翻译不仅仅是传统意义上线性文字翻译，而可将其称为具有创造性的"结构性转写"。在翻译的过程中，文字转化只是一小部分工作。如果阅读译本，可以清楚地发现原文本的线性结构被完全打破了，文本的空间排列发生了重大变化。"玄"与"道"的内核思想在无声的非语句化的表达下愈发地被凸显出来。可以说，这样的翻译不再是传统翻译概念本身，而更多地成了对哲学文本的解析和定性。在学术研究的过程和文字翻译的过程均打破了原有的界限，相互融合。对这一点，瓦格纳也认为自己采用了一种适用于王弼时代哲学的译文处理方式："翻译和学术分析并不必然关联在一起，许多学者都是在其中的一个领域更为擅

---

[1][德]鲁道夫·瓦格纳：《王弼〈老子注〉研究》，杨立华译，南京：江苏人民出版社，2008年，译后记，第940页。

长，对于王弼写作的这种哲学文本——其中创造了一种新的哲学语言，将翻译与分析分离开来就不太顺当了。"[1]他对《老子注》的另外三个译者明确表达了不满，"据我所知，上面提到的这三位译者都没有深入研究过 3 世纪的哲学，特别是玄学。"特别是对最后一位译者加拿大汉学家林理璋（理查德·林恩）在 1999 年所出版的《新译王弼〈老子注〉》[2]，他认为是"丢开文本自己杜撰"[3]。

> 我自己的译文发表于 1986 年（《老子微旨略例》），而 Richard J.
> Lynn（理查德·林恩）于 1999 年出版了另一种译文。尽管 Lynn
> （林恩）知道有更早的译文，但他仍然决定做自己的，他没有对
> 先行者进行批判性的、细节性的讨论。结果，这一译文非但没有
> 校正早期的错误和缺点，反倒充分利用特权强加他自己的解读，
> 并重复了楼宇烈版的错误。我为这样互不关涉的世界的持续存在
> 而悲哀，同时也为这一领域的不成熟而悲哀。在这个领域里，此
> 类的翻译竟被当做个人的学术训练，而非出于对批判事业的需
> 求。[4]

瓦格纳认为林理璋固然有不参考他人研究成果的权利，但他"固执地认为《老子》是一个给每个人提供如何行事的忠告的文本。无论这种看法对还是不对，都不是王弼解读这一文本的方式……译者在他们所认为的

---

[1]［德］鲁道夫·瓦格纳：《王弼〈老子注〉研究》，杨立华译，南京：江苏人民出版社，2008 年，译后记，第 405 页。

[2] Richard J. Lynn. *The Classic of the Way and Virtue. A New Translation of the Tao-te Ching of Laozi as Interpreted by Wang Bi*, New York: Columbia University Press, 1999.

[3]［德］鲁道夫·瓦格纳：《王弼〈老子注〉研究》，杨立华译，南京：江苏人民出版社，2008 年，译后记，第 405 页。

[4]［德］鲁道夫·瓦格纳：《王弼〈老子注〉研究》，杨立华译，南京：江苏人民出版社，2008 年，译后记，第 358 页。

'道家'共享的语境下解读王弼的哲学论辩。尽管这有时是有帮助的,但
大多数时候它都最终模糊了王弼思想的明晰标志"[1]。瓦格纳对林理璋等三
人译本的批评和对汤用彤对魏晋玄学理解的异议其实是秉承着他一贯的思
路的。他反对将王弼思想宏观化、独立化、模糊化的研究思路和翻译思路。

> 这三种译本对于理解一种《老子》的玄学性解读最终提供
> 的只是些边边角角的帮助,因为它们也没有做到本来打算做的
> 事——提供对《老子》的一种专门化、语境化的历史性解读,以
> 区别于声称译出了《道德经》"原"意的那种一般性的随意翻译。[2]

二、王弼译本的中国属性

如果把伽达默尔的哲学解释学和王弼注释进行相互参照,王弼在应用
各种解释学研究方法的时候,世上还完全不存在哲学解释学的踪迹。哲学
解释学的理论框架出现比王弼天才般的实践活动晚了近两千年,如果要将
王弼注释归于哲学解释学的范畴之内,实在是有些荒谬。可能正是因为这
个原因,瓦格纳才被王弼在近两千年前就展示出来的惊才绝艳所吸引。王
弼注释天然地拥有科学而清晰的读者观,这种思考方式恰恰与哲学解释学
中的视域融合观不谋而合。于是瓦格纳尝试着深入王弼的注释世界。他
在阐释王弼注释技巧时,并未粗鲁地将其与哲学解释学理论直接联系在一
起,而是从哲学解释学的角度寻找着这种现代理论与千年前的天才之间的
天然联系。瓦格纳的这部专著是在哲学解释学的整体学术背景下写作的,

---

〔1〕[德] 鲁道夫·瓦格纳:《王弼〈老子注〉研究》,杨立华译,南京:江苏人民出版社,2008 年,译后记,
第 406 页。
〔2〕[德] 鲁道夫·瓦格纳:《王弼〈老子注〉研究》,杨立华译,南京:江苏人民出版社,2008 年,译后记,
第 406 页。

但是对解释学的理论却再无多余的提及，只是作为一种内化的学术架构和
脉络。"在这部以解释学为方法论基础的著作中，解释学的理论探讨非但
没有如近年来众多以解释学为借口的研究那样走向粗率荒疏，反而成了更
自觉地接受文本约束的驱动力。"[1]翻阅这部专著的参考文献，大部分是中
国古代典籍，这较好地证明了瓦格纳深入中国文化核心，用中国文化来阐
发中国古籍的研究意识和研究方法。正如前文所介绍的，他所创造的 IPS
（Interlocking Parallel Style）概念被翻译成为"链体风格"，这个概念也参
考了中国古代文学中"骈文"的概念。瓦格纳的译本体现了用非传统方法
解释中国学术问题的转向。

瓦格纳指出对中国古代典籍之注作乃至中国古代哲学的误解存在于全
世界学者当中，并分析了其历史成因：

> 尽管很少有某个当今的资深汉学家因忽略了对称关系而误译
> 某个词汇，我仍主张：由于汉学家们对骈体（链体）风格的更复
> 杂形式缺乏了解已经导致了对很多文本的误解；更糟的是，它还
> 导致了一种社会实践：将中国哲学论文表面上的缺乏系统归因于
> 中国思想家不系统的思考。[2]

瓦格纳通过对王弼链体风格的解析，从微观层面证伪了西方学界认为
中国古代哲学缺乏体系性的误解，力证了中国哲学暗含的逻辑性和科学性。
努力排除西方学界对中国哲学的错误认识，不得不说是他的一大贡献。

瓦格纳引用英国汉学家阿瑟・韦利在其《老子》译本跋中的观点：

[1]［德］鲁道夫・瓦格纳：《王弼〈老子注〉研究》，杨立华译，南京：江苏人民出版社，2008 年，译后记，
第 939 页。
[2]［德］鲁道夫・瓦格纳：《王弼〈老子注〉研究》，杨立华译，南京：江苏人民出版社，2008 年，译后记，
第 51 页。

"从王弼降及18世纪所有的注释者都是'布道式'的；也就是说每个注
释者根据自己的教义重新解释文本，却没有意图或愿望发现文本原来的意
指。"瓦格纳认为韦利指出了"中国思想史上最精微、最有哲学价值的资
源之一"——注释的糟糕研究状况。"历代的中文注释被当代学者（包括
当代中国和日本学者）至多用作材料源"，"当王弼这样的注家被有关玄
学的研究当做对象，从而使他们自己的理论呈现出来时，他们的陈述大都
被视为独立的句子来引证，剥离了其原本的注释语境和目的"。瓦格纳将
这样的传统归罪于西方，"宗教改革和文艺复兴的一个标志就是拒绝教会
的注释权威，并建立作为唯一有效的参考点的原文本（Urtext）。作为在
文本中并无根据的二手的经院气思考，这一反对注释的欧洲偏见源于欧洲
的神学竞争，并最终在世界范围成为主流"。[1]

　　瓦格纳的王弼研究体现出他对中国哲学充分的关注和尊重，他带着西
学的目光来阅读中国哲学，对中国古代的哲思产生了一些不同的关注点和
兴趣点。与大部分汉学家将汉译看作一项技能性操作不同，瓦格纳将更多
的学术研究成果和观点融入了他的典籍汉译工作。中国古代哲学给西方的
印象一直是缺乏分析与论证的传统，传授给人的是一些不可捉摸透彻的观
点，这些观点可以得出因人而异的结论。瓦格纳试图从一个西方人的学术
体系出发，来证伪这种观点，他想证明在中国古代哲学典籍中也具有大量
的说理，只是这些论证方式与西方学术所采用的方式不同；文本也并非缺
乏逻辑线索，只是更为隐蔽而已。他试图通过一些现代学术研究的手段去
爬梳和理顺这些古代哲学宝藏，并且难能可贵地基本未使用任何西方学术
术语。

　　王庆节教授将典籍翻译的过程比喻为"采矿"：

---

[1]［德］鲁道夫·瓦格纳：《王弼〈老子注〉研究》，杨立华译，南京：江苏人民出版社，2008年，译后记，
第55页。

翻译，特别是经典翻译的工作好似在思想领域中的"采矿"。当我们开采出"矿石"后，其他学者能以此为基础做更多的工作。所以，我们在这方面如同"矿工"。当然，译者在后面也会做进一步的解释工作，但实际"采矿"的过程也就是一个探究和探索的过程。[1]

这个观点与瓦格纳的学术研究及译介视角不谋而合，典籍外译是一个创作型的思维过程。瓦格纳在他的王弼研究中突破了用西方概念来思考中国哲学的传统套路，没有强求使用西方学术体系中的话语，没有回到西方的语言概念系统中去探求其研究的合理性和合法性，这对一位在西方学术体系中成长起来的成熟学者难能可贵。瓦格纳真正地沉浸式研究和思考中国哲学，做到了以西方为"技"，以中国为"本"，为以未来为方向的中国哲学体系的建立，为一个中国自主意识的思想共同体的形成做出了贡献。

瓦格纳的王弼研究与其西方学术身份之间存在着有趣而辩证的关系，如果没有西方学术渊源瓦格纳无法形成其特有研究思路和论证过程，但又因为他在研究成果中基本完全抛弃了显性的西方学术特征，才使得其王弼研究三部曲成为中国乃至世界王弼研究谱系中不可不提的作品，被广大的中国学者所充分接受。汉学家的身份在其中已经被忽略了。这种忽略是对一个汉学家学术成果最大的褒奖。可以说王弼研究构建了瓦格纳学术研究的整体高度，是其一生中最为重要和有价值的成果。

"中华外译"是弘扬民族文化，使国外读者更好地了解中国的最直接途径和最佳媒介之一。"作为中华传统精神文化的主要载体，中华文化典籍的外译构成了一种重要的中译外活动和一个特殊的翻译领域，也是中华

---

[1] 王庆节、曹青春：《让哲学说汉语与"从中国来的哲学"的可能性——王庆节教授访谈》，载《学术月刊》，2019年8月，第51卷。

文化走向世界、实现中外文化交流的一条重要途径。"[1]瓦格纳的《王弼〈老子注〉》译本，对文化典籍进行了语句和结构上的翻译。虽然瓦格纳的王弼研究三部曲成书年代比较早，但在中华文化典籍外译的重要性越来越被认识的情况之下，它仍然代表了一种比较新颖和特殊的外译方式，即典籍研究和典籍翻译的结合，以研究促进翻译，以翻译论证研究。两者均不可或缺，融合而成为独树一帜的译介模式，从而使得文本意义更为明晰，大大降低了典籍理解的门槛，使得外译后的作品更加能够被中文非母语人群所接受。其译本转而成为一种具有一定学术意义的独立作品。我们不敢说瓦格纳的译本和译介模式与其他译本相比更为准确，但至少是一种比较具有创造性的尝试，有被探讨的价值与可能性：

> 我非常愿意鼓励读者将这些翻译与我本人的著述进行批判性的比较。无论最终的判断的是什么，这样的一种比较都一定会给深入理解这些翻译所涉及的问题和它们的可靠程度带来帮助……[2]

《王弼〈老子注〉研究》到底是一部学术专著，还是一个典籍译本？准确的定义应该是：这是一部包含一个完整典籍译本的学术专著。书中的第二编主要是《王弼〈老子注〉》译本，其英文译文也是最先成稿的。瓦格纳在翻译了王弼《老子》校订本及王弼《老子注》之后，便详细阐释了"链体风格"的解析方法和对典籍文本和注本进行"结构性转写"的方法和思路。他用了大量文字定义这种在三世纪流传比较广的写作风格和解读策略，建立了清晰明了的判断标准，从而构架起一个科学客观的理解体系。

---

[1] 王宏印：《中国文化典籍英译》，北京：外语教学与研究出版社，2009年，第2页。

[2] [德] 鲁道夫·瓦格纳：《王弼〈老子注〉研究》，杨立华译，南京：江苏人民出版社，2008年，第406页。

　　瓦格纳的研究对象是多元而复杂的，他的学术评判标准却经常是比较执着且单一的。这种分析方式，与其来自日耳曼语系的母语环境也有着重大的关系。日耳曼语系的德语是一个与汉语相比较少出现多义性的语言。德语语法中有"格"。"格"代表着一种功能，是名词、代词等各种此类在句子中的一种具体搭配关系；动词也按照配价理论和框型结构的规定在句子中排列组合。这也就是说组成句子的每个词与有着"格"上的明确一一对应的关系。句子成分的位置虽然可以以动词位置为中心进行改变，但这种变化是有迹可循，有规必遵的，都需要按照既定语法规则进行，随意省略和变动位置的情况不可能出现。按照时态和人称变化，德语的动词也发生相应的变化，这种变化是可以用语法的图标详尽而全面地描述出来的，而汉语具有一定的稳定性，没有固定的形态变化和形态变化标志。汉语的句子成分在能表情达意的情况下可以进行省略，具有丰富的语气词和量词等。汉学的语言变化丰富，语法规则灵活，经常因为语境和说话人的不同而出现崭新的再创造。两种语言在语法规则和语言习惯上的区别必然会使西方汉学家特别是德国汉学家产生困惑，特别是在试图厘清中国古代哲学的思想内涵与其表达语句之间关系之时。这种疑惑一方面造成了以西方语言为母语者理解中国古代哲学的困难，另一方面也为瓦格纳这样有意深入中国哲学世界的德国汉学家制造了研究的契机。其母语的语言特点好像他所掌握的一把特殊钥匙，他无法理解古代典籍文本的多义性，但会更加容易注意到典籍文本的形式问题，并在这种"类排比"文体风格中，找到更为隐藏的修辞性和结构性规律，同时使用德式的"配价方式"去探求典籍语言中相对存在的一一对应关系。中国古典哲学具有极大的张力和极深的内涵，可以想见，其中的思想争锋和碰撞过程是必然存在的。但瓦格纳经过长达二十三年的努力和思索之后终于找到了那条解密之进路：西方的方法论之于中国的思想体系，二者终于找到了平等沟通的正确路径。

第三章 "选择西潮论"

　　瓦格纳从 20 世纪 80 年代起开始他的晚清社会研究。那时他刚到美国，而以费正清为先驱的美国中国学研究始于 20 世纪 40 年代末。瓦格纳的晚清宏观叙事汲取了美国中国学三十年的研究成果，是饱含了前辈的学术精华而孕育出的果实。这三十年中不同阶段的美国中国学学者所拥有的学术研究范式和特点在他的研究成果中均有所体现，同时他也展示了一个来自欧洲"旧"大陆，经过严格学术训练的汉学学者在思辨、阐释和提炼等方面的功底。经过融合和升华，瓦格纳最终凝结和精炼出了具有自身特色的学术论点。瓦格纳晚清社会研究的中心词为"选择"。选择无处不在，贯穿历史长河的各个阶段与各个领域。历史选择已经成了一个具有普遍意义的哲学选题。

　　本章从瓦格纳笔下历史选择前的记忆入手。瓦格纳对前西方记忆的阐述首先通过描绘清朝衰落凸显出了之后选择西方的必需性，同时详细呈现了无法回避的传统之所在；其次它还作为一个引子，带领晚清各个阶层的"主角"粉墨登场。这些历史的"主角"之后成了中国选择西方的具体执行人。瓦格纳在他的晚清研究中一再突出当时中国的非殖民地性质，这是他的"选择西潮论"的前提和基础。只有非殖民地的中国才是自由的，自由是选择的先决条件，是主体之所以能够成为主体的前提。如果失去了这个前提，所谓的选择也将完全失去其可能性。瓦格纳从晚清中国对西方做出历史选择的主体、层次和特点等方面进行了详尽的分析和阐释。在瓦格纳的笔下整个晚清中国的历史选择是一个动态并有层次的过程。瓦格纳的晚清研究没有突破"冲击—回应"和"传统—现代"的老路子，但他的"选择西潮论"并不是一种狭义的历史选择论，它强调选择主体的主观能动性和中西方文化流动的多元性。从这个角度而言，"选择西潮论"具有一定的创新性和先进性。

第一节　帝国的传统：历史记忆与选择前提

一、历史记忆：传统的主角

本书此处所述的历史记忆，指的是在与西方国家进行正面接触和冲突前的晚清社会历史。瓦格纳在对此阶段的社会群像描绘中使用了"Protagonisten"这个词，在德文中译为"主角们"。在瓦格纳的视角中晚清社会的种种变化可以理解为一场历史剧，而晚清朝廷、太平天国及后来崛起的汉族士绅都是这场历史剧中的主角。"主角"这个词给瓦格纳的整个晚清研究定下了基调，这是以中国为主体的历史书写。虽然瓦格纳西方汉学家身份会给他的中国历史叙事带来很多认知上的局限，但他一直坚持着这种将中国和中国人作为叙事主体的视角以及将各个社会阶层进行角色化处理的修辞手法，农民起义者也是这场历史剧中的一个重要角色。费正清对这样的西方列强入侵之前的情景也有过描写：

> 幅员广大、自给自足、统治阶级的麻木不仁和漠不关心，所有这一切使清帝国在与西方国家接触时毫无应变的准备……因为

这种成就之大竟使得中国的领袖人物对于灾难的降临毫无准备。[1]

在西方工业国出现之前的晚清中国社会图景：晚清政府积重难返的顽疾和太平天国的横空出世在瓦格纳的笔下都成了传统的一部分。

（一）日益衰落的晚清皇权

中国传统社会在瓦格纳的历史叙事中被描写为一潭静止不动且暗自腐臭的死水。这和费正清学派对中国传统社会的基本认知是相似的，也是西方冲击中国，推动中国进入现代社会理论的基础。瓦格纳认为清帝国自身所存在的问题主要有以下三个方面。

首先，泛滥在帝国土地上的顽疾——腐败，被浓墨重彩地描绘。可循的时间脉络基本是从清王朝的掌权初期到18世纪：清王朝掌权之后，伴随着土地、赋税和管理改革的初步成功，越来越多的腐败现象出现在官吏机构中。除了名义上相对低的赋税，农业生产者还要担负其他的债务，其形式为额外征税、高利贷、风险交易以及操纵货币兑换，这些通常会高达原来赋税的几倍。瓦格纳重点描述腐败的结果：越来越少的人交税，农业生产者交越来越多的税。国家运河和道路公共建设给很多人提供了发财的机会。同样，百姓的贫穷和军队薪水的不足又进一步造成了秩序的丧失。到了18世纪，腐败现象更为严重，社会矛盾进一步激化。这里所说的清帝国衰落还可以加上一个时间状语，即西方列强入侵前。瓦格纳要表明的观点是这个国家在西方入侵之前就已经在滚滚历史洪流中日渐衰落。[2]

其次，瓦格纳分析了清王朝从始至终存在着的一个特殊问题，即民族问题。在瓦格纳的历史叙述中我们可以看到很多针对西方读者的带有科普

[1][美]费正清、刘广京编：《剑桥中国晚清史1800—1911》（上卷），北京：中国社会科学出版社，1993年，第7页。
[2]Wagner, Rudolf G.. „Staatliches Machtmonopol und alternative Optionen zur Rolle der 'westlichen Barbaren' im China des 19. Jahrhunderts ", in hrsg. von Jan Heeren Grevermeyer. *Traditionale Gesellschaften und europäischer Kolonialismus*, Berlin: Sydikat Autoren-und Verlagsgesellschaft, 1981, S. 110.

介绍性质的文字：一部分汉族人始终将清王朝的满族统治者看作是外来的
野蛮人。虽然满族统治中国，建立起了一个强有力的国家模型，臣服于他
们的汉族人在国家管理中充当着重要的谏臣角色；虽然在清朝建立以后，
满族统治者承担了保护中国传统的角色，然而无法改变的民族问题始终困
扰着清王朝。从顾炎武和王夫之到白莲教与太平天国，各种反清思潮和战
争从这个朝代的建立到覆灭从未真正地停止过。瓦格纳将这些民族主义者
称为"Protonnationalist"，翻译成中文可以称为"原始民族主义者"或
"朴素民族主义者"，瓦格纳在此对这些朴素民族主义者的基本思想起源
进行了定义：这些秘密社团的成员接受了 17 世纪思想家的朴素民族主义理
论，依然忠于明朝，拒绝效忠于野蛮统治者。这些信仰朴素民族主义理论
的知识分子把中国阐释为维护传统概念的文化之国，儒家的经典著作《春
秋》被这些知识分子阐释成面对蛮夷时对汉族的维护。瓦格纳在这里提到
了明末清初的思想家王夫之，王夫之是除顾炎武之外在这段历史上最著名、
影响最深远的思想家之一。他认为王夫之的民族观念非常激进，提出的如
"多杀而不伤吾仁"之类的言论。但瓦格纳可能没有意识到的是这是王夫
之经历了明末清兵屠城类的事件后的应激态度。

　　作为一名西方学者，瓦格纳对"种族"和"文化"之间的联系似乎有
天然的敏感度。瓦格纳对朴素民族主义者在思想上所到达的高度和所具有
的局限性有比较清楚的认知，[1] 他引顾炎武为例来讨论朴素民族主义者究竟
是对种族本身忠诚还是对汉族所代表的文化忠诚。他以顾炎武引用的孔子
对管仲的评价为例：公子纠与管仲，虽无君臣之名，却有君臣之实，所以
公子纠死而管仲未以死相殉，从道理上讲，显然有悖于"君臣之分"。而
孔子却肯定管仲之"仁"。出于沉重的政治文化情结，顾炎武将"君臣之

---

[1] Wagner, Rudolf G.. „Staatliches Machtmonopol und alternative Optionen zur Rolle der ‚westlichen Barbaren ʻ im China des 19. Jahrhunderts ", in hrsg. von Jan Heeren Grevermeyer. *Traditionale Gesellschaften und europäischer Kolonialismus*, Berlin: Sydikat Autoren-und Verlagsgesellschaft, 1981, S. 113.

分"与"华夷之防"升华为一种相通相融的精神气节。顾炎武坚信："夫
亡国有迭代之时，而中华无不复之日。(《日知录》卷六)"他的这种言论
显示了他将文化价值与政治价值区分开来的时代观念。虽然瓦格纳在行文
过程中已经意识到了顾炎武思想所达到的高度，但是他的侧重点仍然落在
另一面，即以顾炎武为代表的朴素民族主义者虽然意识到了文化价值的可
传承性，但仍然排斥满人的清朝，认为对自己种族的忠诚比对社会结构的
忠诚更为重要，接纳中国文化的人并不等同于他们属于同一民族。这样的
认识解释了之后瓦格纳民族观的发展，当西方国家与中国正式接触之后，
瓦格纳常常将汉族、满族和"西方人"三类人并列为民族问题中的平行主
体，将种族作为民族问题的基本单位。当满族统治国家的时候，一直在努
力汉化的清王朝始终未被众多汉族知识分子接受。那个年代顾炎武和其他
思想家的言论在清朝的审查制度下成了牺牲品。瓦格纳清晰地解析了清王
朝在民族问题上所扮演的矛盾而又复杂的角色：清朝政府尽管不断地在汉
化，却也不停地在政策措施上助长朴素民族主义者的敌对情绪。他们将自
己的语言和文字也视作官方语言，并且将其用作内部交流的媒介，这样就
把汉族官员屏蔽在外。他们为了至少能够保护旗人对原本的生活方式的记
忆而进行大规模的圈地，把农田变为牧场。在这样的分析中，瓦格纳似乎
将"满人"与这时还未出现的"西方人"并列起来，努力将满族统治者
在处理汉族传统时所采取的举措和受到的挫折与之后西方在中国"推进现
代性"的努力等同起来。当然瓦格纳也承认满汉之间在文化和政治上的融
合：他认为在能力出众的初期统治者的领导下，清朝取得了巨大的成就，
这一成就使得朴素民族主义的思潮在一开始并未获得很大的反响，还使得
绝大多数的汉人精英在思想上已经做好了与清廷合作的准备。[1]

---

[1] Wagner, Rudolf G.. „Staatliches Machtmonopol und alternative Optionen zur Rolle der ‚ westlichen Barbaren ‘
im China des 19. Jahrhunderts ", in hrsg. von Jan Heeren Grevermeyer. *Traditionale Gesellschaften und europäischer
Kolonialismus*, Berlin: Sydikat Autoren-und Verlagsgesellschaft, 1981, S. 113.

再次，瓦格纳认为满族政府有着特殊的结构。清王朝对社会的控制方式一直是研究清史的美国中国学学者所关心的，即君主采取何种方式实现中央政府对小至村庄的地方单位的控制，又用怎样的道德规范和思想体制来对民众的行为进行约束。费孝通认为，社会控制是"通过社会力量使人们遵从社会规范，维护社会秩序的过程"[1]。因为清朝特殊的民族问题，统治者所采取的社会控制模式和手段又显现其特殊性，这正是瓦格纳所希望了解和发掘的。作为一个自身人口数量有限的族群，满族为了实现对经验丰富的中国官僚机构的统治，把行政决策权高度集中在政府手中，同时尝试将控制延伸到最低的村级。在顺治皇帝"乡约"的基础上，康熙皇帝对其加以补充并在五十年后进行第二次扩展，他为这个广袤帝国的所有村民引入了"乡约"。[2]在这里瓦格纳发挥了阐释学家的本能，将顺治版和康熙版的"乡约"进行了对比。他认为"乡约"的补充首先是为了进一步应对具有威胁性的社会活动。康熙时期的"准则十三"是新补充的"不能隐藏逃犯，否则与逃犯受同样的惩罚"，还有"准则十五""要加入保甲制度来镇压小偷和强盗"。这样的政策可以对从宫廷到下层各个阶级都建立起意识形态的垄断。此外，宫廷还利用保甲制度，对国家的领土特别是群众的活动进行控制，最后他们还尝试通过考试制度和严格的监察制度来实现最高层次政治和意识形态上的霸权，镇压所有反对"野蛮人"的活动。在这里瓦格纳用来指代满族人的词和之后指代西方人的词是相同的，即"野蛮人"。瓦格纳对清朝的这种体制发表了比较独特的见解：清朝试图通过这样的国家机器构造来弥补其先天不足，巩固其统治，但这种国家机器的运转完全以稳定为前提条件，而稳定反过来又需要依靠国家机器的取得。

---

[1] 费孝通：《社会学概论》，天津：天津人民出版社，1984年，第181页。

[2] Wagner, Rudolf G.. „Staatliches Machtmonopol und alternative Optionen zur Rolle der westlichen Barbaren ' im China des 19. Jahrhunderts ", in hrsg. von Jan Heeren Grevermeyer. *Traditionale Gesellschaften und europäischer Kolonialismus*, Berlin: Sydikat Autoren-und Verlagsgesellschaft, 1981, S. 115.

这种稳定维持了不长的时间，"保甲制度"早在 18 世纪末就已经崩溃。

　　瓦格纳比较善于使用故事化的写作手法来论证观点。为了说明在 18 世纪末和 19 世纪初，腐败、朴素民族主义和特殊的国家机器三点互相作用，对清政府统治的摧毁作用表现得越来越明显，他选用了黄河治理的具体事件来论证：康熙帝在位期间实施了一系列重大工程来让黄河向北部改道。之后六十年里就再没有发生可怕的洪水灾害。黄河管理消耗了超过百分之十的国家预算，瓦格纳在这里收集了很多史实资料，其中以二手资料居多。河防局的官员刘辰中在 1840 年写道：他们（河防官员）故意忽视水坝，为了让它堕落得更快，朽烂得更快，从而就财政拨款提出新的要求。魏源在 1842 年写道：如果河防局继续腐败，黄河将会像过去一样改道。1851年黄河果真再次跨越交界处的水坝而改道，并破坏了运河系统。因此北京丧失了传统上的赋税粮食运输系统，已有的货币化的税收也没有办法进一步延伸。由于鸦片的进口，中国在与英国的对外贸易中持续贸易逆差，因此银子大量流出。[1]

　　清帝国本身所存在的这三个问题相互交织，互为因果：因为民族问题的存在，导致清政府采取了下至乡里的严格管理制度，这种"不合理"的国家机器和国家制度的存在进一步深化了其腐败问题。腐败问题的大发酵使得民众对这个异族统治的国家进一步不满，民族矛盾日益激化。这样的情况循环往复日益深入，终使得清帝国病入膏肓，步步走向衰落。瓦格纳在二手史料的基础上，对清王朝自身所存在的顽疾做出了比较与分析，应该说这并不是瓦格纳晚清社会分析中最为出彩的地方。他在其中大量使用了前人的论证材料，大部分是费正清、列文森和徐中约等汉学和中国学学者使用过的，因此，很多内容是对二手资料的再编辑。虽然瓦格纳的本意

---

[1] 参见 Wagner, Rudolf G.. „Staatliches Machtmonopol und alternative Optionen zur Rolle der ‚westlichen Barbaren‘ im China des 19. Jahrhunderts ", in hrsg. von Jan Heeren Grevermeyer. *Traditionale Gesellschaften und europäischer Kolonialismus*, Berlin: Sydikat Autoren-und Verlagsgesellschaft, 1981, S. 117.

是对 17 世纪至 18 世纪尚未与西方相遇的清朝进行总体性的介绍，但重点
放在了引用很多数据来证明清朝的衰落。他既论述了清朝从开创初年起既
有的根子里的问题，以及这些"毒瘤"如何进一步生根发芽，滋生出旖旎
而剧毒的"罂粟"；又列举史实说明了清朝国家机器如何针对这些问题做
出回应，但对清王朝在前期所取得的成绩却是一笔带过。这未免让人怀疑
瓦格纳对清朝"传统"的归纳有失偏颇。

> 　　17 世纪末及整个 18 世纪，由于社会稳定的发展，中国经济
> 上得以繁荣发展，织物、茶叶、盐、陶瓷和金属方面的国内贸易
> 也快速地扩大。这一发展伴随而来的是财政收入的增长。经济的
> 繁荣为人口的激增创造了条件。1741 年至 1841 年一百年间，登
> 记的人口从 1 亿 4350 万上涨到 4 亿 1350 万。然而与此同时，只
> 有很少的土地被开发，仅仅只在四川省耕地有较大的增长。根据
> 清廷的数据，1724 年至 1851 年间，课税的农田仅从 720 万顷增
> 长到 770 万顷（1 顷 =6.6 公顷）。新的农业经济技术未被引进。[1]

（二）意外出现的太平天国

太平天国是美国中国学学者的传统研究项目，在《剑桥中国晚清史》
等书中均有详细的介绍和阐释。瓦格纳在 20 世纪 80 年代初来到康奈尔大
学访学，在图书馆发现很多有关太平天国的资料，因此他开始了对晚清中
国的研究。由此，他也对太平天国研究抱着比较特殊的感情。大部分的美
国中国学学者对太平天国的研究有两个重点，第一是将其放在中国受到西
方冲击的大背景下，着力于分析基督教义如何影响洪秀全的观念体系，洪

---

[1] Wagner, Rudolf G.. „Staatliches Machtmonopol und alternative Optionen zur Rolle der ‚westlichen Barbaren‘
im China des 19. Jahrhunderts ", in hrsg. von Jan Heeren Grevermeyer. *Traditionale Gesellschaften und europäischer
Kolonialismus*, Berlin: Sydikat Autoren-und Verlagsgesellschaft, 1981, S. 114.

秀全怎样建立起自己的宗教信仰系统。史景迁说：

> 洪秀全的观念体系形成受到了包括基督教在内的西方人带给中
> 国的种种变化的形塑。这些变化营造出了一种强烈的氛围，这种氛
> 围给予洪秀全新的视野去看待他从小所接受的宗教和社会信念。[1]

第二是突出太平天国及洪秀全在历史中所表现的残忍、暴力、怪诞和
血腥的特性。这无疑加深了西方世界对中国历史和中国文化的间离感和陌
生感，营造了一个遥远世界中的太平天国形象。但瓦格纳的太平天国研究
与之前侧重点并不相同，瓦格纳认为太平天国是 19 世纪中国历史上除了清
政府外最重要的政治力量之一。太平天国具有之前的农民起义所不具备的
现代性，他们试图借助西方的理论来阐述并施行其政治主张。不同于白莲
教和南方三合会的农民意识形态，太平天国这场发生于 19 世纪的农民军有
着他们自己的纲领、领导和组织。太平天国首批招募的主力军，大多是广
西客家人。他们在四十年间逐渐形成的纲领，主要指向国内形势及清政府
的腐败问题。就这点而言，它略先进于其他的传统秘密组织。太平天国并
不认同其他秘密组织关于"恢复明朝"这种空想的宗旨。出于对复辟空想
的否定，太平天国对他们的纲领做了更加具体化的阐释。尽管该组织的思
想的发源地广东省，是最早受到英国侵略者进犯的地方，他们还是借用了
基督教宗教元素，并在经济方面吸收了很多秘密组织曾经的纲领——解决
土地问题，杜绝腐败，禁止鸦片。瓦格纳分析其经济要求中也有非常现代
化的概念，如建造医院，铺设连接省份间的铁轨，等等。传统的客家女性
主要是做家务和从事农业生产，地位较低，然而在太平天国时期客家女性
地位问题却有所改善。

---

[1] Jonathan D. Spence. *God's Chinese Son: The Taiping Heavenly Kingdom of Hong Xiuquan*, New York: W. W. Norton& Company, 1996, pp. 147.

太平天国处理国际关系的态度和方式以及其思想根源是瓦格纳叙述的重点。他的切入点在于太平天国对儒家文化的排斥和对西方所持有的天然好感，这也与太平天国的纲领有关。太平天国不视"圣贤"为真理的唯一来源。在他们早期的表达中，国际关系最理想的情况便是国家之间没有等级秩序。太平天国的一名权贵，曾迫切地询问英国公使有关上帝的内容。根据 19 世纪英国汉学家记载，在与英方的会面中，太平天国的领导人明确表明：和英国之间不仅要和谐相处，而且应发展亲密友好的关系。太平天国颁布的公告则允许外国人自由进行贸易活动。罗大纲曾明确表示：从太平天国首都天京开始，行军会避开上海和苏州，以便不会阻碍到英国人的商贸活动。[1] 在传统与现代之间，太平天国的天秤明显地倒向了现代，并希望与以儒家为代表的传统进行割裂，正是因为这样的原因使得太平天国成了瓦格纳"选择西潮论"中的重要角色。瓦格纳对太平天国的叙述方式一方面凸显了太平天国运动在中西交流史上所显示的主观能动性，另一方面也体现了瓦格纳内心对"反传统"的隐秘爱好。

（三）中国中心主义的世界秩序

瓦格纳主张，如果要整理当时的清朝与西方工业国之间的交流线索，首先要认识清朝政府的世界观。他提出一些史实证明，英国有关平等外交的要求早就向康熙帝提出并被拒绝了。这是比较典型的以西方为出发点的理解角度，由此之后西方采取的非常手段就成了理所当然。瓦格纳分析晚清中国的世界秩序网络为：中国和其邻近国家形成了一个国家集合。但是他们的关系不是像《威斯特法伦和约》一样的条约伙伴关系建立在平等之上，而是遵循中国式家庭伦理关系的等级制，是一种中国中心主义的世界观。这里的中国中心主义应当与柯文的"中国中心观"区分开来，它指的

〔1〕Wagner, Rudolf G., „Staatliches Machtmonopol und alternative Optionen zur Rolle der, westlichen Barbaren' im China des 19. Jahrhunderts ", in hrsg. von Jan Heeren Grevermeyer. *Traditionale Gesellschaften und europäischer Kolonialismus*, Berlin: Sydikat Autoren-und Verlagsgesellschaft, 1981, S. 124.

是以本国为国际交流出发点和中心点的世界认知。朝鲜对待中国的关系就像服务于长者，日本也需要进贡于清廷，越南统治者在给清朝皇帝的呈文中把自己称为年轻的弟弟，清廷期望这些有进贡义务的邻居能够根据等级来展现他们的服从。这些进贡的关系越来越少包含经济的剥削。中国的回礼经常比他们进贡的礼物更有价值。从中国角度来讲，如果和英国发生外交关系，必须在这种稳定的进贡关系下往来，并且要确立这种明确的优势地位，比如去北京的路线，对皇帝"叩头"等都要听从安排。[1]中国对世界秩序的定义是传统的"由内而外"[2]，也就是根据自身的内部结构，中国与其他国家之间并不是一个简单的边界，而是一种文化上的优越感以及处于周边国家中的政治文化中心。瓦格纳对这种传统给出的定义是：这意味着一个统一而严格的自上而下的等级制度，从家庭到国家再到国际关系均是如此，这形成了中国的世界秩序的基础结构。这个结构在任意一点上的突破，都会危害整个体系。对于欧洲关系，英国的不正当的对公平外交关系的要求危害了中国的秩序模式，因为英国拒绝归入朝贡国家并且持续地攻击着中国统治阶级的自我定义。[3]费正清指出了19世纪的西方和中国在世界观上的截然不同：

> 对西方历史学家来说，最突出的就是维多利亚时代对世界的看法；英国、法国和美国的扩张主义者就是按照这种看法，在

---

[1] Wagner, Rudolf G.. „Staatliches Machtmonopol und alternative Optionen zur Rolle der ‚westlichen Barbaren' im China des 19. Jahrhunderts ", in hrsg. von Jan Heeren Grevermeyer. *Traditionale Gesellschaften und europäischer Kolonialismus*, Berlin: Sydikat Autoren-und Verlagsgesellschaft, 1981, S. 110.

[2] Wagner, Rudolf G.. „Staatliches Machtmonopol und alternative Optionen zur Rolle der ‚westlichen Barbaren' im China des 19. Jahrhunderts ", in hrsg. von Jan Heeren Grevermeyer. *Traditionale Gesellschaften und europäischer Kolonialismus*, Berlin: Sydikat Autoren-und Verlagsgesellschaft, 1981, S. 111.

[3] Wagner, Rudolf G.. „Staatliches Machtmonopol und alternative Optionen zur Rolle der ‚westlichen Barbaren' im China des 19. Jahrhunderts ", in hrsg. von Jan Heeren Grevermeyer. *Traditionale Gesellschaften und europäischer Kolonialismus*, Berlin: Sydikat Autoren-und Verlagsgesellschaft, 1981, S. 108.

十九世纪中期建立了不平等条约制度的。他们信仰民族国家、法
治、个人的权益、基督教和科学技术，以及使用战争来为进步服
务。旧中国统治阶级对于世界的看法也是一清二楚的。它信仰经
典的儒家教义和天子在整个世界中至高无上的权力……诚然，这
两种文明是冰炭不相容的。[1]

这些挑战使中国传统王朝的没落曲线进一步下行，而清帝国方方面面
的衰落腐朽更是为其提供了合理的土壤。这是瓦格纳所定义的中国关于世
界秩序无法改变的传统观念。这样的阐释为西方列强的入侵找到了理论上
的"合理化"的借口，之后对中国的侵略行为在某种程度上成了其要求平
等外交地位不得已而为之的行动。

二、选择前提：独立的主权

晚清中国在当时的历史语境中保有主动选择权利的前提条件有二：首
先最为重要的是中国未完全丧失主权，保留精神上和经济上的独立性；其
次是本国中心主义的消退或者说是体制概念的消退。按瓦格纳的史学叙述
这种消退有其被激发的因素、执行的阶层以及具体实现的方法与路径。他
的主旨在于阐释中西方文化流动的过程。中国中心主义消退了，中国人失
去了曾经拥有的绝对文化自信，传统的力量遭受毁灭式打击；但国家的主
权和民族的尊严并未一退到底。这两者是杂糅在一起，相辅相成，缺一不
可的。这两者共同组成了中国进行历史选择的前提和背景。只有这样曾经
高高在上的中国文化才有可能走下神坛，主动选择学习西方；也只有这样

---

[1]［美］费正清、刘广京编：《剑桥中国晚清史 1800—1911》（上卷），北京：中国社会科学出版社，1993
年，第 2 页。

中国作为一个虽已积弱但从未失去主权的国家才能保有主动选择的能力和权利。

西方强国在 19 世纪加强了对中国经济、宣传和军事上的压力，然而直到 1911 年清朝终结也没能将整个中国沦为直接殖民统治的国家。外国军队对于反抗运动镇压而进行的各种干预并没有改变中国的现状；中国政府总是作为一个主权协商和条约签订者被接受，他们可以争取各种让步。这段时期英国对中国的政策在其国内引起了争议，无论如何都无法达成一致意见。各界人士都为此在各个公开场合争论。商界以及军方都持一种激进的态度，他们认为应该逼迫新政府进行大规模让步，在外交或军事方面不应过于谨慎。在野党则持相反意见，提出要和清政府或者太平天国签订一系列的条约同时宣布英国为中立国身份。[1] 在野党的这一提议最终得以实现。英国和中国军事外交方面的沟通有一个相对势力比较大的独立地方代表来负责。

瓦格纳着重勾画了中国与西方国家交涉中所表现的策略和态度的变化，这种变化侧面证明了中国传统文化价值在晚清时逐渐式微。"到 1860 年，西方人仍只被当作应该拂除的尘垢。但结果，西方事物终于成了全国关心的焦点。"可以说这种策略和态度既建立在主权独立之基础之上，同时也成了保持中国主权独立的原因。清廷与西方国家之间的互动，两方力量的此消彼长和互相纠缠被瓦格纳分析得很细致：从清廷的毫不在意到"中学为体，西学为用"，从外交上的虚与委蛇到"以夷制夷"，最终达成了费正清笔下的"华夷共治"的局面。对"共治"这个概念本节总结中有比较详尽的分析：从西方国家出现在中国历史上开始，清政府就一点都不惊慌，他们将这些从遥远南方海岸线上来的西方人当作是熟悉的中亚人的变种来处理。这类人种好战、贪财、缺乏文明。相应地清朝政府料到了直

---

[1] 参见 Wagner, Rudolf G.. „Neue Eilten und die Herausforderungen der Moderne ", in hrsg. von Carsten Herrmann-Pillath und Michael Lackner. Länderbericht China Politik, Wirtschaft und Gesellschaft im chinesischen Kulutrraum,. Bonn: Bundeszentrale für politische Bildung, 1998. S. 118.

接军事冲突的失败，所以他们必须制定出一些中长期战略，凭此才能在这些斗争和冲突中存活。他们同时相信与中国的长期接触能够促进这些西人的文明化，也叫作汉化。直到 1895 年中日甲午战争战败之前，晚清中国都只将西方的挑战看作次要的且轻车熟路的问题。这种判断是实际的，因为没有哪个西方势力想过真正地殖民化中国。清廷的目标为维护体制，维护这种"核心系统"，这是一种本质的稳定的系统。[1] 19 世纪后半期"体"这个概念用于"中学为体，西学为用"这句话——瓦格纳认为其中既传达了一种尝试的意图，又强调了清廷要在不断变化的情况下维护中国的"核心"，突出了"体"的重要性与不变性。"体"在这里就是传统的代表。[2]瓦格纳对"体用"的阐释借鉴了徐中约、费正清和列文森已有的研究成果。

在有关晚清中国与西方国家关系处理的主题上，瓦格纳体现出了甚为明显的西方自我定位，能够鲜明地体察到他作为西方人的角色。他指出，保持"体制"这样的目标绝不仅是一种理智的政治目标设定，也非常符合一贯的中国中心主义中对"蛮夷"的分类标签。[3]他敏感地体察到保持体制既是政治和理智的，又是文化和情感的。他认为中国与西方的冲突出发点是利益，但之后常常会进入理念的冲突，瓦格纳在此处将矛头对准清朝官员，认为其"不能理解一些观念的分歧"，比如在《天津条约》谈判中，西方列强固执而不容改变，展现了对传统中国理念下世界秩序的威胁和挑战，这点激怒了清朝官员。虽然鉴于英国殖民军队在军事上具有优越性，清政府在压力之下不得不做出了让步，并通过《天津条约》在外交上承认

〔1〕参见郝延平、王尔敏：《中国人对西方关系的看法，1840—1895 年》，见费正清、刘广京编：《剑桥中国晚清史，1800—1911 年》（下卷），北京：中国社会科学出版社，1993，第 235 页。

〔2〕Wagner, Rudolf G.. „Staatliches Machtmonopol und alternative Optionen zur Rolle der, westlichen Barbaren ' im China des 19. Jahrhunderts ", in hrsg. von Jan Heeren Grevermeyer. *Traditionale Gesellschaften und europäischer Kolonialismus*, Berlin: Sydikat Autoren-und Verlagsgesellschaft, 1981, S. 119.

〔3〕Wagner, Rudolf G.. „Staatliches Machtmonopol und alternative Optionen zur Rolle der, westlichen Barbaren ' im China des 19. Jahrhunderts ", in hrsg. von Jan Heeren Grevermeyer. *Traditionale Gesellschaften und europäischer Kolonialismus*, Berlin: Sydikat Autoren-und Verlagsgesellschaft, 1981, S. 122.

了这点，但清廷仍继续坚持传统古老的进贡模式，因此在条约签订以后感
到极度不满，想要毁坏这个条约。瓦格纳在这里完全否认了晚清中国对维
护自身利益所做出的合理行为，将其定性为对僵化传统一味地不理性维护，
不失为对"东方主义"做出的一个完美注脚。他同时还举例，《南京条约》
允许英国人在广州居住，并且可以在城市和郊区自由行动。这个规定持续
了十年之久，在此期间，百姓有排外情绪。要保证英国人的安全几乎是不
可能的。百姓这些针对"蛮夷"的行为不仅迎合了清廷对于"体制"的维
护，同时又完全符合传统的思想体系。瓦格纳认为在中国的传统思想体系
中，西方人被称为"蛮夷"。"蛮夷"被描绘成极其顽固、不可预测的模
样。他们的名字被描写成例如狗或猪这种具有动物兽性的词。而中方对其
采取一些训练动物性的应对措施，使其接受中国文化，并且本性逐渐开化。
清政府的认识是：西人的军事优势丝毫不令人吃惊，因为这与其好战的本
性是一致的。因为缺少这种精致的文化，所以只存在一种动机——金钱和
贸易，也只有一种途径，就是通过暴力来获取他们的利益——而在中国价
值观体系中这样的动机行为是最末等的。"蛮夷"这一弱点可以拿来利用，
以达到控制他们的目的。个体"蛮夷"的名字在文献中很少被提及，其领
袖大多数也只说酋长或者类似的词。他们并不拥有人格的独立性，因为海
外蛮夷来自不同的国家，清朝政府在其中施展各种腾挪之术，使各国之间
加强竞争，以此减轻中方的压力。在反对外国人方面尤其是 19 世纪 90 年
代初传教士的传教行为，被清政府指责为对风水的破坏，打破了自然的平
衡，并导致了干旱和长江洪水等自然灾害。[1]清政府在各种中国传统思想
的指导下，既出于政治上保持传统，保持"体制"的需求；又出于情感上
对"蛮夷"的鄙视和对本国在国际交往中无上地位的留恋，对西方的来临

---

[1] Wagner, Rudolf G.. „Staatliches Machtmonopol und alternative Optionen zur Rolle der ‚westlichen Barbaren'
im China des 19. Jahrhunderts ", in hrsg. von Jan Heeren Grevermeyer. *Traditionale Gesellschaften und europäischer
Kolonialismus*, Berlin: Sydikat Autoren-und Verlagsgesellschaft, 1981, S. 122.

做了各种形式的"软"与"硬"的抵抗。瓦格纳对这个此消彼长的长期历史过程描摹细致入微，考量周到全面，投入了比较大的精力和兴趣。他不仅分析了清政府的各种心理活动和采取的措施，甚至还深入阐述了西方各国例如英国国内的状况。虽然瓦格纳没有直接进行孰优孰劣的价值判断，但从他的历史叙事过程中可以体会到其倾向性。他记录清政府将西方人称为"蛮夷"，是与牲畜动物同等的称呼，并定义西方人"愚蠢而贪利"，想在外交过程中利用这个特点牵制西方人。这些叙述给人造成的印象是：中国人是狡猾的，不尊重来自传统之外的对手，似乎逆历史而动。美国中国学的清史研究均具有一定现实关怀的考量，这种具有一定倾向性的描述势必将西方对中国人形象的认识进一步固化。

　　本节首先梳理了瓦格纳笔下西方国家出现前的"传统中国"图景。瓦格纳在其中使用了历史剧式的角色化描摹，对象主要包括清王朝、太平天国的历史角色和传统中国在世界秩序中的自我定位。其次探析了瓦格纳"选择西潮论"的重要前提和背景：中国独立主权的持续拥有和国际交流中中国中心主义的消退。从主角的选择上，我们可以看出瓦格纳在叙述宏观清史时走的是官方史的路线，民间和微观的"中国元素"并不是他的研究对象。他阐释了这些"主角"如何成为中国历史发展曲线形成的内外因。在对传统清王朝衰落情况的分析中，我们注意到瓦格纳比较关注两点内容：第一，清朝内部所存在的特殊民族问题，即"华夷问题"的分析。瓦格纳把特别的关注给了"朴素民族主义者"，对其关注研究一直持续到后来他们与西方的交流历史中。第二，清朝政治制度的运行特色，这当中包括了对腐败问题的考察以及康熙以来国家机器对民众控制方式的观察。瓦格纳的历史叙事有几个特点：论证数据化、代表人物化、论证故事化。这三个特点一直延续在他的治史过程中。瓦格纳强调，历史没有主客观之分，对所有人来说，重要的只是以何种形式觉察到了何种要素。这是一种历史相对主义的观点，也是列文森一直比较崇尚的历史观。这为之后将西方国家

对中国在军事上、政治上和经济上的侵略行为阐释为文化传播行为奠定了
理论上的前提和基础。瓦格纳一直强调的词语是"传统"。这里的传统范
畴包括了对清王朝的衰落和中国传统认知的世界秩序的阐释，以及将太平
天国作为一支历史意外力量来进行描述。瓦格纳得出的结论是中国在西方
入侵之前就已经开始衰落，传统已经陷入泥潭，亟需外部的力量来唤醒，
为其之后的"选择西潮论"做好了历史的铺垫。

　　瓦格纳认为在 18 世纪中期随着与西方工业国家之间政治、经济、军事
和外交冲突的不断增加，清朝本身内部的稳定问题又没有解决，导致清帝
国进一步衰落。在这期间虽然与西方国家冲突不断，但如同在上文中所述，
曾经的朴素民族主义者仍然全身心地憎恨着满族统治者，完全没有将矛头
指向西方国家，反对的方向继续针对"满族统治"。在这场历史的所有中
国参与者眼中，与英国以及其他西方野蛮人的冲突完全只是一个边缘性的
问题，而内政才是重中之重。所有的参与者都认为，中国并不会受到西方
野蛮人的威胁走向灭亡。尽管如此，这些在帝国边缘出现的西方人对当时
的中国来说确实具有很大的思想文化意义。至于经济上的影响，瓦格纳
认为通常这些中国主人公们并不重视也不能看透。[1]这反向证明了瓦格纳
对经济关系的重视，在第三章中也会提到。虽然他在其整个晚清研究中并
没有具体的文本进行中西经济关系的研究，但强调西方对传统中国在经济
上的推动作用和不可忽视性是冲击反应论和传统现代论的重要基础，由此
能够得出中西方经济关系不平等及中国由此获利甚多的结论。对甲午战争
前的中国政府来说，尽管做了各种让步，但对这些西方国家的原则性政策
并没有改变过。瓦格纳还认为，不管出于什么原因，这些西方国家从没有
真正地计划过吞并中国。清政府总是可以在原有的政策不变的基础上做出

---

〔1〕Wagner, Rudolf G.. „Staatliches Machtmonopol und alternative Optionen zur Rolle der ‚westlichen Barbaren‘
im China des 19. Jahrhunderts ", in hrsg. von Jan Heeren Grevermeyer. *Traditionale Gesellschaften und europäischer
Kolonialismus*, Berlin: Sydikat Autoren-und Verlagsgesellschaft, 1981, S. 118.

各种细节的修订。他在此对费正清的观点表示了极大的赞同，费正清极力批判那种认为 19 世纪的中国政府仅仅是无助的、被动的西方攻击下的牺牲品的论点。他的观点为：清政府从未改变他的基本战略，因为这种战略非常有效或者说其自认为非常有效。通过签订的一系列合同，完成了世界秩序上从"朝贡制度"到"条约制度"的转换，清政府与西方工业国达到了传统形式上的"共治"状态。[1]"共治"这个词首先在费正清的《剑桥晚清中国史》中出现过，瓦格纳在著作中也反复沿用了这个词。"共治"非常确切地表明了从费正清到瓦格纳对近代西方国家侵略中国所采用的态度，帝国主义的概念被完全地解构：

> 帝国主义从一种自外部倾覆中国的单方面力量而变成了一种相互作用的产物，而且当今天对中国和外部世界的这种相互作用进一步进行研究时，帝国主义这个概念就将分解为种种因素和情况。[2]

这种对历史本质的解构略带矫饰和辩白的气息。"自 19 世纪中期开始，中西方之间越来越强烈的互动对于中国而言是进入紧密的世界秩序的过程。"[3]在这种解构的基础上瓦格纳还着力于探析清政府对维护传统理念的努力，认为他们极力掩盖新式"蛮夷"带来的恐惧，用尽全力说明中国的对外关系持续地保持正常进程。瓦格纳分析了辜鸿铭的《中国人的精神》，认为其证明了清政府尝试着在欧洲理念面前保卫自己。甚至为了在意识形态领域与西方的基督教抗衡，让从不曾真正以宗教形式存在过的"儒教"

〔1〕参见费正清：《费正清集》，陶文钊编选，林海、符致兴等译，天津：天津人民出版社，1991 年，第 85-88 页。
〔2〕费正清、刘广京编：《剑桥中国晚清史 1800—1911 年》（上卷），北京：中国社会科学出版社，1993 年，第 6 页。
〔3〕Wagner, Rudolf G.. „Staatliches Machtmonopol und alternative Optionen zur Rolle der ‚westlichen Barbaren' im China des 19. Jahrhunderts ", in hrsg. von Jan Heeren Grevermeyer. *Traditionale Gesellschaften und europäischer Kolonialismus*, Berlin: Sydikat Autoren-und Verlagsgesellschaft, 1981, S. 124.

（在1912年中华民国成立之后被短暂地奉为了"国教"）浮上了历史的水
面。在这个问题上，瓦格纳找到了一个有趣的阐释点：当中国人赋予儒教
"国教"的地位时，只能说明这个宗教在多种宗教中脱颖而出，也说明这
个国家却已然是存在众多教派了。把"儒教"尊为"国教"既表明中国在
对"体制"进行最后的救赎，也可以说中国文化对"西方蛮夷"所具有的
居高临下的垄断地位被打破了。瓦格纳的叙事重点是中国对自有意识形态
的保护和在这过程中对西方国家的文化攻势进行的各种软性抵抗。在对选
择论前提条件的分析和阐释中，瓦格纳的角度和立场是比较复杂的：首先，
中国始终是个独立体是他整个晚清宏观论述的最重要前提，要用很浓重的
笔墨和篇幅来书写；其次，在写作过程中，他又时时难以摆脱西方中心主
义的视角及费正清、列文森等中国学前辈的桎梏，将重点放在了刻画中国
人对传统无法摆脱的依恋和塑造其左右逢源的外交形象上。

第二节 走近的现代：选择的群体和层次

瓦格纳的晚清研究中主动选择西方的是中国，而这种选择必然有具体
的执行阶层。本节将瓦格纳笔下选择的具体执行阶层总结为两类：一是汉
族士绅和太平天国，二是新知识分子。这二者不是横向平行的关系。首先，
他们在选择西方的时间上有先后顺序：汉族士绅和太平天国在先，新知识
分子在后。其次，他们在选择西方的方式和内容上有层层递进的关系，这
种内容和层次的递进也体现了瓦格纳对中国选择西方在层次、目的和路径
上的思考。汉族士绅和太平天国对西方的选择有一个明显共同点：他们不
会将西方所提供有关科技和制度的可能性看作一个整体，一个包括理论前
提和实践规则在内的完整系统，而仅仅是一种有趣的局部技术。此时晚清
中国对西方的选择还停留在建立体用模式的基础上，仅仅是对西方技术的

学习，来自西方的法律、宗教、经济以及哲学并不会融入中国文化的基础。因此中国在接受西方的基础上开创独立的新道路还要花费很多年时间。汉族士绅对西方的选择是本节的一个重点，而瓦格纳对太平天国与西方之间关系的辨析和阐释将主要在第三节中提到。新知识分子的出现以及影响中国历史进程主要是在甲午战争之后，他们对西方的选择已经从思想文化领域进入了国家建构等更深的层次。这里值得一提的是，瓦格纳对当时中国的官方代表——清政府在这个历史进程中的表现并没有着墨太多。他之前的美国中国学学者均将汉族贵族的自强运动放入清廷"自强"的大概念之下，瓦格纳反其道而行之地将汉族士绅单独列出。换而言之，他将汉族士绅和清朝政府划分成了两个独立但是平行的主体，主张汉族士绅在太平天国运动失败后成了晚清社会的主力军。

一、社会阶层的变化：汉族士绅的崛起

（一）错位的民族问题

瓦格纳晚清研究中所涉及的概念"民族问题"，经他阐释之后有着强烈的西方特征。他的"民族问题"不是一个传统而单层次的"华夷问题"。他将满汉矛盾和中国与西方世界之间冲突矛盾均理解成为"民族问题"，这导致了他在这个主题的阐释上有着一定程度的标准混乱和个人倾向。这与其"他者"的身份是分不开的，他是中国问题的"他者"，代表西方世界从外部来观察中国，并没有从根本上看到此民族关系非彼民族关系，没有意识到其中的性质区别。这与费正清观察民族问题的角度有异曲同工之妙。[1]

---

[1] 参见［美］柯文：《在中国发现历史——中国中心观在美国的兴起》，林同奇译，北京：中华书局，2002年，"Fairbank 的书一开始就把中国对西方人的反应放在中国人以前对夷人的态度及其经验的背景中加以考察，见 *Trade and Diplomacy on the Chinese Coast: The Opening of the Treaty Ports, 1842—1854*（Cambridge: Harvard University Press, 1953），ch. 1.

这个概念下的民族问题成了瓦格纳观察晚清汉族士绅的一个切入点：他们在晚清历史中的各种活动轨迹，无论是镇压太平天国，作为一个新社会阶层崛起；处理与清朝廷之间的关系还是主动选择西方技术都成了"民族问题"视角下的一部分。

首先，瓦格纳将重点放在了满汉二族之间，在叙事的过程中，他一直引导读者思考这样的问题，为什么汉族贵族要放下华夷大防，帮助清政府剿灭太平天国。这样的思索作为红线一直萦绕在瓦格纳的晚清研究中。围绕这个问题，他记录了汉族乡军崛起的过程：在打压太平天国的紧要关头，清朝回应了一些汉族官员的建议，在位于中国中部的安徽和湖南建立一个由他们指挥的军队，不仅可以打击叛乱，还可以成为一个安置点和短途补给路线。这些民兵组织单纯地只接受汉族人的领导。他们不从属于国家机构，仅听从上层个人的指令，例如湘军的领导者曾国藩，因此这些民兵成了中国汉族官员的权力基础。曾国藩在朝廷军队败退后，凭借他的"团练"来对抗太平天国，用一支新的军队来保卫"体制"。以曾国藩和李鸿章为首的这些官员在战争状态下还使用了从西方进口的武器，甚至允许朝廷雇佣西方的雇佣军来对抗太平天国运动。瓦格纳记录，在这样的变革过程中，社会内在力量的变化很快清晰起来：满族总督和汉族总督的比例在百年内就颠倒了。在 1796 年到 1820 年间有 120 位满族总督和 22 位汉族总督，而在太平天国运动和捻军起义失败后的 1862 年至 1874 年间，满族总督仅有 15 位，而与之相对汉族有 180 位总督之多。地方军队的壮大使汉族官员的政治影响加大了。[1] 在这里瓦格纳延用魏斐德的说法，将他们称为"Gentry"，中文称为"士绅"。

对此前提出的问题：满汉为什么能共存，为什么汉族士绅会帮助满族

---

[1] 参见 Wagner, Rudolf G.. „Staatliches Machtmonopol und alternative Optionen zur Rolle der, westlichen Barbaren 'im China des 19. Jahrhunderts ", in hrsg. von Jan Heeren Grevermeyer. *Traditionale Gesellschaften und europäischer Kolonialismus*, Berlin: Sydikat Autoren-und Verlagsgesellschaft, 1981, S. 128-133.

剿灭同为汉族的太平天国，瓦格纳把答案指向他们共同的思想基础：晚清统治阶层的满汉两族，其意识形态根基都是"体制"，"体制"之外的异类，例如引入基督教思想的太平天国，就成了他们共同的敌人。虽然太平天国已将基督教教义进行了完全的异化，但以西方宗教概念作为信仰基础的他们更多地引起了瓦格纳作为西方学者的身份认同。但同时他也认识到汉族士绅崛起之后与满族统治者之间的关系与全然不同往日：在镇压太平天国的过程中，清政府的上层政治阶层产生了一个非常本质的变化。汉族官僚以及士绅阶层处于太平天国和清廷满族人夹缝中。他们一方面听命于皇帝，对当时的社会体系效忠，因为这种体系保障了他们的地位；另一方面他们也对那些处于统治地位顶端的满族人带有民族情绪。在上一章有关中国在选择前的历史记忆中，瓦格纳就给了华夷民族问题比较多的注意力。这是他在晚清研究中一直重视的一条线索。当然这并不是他在学术上的推陈出新，而是在他之前的很多中国学学者如魏斐德，就特别关注此问题。瓦格纳在阐释这个问题时最大的特点在于将其置于时间轴线之上，纵观历史来分析中国国内民族问题的变化，对汉族贵族这股力量他给予了持续的关注，时间一直延续到 20 世纪前十年的中国：这种内在的动力推动了地方军队的发展，也使此种行政体系脱离了清廷的直接管辖。地方的军权所有者成了军阀，在清廷瓦解后的一段时间里瓜分了中国，这也给了西方政权一个很好的乘虚而入的机会，干涉中国内政。瓦格纳用一种外部视角的循环历史观阐释满汉关系：他主张本质上是汉族官僚通过平息太平天国起义的方式使得满族政权垮台，同时又非常奇妙地实现了太平天国起义的目标。这是一种西方学者所特有的以结果为导向的历史观，他们站在中国历史的外部，不参与任何一种立场，得出的结论不一定是客观和科学的，却是有其独特性的。

其次，瓦格纳梳理了清朝统治阶级中汉族贵族对待西方之态度，他们同样将这种矛盾次要化。他强调汉族的中上层民众也觉得最主要的挑战不

是来自国外，而是来自国内的起义。其基本的思路也是遵循"最开始镇压
了太平天国运动，然后控制俄国人，最后处理英国人"[1]。瓦格纳善于用典
型人物分析法来书写历史，即选择一个具体而经典的人物，通过描摹其人
生经历和轨迹来反映当时的历史大势。在汉族士绅与西方世界之间关系的
段落中，瓦格纳选取的典型人物是林则徐。汉族士绅对西方的态度经历了
"回避""对抗"到"学习"等不同阶段。汉族士绅的乡兵团练也曾用来
与西方国家对抗。瓦格纳讲述了林则徐在 1839 年写信给英国人的事情，林
则徐表示如果他们不遵守鸦片禁令，他就会短期内集齐爱国者，把他们轻
而易举地消灭。林则徐在紧急情况下招募了一个类军事的队伍。[2]

　　瓦格纳在此还考察了汉族士绅领导下的中国南方民兵组织对西方列国
的态度。这样汉族群体就被一分为二了。他意识到汉族底层人民和贵族士
绅在对西方国家的态度上是不一致的。瓦格纳对这些地方性民兵组织的发
展进行了追踪式的研究，应该说这民兵组织在抗击西方和镇压太平天国中
所起到的作用是汉族士绅在晚清崛起的政治前提和武力保障。这些地方性
民兵组织在清廷看来令人忧虑，因为它们阻碍了国家对国家机器的垄断，
成为汉族人的武装力量，威胁到朝廷的统治。但英军的军事压力又促使朝
廷同意在广州附近设置乡兵。三元里抗英斗争是广州民兵对抗英军的历史
"谜团"。尽管清廷认为这些乡兵是国家延伸到地方的军事力量，但实际上
这些民兵组织受当地家族的资助，绝不愿意仅仅成为地方大员身边的一个
小小组织，而且对清廷的"妥协和解"姿态做出公开的反抗。南方的很多
汉人对满族人怀有敌意，更渴望反抗英国人的入侵。政府代表及广州买办

---

[1] Wagner, Rudolf G., „Staatliches Machtmonopol und alternative Optionen zur Rolle der‚ westlichen Barbaren‘
im China des 19. Jahrhunderts ", in hrsg. von Jan Heeren Grevermeyer, *Traditionale Gesellschaften und europäischer
Kolonialismus*, Berlin: Sydikat Autoren-und Verlagsgesellschaft, 1981, S. 130.

[2] Wagner, Rudolf G., „Staatliches Machtmonopol und alternative Optionen zur Rolle der‚ westlichen Barbaren‘
im China des 19. Jahrhunderts ", in hrsg. von Jan Heeren Grevermeyer, *Traditionale Gesellschaften und europäischer
Kolonialismus*, Berlin: Sydikat Autoren-und Verlagsgesellschaft, 1981, S. 127.

尝试着与英国人协商，即被称为汉奸。瓦格纳用一个例子说明广州附近的中国南方反西方势力之强，英国领事曾经通过布告告知广州人民，英国只是和政府而不是和普通民众有矛盾，而这种行为取得了适得其反的效果，这个布告使整座广州城的居民都陷入了卖国的名声。对晚清历史洪流中底层人民动态的考察虽然不是瓦格纳的首创（魏斐德在他1966出版的博士论文《大门口的陌生人》[1]中就对这个问题进行了详细的解析），但瓦格纳对此也有很多属于自己的思考，他对这种抵抗西方的行为发出了来自他内心的疑问：这样的行为是不是不太合理？因为愤恨满人的汉人这样做就等于是在变相支持清政府。提出这样的问题一方面说明瓦格纳在解答了汉族贵族为什么要帮助清政府镇压太平天国的问题之后，非常清晰地将底层群众和汉族士绅区分了开来。汉族士绅因为与清朝廷共同维护"体制"，并能从满族统治者那里获得地位的巩固和提升，所以在某方面他们的利益是一致的。但中国南方的底层汉人因为与清廷之间有历史仇恨，在并不遥远的过去，满族人为制服他们在广州及附近屠杀了许多百姓，所以作为西方学者也会对他们维护满族人统治的行为存疑。另一方面作为一个"他者"，虽然经常强调满汉两族均将西方问题次要化，但瓦格纳单纯地只将其当作一种外交策略。汉族官僚在镇压了起义以后绝不会再回到原来的情况。他们一方面觉得自己和太平天国是对立的，另一方面他们中的领导者又认为要贯彻林则徐的理念和行动，中国必须变得更强才能与极具威胁性的西方国家和更多的国内起义对抗。在这种理论体系下产生了"体用"模式，汉族士绅成了主动选择西方的真正主体，希望在保留中国"体制"的前提之下，使用西方实用技术。

---

[1] Frederic Wakeman Jr. *Stranger at the Gate: Social Disorder in South China 1839—1861*. Berkeley and Los Angeles: University of California Press, 1996. 本文使用其中译本——魏斐德：《大门口的陌生人——1839—1861年间华南社会的暴乱》，北京：中国社会科学出版社，1988年。

（二）自强运动—选择西方

瓦格纳在这里继续采用惯常的历史阐释方法——典型人物分析法，讲述人物活动和历史轨迹的语言较为平实易懂，在叙事过程中带有"讲故事"的属性。他所分析的人物还是林则徐，因为瓦格纳认为林则徐作为中国近代史上士绅阶层最被人熟知的代表之一；与之形成对比的是，《剑桥晚清中国史》中费正清一辈的美国中国学学者是以李鸿章、曾国藩和左宗棠为例来介绍分析晚清中国的"自强过程"。瓦格纳对林则徐的描绘充满了细节：林则徐看清了曾经所谓的"蛮夷"和现今的西方人的不同，因此他采取了一系列的学习和改革措施：重新整修大炮，以防御外敌；翻译西方有关国际法；制定禁止非法货品的手册，并要求西方停止鸦片贸易；下令收集自己治理范围内所有西方国家的信息，利用"野蛮人"统治的规则，来控制这些"野蛮人"。瓦格纳在前后文中使用了同一个人物林则徐，使得他的史学论证既有连贯性和可信性，又具有一定的可读性——作为烧毁了西方列强两万箱鸦片的钦差大臣，林则徐也曾给过西方参与中国社会的机会。[1] 1840 年在与西方列强进行军事谈判时林则徐请了一位美国医生来照料自己，他承认西方医学在特定的领域的治疗手段超过了中医。瓦格纳认为这是"体用"模式的最早体现。

瓦格纳对"体用"概念的解读包括几个方面：第一，"体"这个字本身指的是不可更改的规则，因为它必须保持不变。第二，为了应对来自"下层"和"外部"的挑战，想要维持已经急剧恶化的社会关系必须做出改变，寻找可替代选项。第三，把"体"当作"核心"，对西方的选择仅仅局限于利用技术，这就造成了概念本质的变化。第四，也是最能体现瓦

---

[1] Wagner, Rudolf G.. „*Staatliches Machtmonopol und alternative Optionen zur Rolle der, westlichen Barbaren' im China des 19. Jahrhunderts* ", in hrsg. von Jan Heeren Grevermeyer. *Traditionale Gesellschaften und europäischer Kolonialismus*, Berlin: Sydikat Autoren–und Verlagsgesellschaft, 1981, S. 127.

格纳对"体用"模式的肯定,他坚信"体用"模式中尽管有守旧主义,但因为曾经的传统已经无法依靠,所以在这种理念中还是可以阐释出将西方当作革新源头的想法。当然,瓦格纳也有清醒的认识:"体用"概念的产生并不是想要实现国家现代化而进行的自然而然的努力,而是在绝望境地下做出的挽救,为了挽救一些不得不挽救的东西。瓦格纳这样定义汉族士绅对西方的选择:

> 1863 年(1864 年)太平天国运动被镇压之后,主要以汉族贵族为代表的清朝统治集团通过有选择地运用西方技术来达到"中国自强"的目的,但与此同时他们又不愿舍弃君主政体及传统意识形态和制度的基本框架。他们在国内拥有较高且相对独立的地位,这使得他们能够将大量活跃的、公开支持改革的年轻人拉入他们的阵营,并进一步巩固他们在下一代心目中相较于清朝廷更为崇高的地位。[1]

他同时介绍了汉族官员在"自强"和"体用"的框架下,在出版、教育、翻译和军事等方面采取的各种措施,也着重指出对这些技术和组织方式的接受里"普遍存在与意识形态无关的实用主义"。瓦格纳定义中国在这个阶段对西方的选择是无奈而实用的,但他十分肯定西方对中国社会发展的正面作用,这从一个小细节可以一览无余,瓦格纳在他的文章中数次提到,鸦片战争后朝廷很快就将海关转交给外国管理。因为外国人罗伯特·赫德被调往上海临时管理海关后向朝廷交付的款项明显比清政府官员缴纳的更高。瓦格纳与费正清的观点在这个细节上保持着高度一致,给予

---

[1] Wagner, Rudolf G.. „Staatliches Machtmonopol und alternative Optionen zur Rolle der ‚westlichen Barbaren' im China des 19. Jahrhunderts ", in hrsg. von Jan Heeren Grevermeyer. *Traditionale Gesellschaften und europäischer Kolonialismus*, Berlin: Sydikat Autoren-und Verlagsgesellschaft, 1981, S. 132.

赫德管理海关这件事相当正面的评价。这仍是一种外部观察的视角。西方
汉学家或许认为自己保持了相当客观的研究态度，但西方中心主义的呈现
并不都由汉学家有意识地操控。在赫德和海关的问题上瓦格纳等汉学家遗
忘了这是西方国家在他国土地管理他国海关的前提条件，当然这是由他的
出发点决定的，并不一定代表个人立场。在《剑桥晚清中国史》（上卷）
第十章中，已故的"中央研究院"近代史研究所所长郭廷以对自强运动的
作用进行了比较详细的解读：

> 以自强为名义作出的一些革新确实产生了意义深远的成果。
> 新政策必然导致对传统的经世致用说的背离；追求"富强"的行
> 动逐渐压倒了儒家偏重德政的传统。当然，所采取的妥协性措施
> 从来没有达到引起制度方面重大变革的程度。但新知识和新看法
> 传了进来，尽管教育制度和文官制度没有变化，但还是为新型的
> 管理和技术人才提供了某些机会（虽然机会是偶然的，而且为数
> 很少）。大力使中国"富强"起来的愿望不但出现在身负要职的
> 政治家之中，而且还出现在人数越来越多的开明知识分子之中。[1]

　　瓦格纳并未将汉族士绅视为一个不变且静止的元素来阐释。这个群体
在瓦格纳的笔下并不单纯和固定地对应某个典型的历史现象，比如"中学
为体，西学为用"，他开掘了其在历史长河中崛起的原因、发展的高峰和
历史的后续，从中可以体会到汉族士绅对西方的理解和选择是具有其历史
必然性的，同时这个群体对西方做出的主动选择也影响了他们在中国历史
的后续进程中所扮演的角色，使他们在历史中占有一席之地。

---

[1]［美］费正清、刘广京编：《剑桥中国晚清史 1800—1911 年》（上卷），北京：中国社会科学出版社，
1993 年，第 545 页。

二、中西文化的激荡：新知识分子的诞生

19世纪末20世纪初期，中国社会积弊日深，矛盾重重而无法解决。瓦格纳描绘了一幅中国知识分子的群像，其中所涉及之人有康有为、梁启超、严复、胡适和鲁迅等。瓦格纳探究了19世纪70年代中国社会开始经历的翻译潮流，试图寻找中国近代知识分子选择西方的历史根源和心理动机，同时他阐释了西方思想在中国政治层面的实践活动，包括现代国家的建构过程等。瓦格纳全面肯定了这个过程中西方的作用，描述了中国传统文化逐渐失去其在知识分子眼中价值的过程。瓦格纳的历史叙事基本将西方思想逐渐取代中国传统文化等同于中国从思想上和制度上成为一个现代化国家的过程。这表明了他对全面西化的文化激进主义一定程度上的肯定。

（一）翻译潮——探索思想与政治之关系

瓦格纳描述了19世纪70年代开始中国的各次翻译出版兴趣之转移，并且总结了这种潮流转移的目的之所在，探索了这些翻译潮之后新旧知识权力的竞争。晚清及近代社会的变局使知识与权力之间的关系更为直接和紧密。瓦格纳对翻译潮的重视首先符合选择论的基本规律，在翻译过程中崭新的政治概念的建立体现了主体在选择过程中尽可能地去了解客体的过程，因为在这之前选择主体对客体还存在不确定性；其次他不仅描绘其表面现象：西化的步伐上至学术思想下至大众思潮，动荡的变局把中国渐渐引向现代化的国家，更是为了揭示思想对政治的从属，分析了西方政治理论传播和接受过程。这个过程同时也是儒学，在他的理解中也就是上文中所说之"体制"，作为国家存在依据的地位被挤占的过程。他再三表示了思想从属于政治，这在几次翻译潮中体现的是最为明显的。他主张参与和指导翻译潮的中国知识分子仍然是实利主义的。用林毓生的话来注解便是："对于中华民族的维护和发展的献身远超过对于其它价值和信仰的倾心。

其它价值和信仰是否被接受，端赖它们是否能够与民族的维护和发展有关，反之则非是（即对于民族主义的献身却不依靠它能否维护与发展其他的价值与信仰）。"[1]

瓦格纳认为19世纪70年代的翻译只是生硬地照搬照抄。中国的对外机构，如总理衙门、江南制造总局等，都设立了专门的翻译署。这个阶段关于西方科技、经济以及国家权力等相关文章的翻译被他定义为具有西方化的特点，它们通常因为必须生造没有的术语和强行描述西方逻辑观点而让人费解。其中最引人注目的就是傅兰雅在上海创办的第一本科学杂志《格致汇编》。他认为人们很难去评判这些文章的影响，当时国家法律以及其他一些概念不是通过翻译文本本身来传播，而是通过中国报界的社论和中国新闻社的报道的形式来被认识的。

瓦格纳将1895年中日甲午战争后的翻译称为教材式的翻译，因为，人们仔细研究这些文章，希望能从中找到那些在竞争中脱颖而出的民族之特性，并将其引入中国。[2]甲午战争的失败使中国举国震惊，因为与英国不同，日本和中国几乎是同时引进西方技术。自从日本接受了社会达尔文主义关于"物竞天择"的理论之后，就试图在东亚建立自己的帝国。战争失败后，中国知识分子迫切地想更详细地了解西方，这才涌现了西方作品的翻译浪潮。严复是其中的著名翻译家，其翻译的主要是社会科学领域中的社会发展动力以及国家外交关系范畴的西方理论作品，如斯宾塞的《群学肄言》、赫胥黎的《天演论》、亚当·斯密的《原富》、密尔的《论自由》和孟德斯鸠的《法意》。从同一时期的援引资料中可知，广大年轻的知识分子非常愿意接受这些作品。这些翻译可以称为评论性译本，中间会经常

〔1〕［美］林毓生：《中国意识的危机》，穆善培译，贵阳：贵州人民出版社，1986年，第14页。
〔2〕Wagner, Rudolf G.. „Neue Eilten und die Herausforderungen der Moderne ", in hrsg. von Carsten Herrmann-Pillath und Michael Lackner. *Länderbericht China Politik, Wirtschaft und Gesellschaft im chinesischen Kulutraum*. Bonn: Bundeszentrale für politische Bildung, 1998. S. 128.

穿插译者根据中国现实做出的解释和备注。生物进化进程中的物竞天择、优胜劣汰的翻译引发了极大的影响。原本这些作品只是分析性地阐明原理，而瓦格纳指出中国知识分子在对文本的接受中更希望能寻找到现实有效的方法，使中国摆脱"东亚病夫"的形象并走向富强。[1]

翻译逐渐承担了"国际政治的大药房"的功能，尽管传教士、翻译局和中国独立译者都进行着科技和社会学等不同领域的重要翻译工作，瓦格纳仍然认为很大一部分承载着新理念的词汇由留学日本的中国学生翻译成中文。例如，一些关于政治概念的词汇，像国家、社会、历史、人民等，以及一些有关自然科学和技术方面的词汇，如宇宙、物理、折射等。瓦格纳经常提及 19 世纪和 20 世纪之交爆发的大讨论，指的是有关民族主义的大讨论。在讨论中知识分子用那个时代特有的词汇、修饰和论证方法描述着一个崭新的中国：这个中国改变了"弱小的、受压迫的国家"的地位。人们用足够多的国际通用词汇来描绘中国；又从"国际政治的大药房"里给中国开了各种各样的处方。在当时的政治小说里，来自爱尔兰、西班牙、日本、埃及、波兰和菲律宾的革命者和改革派前往巴尔的摩，并在谈论中发现自己的国家存在着相似的问题，寻求相似的解决办法。人们的日常生活愈发全球化。在瓦格纳笔下这是中国的知识分子将西方思想为己所用的过程。

瓦格纳认为这个阶段的翻译除了承载西方概念和理论的传播功能之外，并没有其他的学科价值。中国的知识分子只是出于实利主义的需求来进行翻译活动。为此瓦格纳还撰写了一篇以严复为名的文章《严复》。[2]这样的观点虽然和费正清、列文森这一代的中国学学者是一致的，但瓦格

[1] Wagner, Rudolf G.. „Neue Eilten und die Herausforderungen der Moderne ", in hrsg. von Carsten Herrmann-Pillath und Michael Lackner. *Länderbericht China Politik, Wirtschaft und Gesellschaft im chinesischen Kulutrraum*,. Bonn: Bundeszentrale für politische Bildung, 1998. g, S. 129.

[2] Wagner, Rudolf G.. „Yen Fu ", in hrsg. von Wilhelm Bernsdorf udn Horst Knospe. *Internationales Soziologenlexikon*. Stuttgart: Ferdinand Enke Verlag Stuttgart, 1980, S. 506.

纳还是略微缺少了对中国近代知识分子的人文关怀。美国中国学的前辈列文森和芮玛丽便着意考察了中国知识分子在民族主义大潮席卷之时所经历的内心挣扎和苦痛。传统与现代、历史与价值的二元对立之间还存在着人性化和情感化的中国知识分子。如同列文森的学生在列文森的遗著序言中所写："他不仅使学生很好地感受和理解过去的中国和她的心灵发生的革命，还使学生们感受到中国过去的辉煌和她衰落的痛苦。"[1]

（二）绝对西化——全盘肯定西方现代性的影响

瓦格纳指出甲午战争之后的中国知识分子经历了从学习西方、保留传统到全盘西化的思想变化历程。他举了鲁迅前后的思想变化为例。1907年，鲁迅仍表达"取古复今"的愿望；[2]1918年，他却已经认为维护国家体制对中国来说会招致毁灭，因为一个民族如果有了太多条条框框会变得自以为是。瓦格纳说20世纪在中国的这种争辩围绕着一个极端的观点，即是否要把"西化"作为独立和现代化的前提条件。虽然他没有对这个问题给出明确的答案，但我们可以从他的叙事中看到他的态度倾向。

他分析了传统儒家文化在知识分子中逐渐式微的过程。康有为和梁启超的思想对此有所体现：与太平天国妖魔化儒学不同，康有为维护提倡并传播传统的孔子思想，他想将孔学变得更有价值，还致力于在日本推行孔学，希望把孔子的地位推崇至等同于耶稣，鼓吹将儒教设立为国教。而十多年之后，清政府被推翻，中华民国建立，在国外接受过教育的知识分子坚持发扬由梁启超开创的"大众教育"，来促成民众现代性的政治成熟，但他们也认为中国社会进步的根本障碍是封建落后的文化价值观。瓦格纳评论："中国历史在一代人手中被第二次改写，未曾想儒家传统观念的反

---

[1] Thomas R. Metcale, Irwin Scheiner, Frederic Wakeman, Jr., Foreword, in Joseph R. Levenson, *Modern China: An Interpretive Anthology*, London: Collier-Macmillan, 1971.

[2] 瓦格纳在此处选取的鲁迅原文为："洞达世界之大势，权衡较量，去其偏颇，得其神明，施之国中，翕合无间。外之既不后于世界之思潮，内之仍弗失固有之血脉，取今复古，别立新宗。"

抗者也会获得至高的荣誉。"[1]

瓦格纳主张西方对中国的影响不仅仅在思想和制度上，更深入到国家构建等层次。中国政治阶层中受甲午战争失败震撼最深的一部分人是来自南部沿海的一些年轻学者，他们评判当时局势并制订了一系列改革措施，这是中华民族首次强烈意识到国家要富强。他们希望改革计划能得到朝廷的支持，像俄国彼得大帝，德国威廉一世、俾斯麦以及日本明治维新的改革时期一样。自 1898 年戊戌变法失败后，革命者从内容、形式以及地理上转移了重心。清朝及其官员体系成了国家改革和民族强大的阻碍。1911 年清政府不流血地彻底倒塌。1912 年建立的中华民国推行像西方一样的日历，有了国歌、国旗和国徽，并通过法律来规定它是一个现代化国家。[2]瓦格纳没有在行文中给出直接的分析和结论来表明他对西方近代文化和中国传统文化之间关系的态度，但从他对历史事件的阐述中能够体会出其本意："'新文化运动'广泛的纲领在此之后居然在某些方面缩减到与新民族主义相适应，来自日本、西方和新苏维埃的各种可能性都被民族主义的目标所替代。"[3]瓦格纳表现出对社会革新停留在"泛文化"层次的一种愿望，民族主义代表着一部分人重新选择传统文化的设想。在瓦格纳的表述中可以读到他对这种设想的不屑和对西方文化及政治模式的高看和重视。我们由此可以看出，汉学家作为中国文化在西方的代言人，他们所表现出的认知可能是经过其意识形态加工的扭曲图像，虽然这种扭曲不一定是出自恶意，

---

[1] Wagner, Rudolf G.. „Neue Eilten und die Herausforderungen der Moderne ", in hrsg.von Carsten Herrmann-Pillath und Michael Lackner. *Länderbericht China Politik, Wirtschaft und Gesellschaft im chinesischen Kulutrraum*,. Bonn: Bundeszentrale für politische Bildung, 1998. S. 132-133.

[2] Wagner, Rudolf G.. „Neue Eilten und die Herausforderungen der Moderne ", in hrsg.von Carsten Herrmann-Pillath und Michael Lackner. *Länderbericht China Politik, Wirtschaft und Gesellschaft im chinesischen Kulutrraum*,. Bonn: Bundeszentrale für politische Bildung, 1998. S. 137.

[3] Wagner, Rudolf G.. „Neue Eilten und die Herausforderungen der Moderne ", in hrsg.von Carsten Herrmann-Pillath und Michael Lackner. *Länderbericht China Politik, Wirtschaft und Gesellschaft im chinesischen Kulutrraum*,. Bonn: Bundeszentrale für politische Bildung, 1998. S. 120.

甚至仅仅出自汉学家的"潜意识形态"，但还是落入了一定的刻板认知之中。值得一提的是，很多西方汉学学者在后现代主义的叙事中都不再急于下结论、做分析，给读者直接灌输认知结果，而是采取一种娓娓道来的方式表达自己的观点。虽然这种叙事方式带来另一种表达范式，观点比较不具攻击性与强迫性，也赋予我们另一种视角来观察"自我"的可能，但因为大部分美国中国学的学者都希望在现实生活中给大众普及有关中国的知识，所以更需要警惕汉学家的这种"平淡叙事"在"随意性"下表现出的价值判断。这种价值判断某种程度上比强加灌输更能够扭曲公众对中国的认知。

瓦格纳还主张太平天国对中国人造成了极端的国民性再教育，表现为对文化产物的破坏和对文化持续性的打断，这在戊戌变法、五四运动和新文化运动中均有体现。他认为太平天国对中国人的影响主要体现在"历史的冒险性"中，民族主义概念的创立，中华民国和中华人民共和国的成立过程都体现了这一点。[1] 这样的主张具有比较强的矛盾性和主观性。首先，根据瓦格纳之前的解读，西方近代文化才是打破中国传统文化持续性的最大力量，太平天国与之相比只是小巫见大巫。其次，美国中国学学者继承和吸收黑格尔的思想，认为中国是缺少海洋探险精神的国家。冒险精神被认为是西方资本主义世界才拥有的正面和积极的品质，推动着人类社会的不断进步。一旦问题转换到了中国身上后，历史的冒险性就等同于一种负面的对"文化产物的破坏"。在一些西方汉学家的眼中，中国文明是静态而无攻击性的农耕文明，中国人和中国社会对"新"的追求和建构就是有害和值得被批判的。

西方的入侵一定程度上摧毁了中国传统文化，这是瓦格纳的选择论中

[1] Wagner, Rudolf G.. „Neue Eilten und die Herausforderungen der Moderne ", in hrsg. von Carsten Herrmann-Pillath und Michael Lackner. *Länderbericht China Politik, Wirtschaft und Gesellschaft im chinesischen Kulutrraum*,. Bonn: Bundeszentrale für politische Bildung, 1998. S. 135.

一个重要的隐形环节。瓦格纳一直强调辨别、接受和吸收西方思想的前提
条件是：在这段中央政府软弱无力的时期里，中国并非殖民地。尽管政治
中心持续积弱，但中国始终保持着从哪里吸收及接受哪些影响的自主权力。
但必须要指出的是，瓦格纳没有明确总结却一直在阐释：虽然中国作为主
体选择了西方现代性文化，但西方带给中国社会的冲击却是全面而有力的，
以排山倒海的力量完全压制了中国传统文化。换句话说，在瓦格纳的思
想体系中，主动选择之后随之而来的是完全取代。这与列文森对西方冲
击对中国社会影响的定义是同频的。列文森将 19 世纪以后西方对中国的
冲击力度比喻为"语言"的变化。这和"词汇"的变化是不同的，并非
量的变化而是质的变化。[1]瓦格纳在面对中国与西方、传统与现代的问题
时总是面临着立场和视角的摇摆，这种摇摆和矛盾贯彻着他的整个现当
代中国学研究。

1989 年美国的林·亨特教授主编了《新文化史》一书。自此确立了新
文化史的研究典范。张仲民教授将新文化史的特点进行了总结。

> 20 世纪 60 年代开始逐渐兴起一种新的文化史研究倾向，强
> 调意义的阐释而非执着于历史因果的追求，重视文化的建构力。
> 从这个角度出发，人们可以改变或增加对许多问题的看法。[2]

严格来说，瓦格纳的行文方式不完全属于"讲故事"类的史学叙述，
还是时不时地会穿插一些分析性的论述过程和观点。只能说他的叙述很大
程度上沾染了"讲故事"的元素，比较强调历史人物的个人经历，放大个
人因素对历史进程的影响，对人物经历和事件发生的前因后果均有交代，

---

[1]参见［美］列文森：《儒教中国及其现代命运》，郑大华等译，北京：中国社会科学出版社，2000 年，第
140-145 页。
[2]张仲民：《典范转移：新文化史的表达与实践》，载《社会科学评论》，2006 年第 4 期。

使之构成一个完整的情节，具有易读性和可理解性。但他的叙述方式与类似史景迁这样以长篇并生动的故事情节发展来取代分析的形式仍然是不同的。他使用文学化的修辞手法比较少，描述人物和事件过后还是会给出一定的分析和结论。虽然一部分结论的表达比较平淡、含蓄和复杂，不能让人一眼看透其指向和目的所在。

第三节　选择论的创新与局限

> 近代中国的历史，即人们现在认为在那里已经发生过的事情，是充满了争论的。一些重大的事件已被人们所了解，但对于它们的意义却存在着争议。同时，许多次要的事件仍然未被人知或者被忽视。[1]

瓦格纳对晚清历史全景书写是一个从宏观到微观的过程。本节主要的研究对象是宏观部分。20 世纪 80 年代初他开始撰写有关晚清社会中西文化交流的宏观叙事的文章。作为一个美国中国学的"外来者"，瓦格纳选择对晚清历史进行全景书写是非常具有勇气的，这类对区域社会发展和历史进程进行宏观趋势把握的学术研究需要研究者具有很强的大局观和史料把握能力，而且费正清和列文森等中国学学者珠玉在前，这样的治史角度也较难产生创新。在这样的情况下，我们应该用辩证的态度对瓦格纳的宏观晚清研究加以剖析，找到他在历史判断、历史建构和历史叙事等方面所存在的先进性和局限性。

---

[1]［美］费正清、刘广京编：《剑桥中国晚清史 1800—1911》（上卷），北京：中国社会科学出版社，1993 年，第 5 页。

　　本书将瓦格纳晚清研究归纳为"选择西潮论"。瓦格纳主张积弱的晚清中国在受到西方世界武力上和观念上的持续冲击之后，本已开始衰落的传统力量又式微。挣脱传统束缚的群体纷纷地登上了历史的舞台，走上了一条中国历史上尚未有人走过的路。中国人有了除却传统之外的另一个"Option"，翻译成中文是"选项"，这个选项就是西方，不管这个西方只是停留在一种纯技术的为我所用，还是对意识形态和文化产生了本质的影响，在瓦格纳的笔下，这都是几千年来保持自我运转循环的中国文化所不曾有过的"选择"。[1]"选择"是一个非常值得具体阐释的词，首先，"选择"或是"选项"的主体均带有主动含义，代表着跨出一步做出决定的先行性。其次，选择的主体通常可以决定选择的程度，例如全盘接受、部分吸收还是改良后的采纳抑或全盘否定。瓦格纳反复强调中国的非殖民地属性。鉴于这种属性，中国在近代与西方的冲突中虽然是积弱的一方，却还是具有主动性，可以决定从哪里学习哪种西方文化。"选择"的主动性在当时是具有先进性的观点。因为这个概念在 1981 年提出，比柯文 1984 年发表的"中国中心观"还要早，代表着瓦格纳看到了中国近代史中的绝对主角始终是中国。

　　瓦格纳在"选择论"价值判断上所表露出的创新性和先进性主要体现在两个具体的方面：对中西方文化间的流动性和选择主体的主观能动性进行的探析。他认为，在冲击中国传统的同时西方现代性文化也在进行自我改变，想要影响和改变中国文化，西方文明体系必须做出相对应的"中国化"的转变。瓦格纳不再局限于文化被冲击方的改变，而是考量起当时的文化强势方因受到压力而被迫起的变化。

---

[1] Wagner, Rudolf G.. „Neue Eilten und die Herausforderungen der Moderne ", in hrsg. von Carsten Herrmann-Pillath und Michael Lackner. *Länderbericht China Politik, Wirtschaft und Gesellschaft im chinesischen Kulutrraum*, Bonn: Bundeszentrale für politische Bildung, 1998. S. 129.

一、文化的流动性

　　瓦格纳经常用到两个德语词，"Akkulturierung"和"Assimilierung"，前者代表着去适应一种新型的文化（sich angleichen，sich anpassen an eine fremde Kultur），后者指的是被同化、被消化、被吸收的过程。前者的主体是"中国"，后者的主语是"西方"。即适应异族文化和文化同化作用。这两个词描摹了中国社会如何在思想、制度和社会组织形态等方面接受西方文化的浸润，又是如何以中国文化特有的方式接受西方之影响。两个词语搭建了一座桥梁，把中西方文化互融的过程描绘地清晰可见。同时瓦格纳也详尽地将中国对西方的选择分为了几个步骤和层次：开始只是技术和制度上的参考和学习。这不涉及文化的根本，在中国人的思想根源上更多的是一种"奇巧之术"。但随着他所描述的文化流动过程，中国传统文化根基面临的危机越来越巨大，中国在社会价值观和国家政治理念等方面都发生了翻天覆地的改变；西方文化又入乡随俗，其自身缓慢地进行着中国化的演变。在文化的相互作用下，西方文化也已不再是本土的西方文化本身。从横向上看，瓦格纳晚清研究中历史选择的主客体双方具有双向流动性的特点；从纵向上看，中国对西方的主动选择也有着其层层深入的过程，表现为中国如何一步步地以自己特有的方式去理解、接近和接受西方核心思想价值体系。从体用模式下汉族士绅单纯地选择西方技术，到甲午战争后中国知识分子迫切地寻找强国之道，为此掀起翻译浪潮，从而离开中西文化交流的边缘而进入比较核心部分——尝试着理解和阐释西方的思想政治体制；最后将这种选择从理论层面深入到实践，扫除了当时社会进步中最大的阻碍——清王朝，并且掀起了主要以西方政治概念为运动口号的五四运动。中国传统文化在这个过程中经历了三千年未有之危局，因为历史选择实现的进度在某种程度上并不由主体本身所控制，这与主体本身并未取得完全的自由有关，但最终找到了新的出路。

　　瓦格纳承认了西方思想在中国文化压力下调整而产生的成果，一个例子就是《申报》的产生。年轻的伦敦商人安纳斯托·美查，于1860年来到中国。1872年，他于上海创办了往后几十年都影响中国至深的报纸《申报》和出版社申报馆，直到1895年都是上海现代出版业和印刷业的先锋和市场主导。他的市场受众面向江南地区受过教育的人群，并逐渐地通过连锁的报刊和书店普及到整个国家。与政府受资助的出版业不同，美查的报业完全是一种商业活动。就这点而言，他的出版项目确切地反映了当时的市场。这张报纸主要的关注点在于比较难以着手的中国传统教育经典和一些评价比较高的通俗小说。这一切使得美查在中国的文化影响不可小觑。由他所带来的技术、商业和出版业的改革都在传统文化搭建的大框架内运行。

　　瓦格纳认为在一些翻译学校的毕业生身上同样体现了中国文化的坚不可摧。这些毕业生都是在中国出生长大，接受西方式教育，都可以说一口流利的外语，其中最典型的例子就是瓦格纳在数次访谈中一再提到的19世纪末中国的著名作家陈季同。可以说西方知识为中国文化服务在他（陈季同）身上体现得最为典型。他在巴黎获得了最高文凭，用法语成功地描写并向世人展现了中国人的形象，例如《中国人自画像》《黄衫客传奇》《中国人的快乐》等，这些也同时被翻译成德语。通常那个年代西方作家总是对中国文化的"无知愚昧"极尽嘲讽之能事，而这位正统的中国作家不同，他用西方人的语言和修辞方法给西方读者呈现了一个理想化的中国。瓦格纳认为陈季同呈现了中国话语存在的一种可能性，他学习并使用西方人的语言和修辞在其作品中展现中国文化的独特性，直到今天还被西方社会所讨论。但同时陈季同描写的是一个理想化的中国，这个中国还处于之前的淳朴状态，没有农民起义、政权的分裂或者与其他国家的纷争的影响。从瓦格纳对他的推崇可以看到另一个侧面，即包括瓦格纳在内的西方所追求的中国形象是一种"想象体"，他们并不能完全接受近代以来中国的真实形象。

二、主体的主观能动性

瓦格纳的宏观晚清研究从本质上不是一种唯心主义的历史选择论，而是强调了主体的主观能动性。他首先分析了晚清中国作为主体的自觉需求，实际上清王朝在西方入侵以前就不断衰弱。西方以强者的形象出现在历史的视线中之后，主体对客体的认知一直在改变，从无视"蛮人"到与西人"共治"再到意识到积贫积弱而追求民族富强，说明了主体经历了整理选择动机、确定选择对象、研究选择方式和控制选择进度的过程，这更进一步证明了瓦格纳一再强调的中国非殖民地特性的重要性，说明了主体的自由度是选择的先决条件。而被选择的客体具有其物质性和不确定性，物质性指的是客体存在的方式、被选择的根本原因和最终结果都处在一定历史前提、社会环境和生产力水平的制约之下，存在于一定的不以人的意志为转移的客观规律性中，需要主体做出能动的反应来辨明和区别。马克思这样形容这种客体的物质性：

> 如果他要进行选择，他也总是必须在他的生活范围里面、在决不由他的独自性所造成的一定的事物中间去进行选择的。例如作为一个爱尔兰的农民，他只能选择：或者吃马铃薯或者饿死。[1]

瓦格纳笔下的西方首先只是传教士带来的西方，接着是革命者和留学生翻译作品中的西方，这是被选择客体的物质性。但选择是主体和客体相互作用的结果，是一个主观努力和客观环境共同发酵的过程。这种作用是动态的，使本来就不能确定的选择可能性更多了。这需要主体发挥能动性

---

[1]《马克思恩格斯全集》(第三卷)，北京：人民出版社，1960年，第355-356页。

去更多地了解客体，更大程度上消解这种不确定性，了解的因素愈多，知之愈详，选择的可能性就愈容易实现，瓦格纳用了很多笔墨描述晚清中国社会了解接受西方的不同方式和递进过程，其中就包括19世纪末20世纪初的翻译潮。瓦格纳十分重视主体的选择。晚清时期中国对西方的选择在中国历史发展中具有十分重要的作用。没有主体的选择，就没有中国社会的进步。但作为主体的中国并不能随心所欲地选择，是受一定的社会历史条件制约的。瓦格纳在晚清研究的过程中突出阐释了中国作为主体的主观能动性，但同时也强调了历史有着在多方面客观规律作用下不以人的意志为转移的特性。

> 在一定的历史条件下，人类对社会制度可以作出一定的选择，可以实现一定的超越，但是从整体上来说，社会生产力发展、社会经济发展的自然历史过程却是要经历的，因为社会发展是一个自然历史过程，遵循其自身固有的客观规律。[1]

虽然客观规律不以人的意志为转移，但中国作为主体还是发挥了在社会发展过程中所具有的主观能动性。

> 社会发展是一种自然历史过程，同时又是人的能动创造过程。人类社会就是在客观条件、历史际遇、时代大势以及人的主体活动的交互作用中前行的。必须在尊重客观规律、按客观规律办事的前提下，人们才可以在多种可能性中作出正确的选择，而

---

[1]《不以人的意志为转移的社会发展规律（之二）——历史决定论和历史选择论》，载《中国社会科学报》，2016年5月13日。

只有符合客观规律的选择，顺应客观规律的行事，才能成功。[1]

由此可见，瓦格纳晚清学术研究肯定了中国在现代化国家的思想和制度形成过程中所拥有的主观能动性，拥有一定的理论创新性和先进性。

但同时我们也不得不承认，瓦格纳对西方文化之于中国社会进步和发展的正面作用进行了过度阐释。虽然他的思维红线是中国主动"选择"，但选择造成的结果还是西方文化影响和改变了中国传统。对瓦格纳来说中国主动跨出了第一步，但在选项确定为西方之后，中国传统文化就随之土崩瓦解式的失败，西方具有现代性的近代文化则排山倒海般的胜利。瓦格纳在态度上肯定并赞成西方文化取代中国文化，并主张西方近代文明是高于中国古代文明的存在。从这里我们可以深刻感受到瓦格纳的"选择西潮论"受到费正清的"冲击—回应"论和列文森"传统—现代"观等晚清中西方关系理论影响，某种程度上可以算作"冲击—回应"论的一个分支。它认为晚清中国社会是趋于静态不变的，在西方文化经济等各方面的冲击下，才重新获得了重新恢复活力的可能性，西方的出现对当时的中国社会是一种强烈的刺激，虽然给中国社会带来了冲击和痛苦，但也推动中国更接近先进的文明，例如日本就在西方的刺激下爆发了明治维新而迅速富强起来。瓦格纳的理论强调西方文明对中国思想文化和社会价值观等的改变和影响，弱化和在一定程度上否定了 19 世纪西方国家对中国政治、经济等各方面的剥削和掠夺。费正清写道：

由于中国是世界上人口最多的国家，由于中国有最古老的延续不断的历史，所以过去一百年间西方对它的入侵必不可避免地

---

[1]《不以人的意志为转移的社会发展规律（之九）——历史决定论和历史选择论》，载《中国社会科学报》，2016 年 5 月 30 日。

要引起一系列的急剧的认识上的革命……在过去的"不平等条约世纪"里，古老的中国被迫跟当时世界上占主导地位、并不断扩张的欧美社会进行日益密切的接触。这种由工业革命推动的交往，对旧中国社会造成了灾难性的影响。在社会生活的每个领域，旧秩序要不就受到挑战、攻击和破坏，否则就被一系列的政治、经济、社会、思想和文化方面的发展所压倒。这些发展的动力来自一个外来的、更为强大的社会。传统中国的庞大构架被摧毁了……在三代人的时间里旧秩序被改变了。[1]

这种影响在瓦格纳历史叙述中可以找到很多证据。例如，他一再强调"西方野蛮人"的出现对中国有着重大的"意识形态和文化意义"，对民众产生的反英情绪，他认为民众对事情的本身没有清楚地认识，所谓的"客观有可能是错误的"。[2]

瓦格纳的晚清宏观书写汲取了费正清等人的政治出发点，否认帝国主义侵略事实，认为西方的冲击给中国带来文明，却又自始至终地主张及强调中国从未丧失自主选择性，这点很靠近哈佛大学史华慈教授在他的严复研究中表达出来的"传统革新论"。但与费正清和列文森等人已经达到的历史高度相比，瓦格纳的历史建构在层次和肌理上缺少了一些细腻的质感，并未将中国知识分子甚至是整个中国社会面对"三千年未有之变局"时所经历的困惑和苦痛考虑其中；缺乏了对当时的历史条件下中国文化的进一步深入考量。相反地，瓦格纳主张中国人在文化交流中对自身文化的执着是一种"自我中心主义"，具有很大的"狭隘性"，他认为中国的文化中

〔1〕John K. Fairbank. *China's Response to the West: A Documentary Survey, 1839—1923*, Cambridge: Harvard University Press, 1954, pp. 1.

〔2〕Wagner, Rudolf G.. „Staatliches Machtmonopol und alternative Optionen zur Rolle der‚ westlichen Barbaren‛ im China des 19. Jahrhunderts ", in hrsg. von Jan Heeren Grevermeyer. *Traditionale Gesellschaften und europäischer Kolonialismus*, Berlin: Sydikat Autoren-und Verlagsgesellschaft, 1981, S. 119–122.

心主义给活跃于中国的外国人施加了巨大的文化压力。在古老文明居高临下的俯视之下，在中国的外国人需要有强大的意愿去调整适应。[1] 未曾思虑中国人在巨变下的心灵创痛，却首先思考来到他国土地的西方人所经受的文化压力，这不仅具有比较浓郁的东方主义色彩，同时也不得不说是瓦格纳历史格局之受限处，是他在思考层次上与列文森这样的大师之间的差距。当然，瓦格纳历史叙述也有着不可否认的特别之处，他在行文之中反复使用"主角"一词，将清政府、太平天国、汉族士绅等直接参与过中国历史的群体比喻为历史舞台上的"主角"，这既暗合选择论的主体，又符合中国社会各个阶层是中国历史的主角的规律。首先他生动地分析了"中国中心主义"的变化，从一开始的完全以自我为中心的外交政策，到后来汉族士绅提出的"体用"概念，这期间经历了清政府在军事上的全面失败。中国不得不进入所谓的"合约时代"，与西方列强签订了各种条约；其次他十分细致地刻画了晚清中国社会中的各个阶层和群体，对清帝国的内部分析从清廷本身的衰落延续到了汉族士绅的崛起；从创立了一片"秘密天空"的太平天国到相对独立于清政府之外的"租界"情态分析，描写了有异于传统而存在的特定空间。"选择西潮论"描述与构建了一幅瓦格纳语境下的东西方文化交融的历史图景，显示了古老的中国传统如何在西方文明的冲击下，主动地对西方进行具有选择性的回应。

---

[1] Wagner, Rudolf G.. „Neue Eilten und die Herausforderungen der Moderne ", in hrsg. von Carsten Herrmann-Pillath und Michael Lackner. *Länderbericht China Politik, Wirtschaft und Gesellschaft im chinesischen Kulutrraum*,. Bonn: Bundeszentrale für politische Bildung, 1998. S. 136.

第四章　"小生境"与公共领域

　　瓦格纳从 20 世纪 80 年代末开始，在有关晚清中西方文化交流的宏观研究基础上衍生出新的研究方向，即近代中国城市研究和报刊新闻史研究。这项研究凝结了他十余年的心血。本章将梳理美国中国学在 20 世纪 80 年代中期后的走势，其愈加地方化和微观化的研究趋向影响了瓦格纳的晚清研究，引领其进入了微观晚清史的研究阶段。瓦格纳在上海研究中建立了"小生境"文化生态概念体系。在本章第一节中将具体阐释"小生境"概念的由来、定义和运用。本章第二节的主要研究对象为瓦格纳的近代中国报刊新闻史研究，主要指《申报》和《点石斋画报》研究。瓦格纳在他的研究中借用了哈贝马斯"公共领域"概念，本节将尝试初步阐释此概念以及美国中国学对其再定义和再运用，然后试图辨析公共领域之于瓦格纳的意义：在瓦格纳的研究中公共领域是一个建立在"小生境"文化特征上的概念。在此基础上，瓦格纳探析了晚清上海租界公共舆论兼具传统性和现代性的文化特征。

第一节 　"小生境"下的上海研究

一、上海研究的源起及历史

柯文在 1984 年提出了"中国中心观"。"中国中心观"一方面总结了当时美国中国学中已经出现的各种趋势，另一方面更指明了后来美国中国学的整体发展方向，根据柯文的总结，它包括了以下四个特征：

（1）从中国而不是从西方着手来研究中国历史，并尽量采取内部的（即中国的）而不是外部的（即西方的）准绳来决定中国历史哪些现象具有历史重要性；（2）把中国按"横向"分解为区域、省、州、县与城市，以展开区域与地方历史的研究；（3）把中国社会再按"纵向"分解为若干不同阶层，推动较下层社会历史（包括民间与非民间历史）的撰写；（4）热情欢迎历史学以外诸学科（主要是社会科学，但也不限于此）中已形成的各种理论、方法和技巧，并力求把它们和历史分析结合起来。[1]

柯文的"中国中心观"提出以后，美国中国学的研究逐渐从宏观叙事走向微观化和地方化的研究范式，瓦格纳的上海研究正是在这样的理论背景下展开的。在瓦格纳之前美国中国学学者就已经开展了各种不同具体研究对象、考察时间不同的上海城市研究。罗兹·墨菲 1953 年写的《上海：现代中国的钥匙》[2]从地理学视角进行了区域研究，是美国中国学中城市研究的典范和先行之作，瓦格纳在他的文章中也提到过这本书；比较典

---

[1][美]柯文：《在中国发现历史——中国中心观在美国的兴起》，林同奇译，北京：中华书局，2002 年，第 201 页。

[2] Rhoads Murphey. *Shanghai: Key to Modern China*, Cambridge: Harvard University Press. 1953.

102

的还有魏斐德。他从明清研究转向上海研究，20 世纪 90 年代中期撰写了
两本关于上海研究的书：《上海警察：1927—1937》[1]，在学术上确立"晚
清革命、国民党的统一和社会主义国家建立之间的联系"[2]；《上海歹土：
1937—1941》[3]，将抗日战争日本占领时期的上海租界作为研究对象，探讨
这个"孤岛"之上各种势力的纠缠和斗争。裴宜理的《上海罢工》[4]对晚
清至 1949 年间的上海工人运动进行了研究。以上的研究都属于比较研究，
在西方已有的关于警察和工人运动的研究基础上对特定的区域上海进行
研究。[5]

　　瓦格纳的上海研究建立在通商口岸和租界背景下，与上述提到的上海
研究相比较，更注重西方文化对城市现代性建构的影响。虽然符合柯文所
倡导的微观化和地方化的研究方向，但在"力求设身处地地从中国人的角
度来再现中国历史，而不是以外来强加的观念加以论述"[6]这点上特征并不
明显，其上海研究受到费正清条约制度研究的影响比较深。费正清在《剑
桥中国晚清史》中单独书写了"条约制度的形成"一章，其中有一个段落
就名为"上海的兴起"。"上海成为新的发展中心地点，外国的侵略和中
国的软弱在这种发展中结合起来，创造了新的中外条约口岸制度。"[7]不过

〔1〕Frederic Wakeman Jr. *Policing Shanghai 1927—1937*, Berkeley: Los Angeles and London: University of
California Press. 1995. 本文使用其中译本——魏斐德：《上海警察：1927—1973》，章红等译，上海：上海古
籍出版社，2004 年。

〔2〕［美］魏斐德：《上海警察：1927—1973》，章红等译，上海：上海古籍出版社，2004 年，序言第 2 页。

〔3〕Frederic Wakemann Jr. *The Shanghai Badlands*: Wartime Terrarism and Urban Crime, 1937—1941, New York:
Cambridge University Press, 1996. 本文使用其中译本——魏斐德：《上海歹土：1937—1941》，芮传明译，上
海古籍出版社，2003 年。

〔4〕Elizabeth J. Perry, Shanghai on Strike: The Politics of Chinese Labor, Standford: Standford University Press,
1993.

〔5〕参见［美］沙培德：《西方学界研究中国近代史的最新动向》，朱政惠编：《美国学者论美国中国学——
海外中国学研究丛书》，上海：上海辞书出版社，2009 年，第 299 页。

〔6〕［美］柯文：《在中国发现历史》新序，见朱政惠编：《美国学者论美国中国学——海外中国学研究丛
书》，上海：上海辞书出版社，2009 年，第 241 页。

〔7〕［美］费正清、刘广京编：《剑桥中国晚清史 1800—1911 年》（上卷），北京：中国社会科学出版社，
1993 年，第 261 页。

费正清的重点在于上海如何利用条约制度在晚清历史中崛起的过程，而瓦格纳更注重研究上海在特殊的时间和空间环境中所创造的政治、思想和文化成果。瓦格纳的上海研究明显呈现了"西方中心主义"史观和"中国中心观"的交错和重叠，是这两种研究范式的过渡。瓦格纳在研究思路上并没有完全走出费正清的影响，但是在具体的研究对象上又进一步地向柯文的"中国中心观"靠近，他的研究更为强调中国国内的地区性研究，即城市研究；采取了跨学科跨文化的研究手段，引入社会科学的理论概念"公共领域"，并将一部分研究重点放到了《申报》和《点石斋画报》等媒体研究上。瓦格纳对租界的阐释既在意传统和现代交织的文化生态，又"隐秘地强调"西方思想完成了中国传统所不能完成的任务，即推动近代化的过程。在此需要稍加辨析的定义是，瓦格纳所写的上海是作为通商口岸的上海还是作为租界的上海：瓦格纳对上海现代性的描摹中数次提到"工部局"等行政设置，这是租界最基本的特征，《申报》等近代报刊也是在租界发现，所以瓦格纳"小生境"所指的基本空间是上海租界。但他在写作过程中，经常将空间解释扩展到一个更大的地理范围——作为通商口岸的整个城市上海中，加上顾彬将瓦格纳的"小生境"定义为"通商口岸和特许权"[1]，因此我们认为，瓦格纳所定义的"小生境"具体空间并不总是那么严格地指代租界，而是可以宽泛地指包含租界在内的通商口岸城市——上海。

二、作为方法的"小生境"及其定义

瓦格纳将通商口岸的上海文化称为"Nische-Kultur"，顾彬将这个概

---

[1][德]沃尔夫冈·顾彬：《"只有中国人理解中国"——关于东西方相互理解的一个问题》，王祖哲译，载《华文文学》，2006年第3期。

104

念翻译为"小生境文化",本文于是将瓦格纳的上海研究定名为此。

> 话说到这里,鲁道夫·瓦格纳(Rudolf G. Wagner)的"小
> 生境文化"("nicbe culture")论,应该得到重新考虑:他猜想,
> 日薄西山的清朝,不仅仅是西方列强招致的一个衰落阶段,而且
> 也是一个为在通商口岸和特许权这样的小生境当中的现代纪元的
> 开始和旧政体的垮台做准备的阶段。[1]

"小生境"本来是生态学概念,最早由动物学家在研究鸟类种群的居
住状况时提出。在生态学上,恰好被一个物种所占据的最后分布单元被称
为"小生境",简单地说,"小生境"是物种的空间分布,也可以叫作空
间生态位。综合各种研究成果,在生态学上可以将"小生境"定义为:

> 为确保物种生存和发展的保护空间,这种空间是由物种生
> 存所需的各个环境变量所组成,物种在其群落中占据一定功能位
> 置,且物种之间和物种内部长期互动形成特有的社会性结构。[2]

换而言之,所谓的"小生境"就是在大的生态环境和生物链中局部存
在的小型而自成一体的生物环境。因为"小生境"的结构概念具有一定的
社会性,学者后来创造出"社会小生境"的概念,这与社会科学研究中使
用的小生境概念更为接近。"社会小生境是指以自然环境为基础,以场域
和社会关系网络相互联系和协调匹配为主要内容,以文化环境为最高统领
的为个体提供生存与发展的保护空间统一体。"[3]"社会小生境"的定义中

---

〔1〕〔德〕沃尔夫冈·顾彬:《"只有中国人理解中国"?》,王祖哲译,载《华文文学》,2006年第3期。
〔2〕任义科:《社会小生境的概念、特征及其结构演化》,载《广东社会科学》,2015年第3期。
〔3〕任义科:《社会小生境的概念、特征及其结构演化》,载《广东社会科学》,2015年第3期。

最重要的关键词是"以文化环境为统领","保护空间统一体",这说明"小生境"在社会学的概念中是具有唯一性和排他性的,它作为一个空间统一体和外部环境具有一定的区别度,在生境的文化场域和社会关系基础上建立起一个具有自身循环功能的系统。

第一次把"小生境"概念使用在中国学研究中的应该是孔飞力教授,他在中国近代移民史的论述中将"小生境"作为一个基本概念,指的是"人类适应环境的方式",他试图描述海外华人移民经历的"主要形态变化",而小生境指的是这种形态变化存在的"特定典型环境""特定的历史时期"。孔飞力的这种描述兼及空间与时间,考证的是"在特定的历史时期中","特定的自然、社会与经济环境中人口",也就是移民的"生存模式、谋生技能和社会组织世代相传的模式"。[1]

瓦格纳晚清研究中的"小生境"是指晚清历史的某个特定的时间和空间,所指环境既不是西方的殖民地,不完全受西方世界掌控,也独立于清朝政府之外,不受清政府的国家意志控制;接受中国传统文化的影响,西方思想在这里不得不接受传统文化,做出一定的改变;但作为"飞地"它们又集中地吸收异族文化,学习了西方先进的政治机构、科学技术和意识形态,形成了一个新型的中国政治,经济和文化环境。换而言之,"小生境"的形成需要几方思想、文化和政治势力达到相对的平衡,既不能东风压倒西风,又不能满城尽吹西风。因此,瓦格纳的"小生境"也可以解释为一种传统与现代在文化上的多元复杂关系。有传统向现代的变迁,传统继续的延续,现代被传统同化或是传统与现代并存和融合。所有的现象和关系都在特定的时间和空间里和平共存。在这样的基础上,瓦格纳强调西方文化的现代性和先进性,他认为西方为传统的中国提供了一种完全崭新的方案。他的上海研究存在过于强调西方作用的倾向,这将在之后再

〔1〕〔美〕孔飞力:《他者中的华人》,李明欢译,南京:江苏人民出版社,2016年,第2页。

次提到。

瓦格纳首次尝试运用"小生境"的概念并不是在通商口岸的话语环境中，而是用于太平天国时期。他对"小生境"的构想很早就开始了。他指出英国人的存在给太平天国打开了一系列的"备选项"。所有被传统思想统治的领域，都可以以英国的现状为蓝本来重新定义。传统被国家管理并阐释着，并在清朝占据了意识形态上的垄断状态，非传统的选项只能作为附属，并受到各种掣肘，所以这些非传统选项只能在一个并不服从于国家意识形态管理的地方尽情地发挥其影响力。瓦格纳笔下定义的"小生境"有其产生的具体历史契机。太平天国希望通过其思想和组织控制的区域突破中国国家机器在思想和制度上的垄断，试图建立自己的"秘密天空"。而瓦格纳认为西方人给他们提供了这样的思想基础。但最终瓦格纳认为，太平天国时期的"小生境"模型失败了，因为反传统的选项都只能活跃在国家制度建立前，国家制度建立后太平天国又一次面临着传统的压力。洪秀全在南京定都以后，要求美国和英国外交官缴纳附属国款项。付款要求被拒绝后太平天国与外国人关系开始恶化。[1]势力的平衡被打破，"小生境"在太平天国的环境内不能够持续存在。

此后，瓦格纳的"小生境"构想主要立足在上海租界这个特殊空间存在形式的基础上，在这里西方文明有了迫切适应中国文化的需要。瓦格纳试图在这里讨论中国领土上的外国租界在政治管理、组织方法以及意识形态等方面所具有的意义，按照他的说法这种对传统和现代关系的集中讨论"更概括，在定义上更尖锐"[2]。那个时代中国政府仍有绝对的垄断

〔1〕参见Wagner, Rudolf G.. „Staatliches Machtmonopol und alternative Optionen zur Rolle der, westlichen Barbaren' im China des 19. Jahrhunderts ", in hrsg. von Jan Heeren Grevermeyer. *Traditionale Gesellschaften und europäischer Kolonialismus*, Berlin: Sydikat Autoren-und Verlagsgesellschaft, 1981, S. 127.

〔2〕Wagner, Rudolf G.. „Staatliches Machtmonopol und alternative Optionen zur Rolle der, westlichen Barbaren' im China des 19. Jahrhunderts ", in hrsg. von Jan Heeren Grevermeyer. *Traditionale Gesellschaften und europäischer Kolonialismus*, Berlin: Sydikat Autoren-und Verlagsgesellschaft, 1981, S. 132.

权，虽然对西方势力做了一定程度上的妥协，但仅仅停留在比较表面的层次。"体制"之外的其他制度形式不会被接受。哪怕农民起义生态在意识形态和组织制度上与清政府不同，自成一体，但"传统奇怪的魔力并不能解除"[1]。瓦格纳认为剩下的就只有在租界能看到传统与西方之间的化学反应了，他主张自 19 世纪 40 年代起西方就努力扮演着适应中国的角色。瓦格纳对中西方文化交流中的多元复杂性有比较清醒的认识，他认为西方想要扎根中国的前提，恰恰是西方文化的本土化。当然这种情况只发生在一个前提之下，即中国的知识分子大多没有破裂的殖民地人格。西方势力在政治和军事上的影响力同他们意识形态的扩张与被接受是无法等量齐观的。暴力强加的方式并不能行得通，一切只能通过中国人自主地接受。瓦格纳在进行通商口岸城市研究时常用的两个词第一个是"die Exklave"，指的是他国境内的本国领土，另一个词是"die Enklave"，指的是本国境内的外国领土。乍一看这两个词令人费解，不管是他国境内的本国领土还是本国境内的外国领土，在瓦格纳的学术著作中均指代以上海为代表的通商口岸。细细考究才能体会出这两个所指相同的词在文本含义中的区别。"Exklave"是从西方国家的视角出发，例如英国认为，伦敦在本国土地之内，上海租界在本国土地之外；"Enklave"从中国角度出发，上海租界为在中国境内的西方控制区。这两个词观察视角的不同衍生出瓦格纳阐释角度的不同，在阐释"Exklave"时，侧重点为西方文化被中国文化包容、消磨，为其所用和汉化的过程；使用"Enkalve"，指中国文化接受西方影响的过程。通过这两个词瓦格纳很好地体现出了在文化流动的过程中，不同的阐释者所拥有的不同立场和视角，对文化流动的描述是比较多元及辩证的。西方各

---

[1] Wagner, Rudolf G., „Staatliches Machtmonopol und alternative Optionen zur Rolle der, westlichen Barbaren ' im China des 19. Jahrhunderts ", in hrsg. von Jan Heeren Grevermeyer. *Traditionale Gesellschaften und europäischer Kolonialismus*, Berlin: Sydikat Autoren-und Verlagsgesellschaft, 1981, S. 130.

势力在 20 世纪日益深入中国。西方现代思想融入中国的政治文化只有在这样一种"相对中国化"的条件下才能成功，而在瓦格纳的语境中这种"相对中国"在租界的时间和空间里保持得最为稳定。

瓦格纳的"小生境"文化观也存在着比较明显的矛盾之处，他一直使用"ausländische Nische"这个词，直译的话可以翻译为"外国的小屋"，指的是中文概念"租界"。这说明了他将西方看成了当时中国的庇护者，强调西方文化为中国提供了传统所不能的近代化可能。瓦格纳就此举例，西方大都市和中国的租界城市对中国发展起着非常矛盾的作用：上海的"租界"不仅是属于银行家、商人和企业家的地方，也是鲁迅的居住地和 20 世纪二三十年代很多有关文学论战的重要书籍之出版地。[1]这种观点反映了瓦格纳比较复杂的立场和意识形态。首先，他有保留地承认了西方对中国利益的侵害，但同时他认为租界对中国社会发展起着不可小觑的推动作用。他主张西方在这段时间对中国"不仅仅是压迫的关系"，而"中国人经常在这种关系之中将自己的角色定位为民族自觉的一部分"。他极力主张，"双方不平等经济关系的事实，不应该受到忽视"。他的矛盾性在于当西方国家在租界攫取其经济利益成为一个客观事实时，他强调租界的文化氛围和意识形态带有不可磨灭的中国特征；当中国人寻找民族自觉，将与西方的关系定义为压迫与被压迫时，他又主张"双方不平等经济关系的事实，不应该受到忽视"，这是一种历史投机主义的解释。[2]当然这种西方中心主义的观点仅占了瓦格纳"小生境"文化概念背景中的一小部分。在实际分析过程中，瓦格纳还是坚持对中国与西方、传统与现代之间非二

---

〔1〕Wagner, Rudolf G.. „Staatliches Machtmonopol und alternative Optionen zur Rolle der, westlichen Barbaren ' im China des 19. Jahrhunderts ", in hrsg. von Jan Heeren Grevermeyer. *Traditionale Gesellschaften und europäischer Kolonialismus*, Berlin: Sydikat Autoren-und Verlagsgesellschaft, 1981, S. 132.

〔2〕Wagner, Rudolf G.. „Neue Eilten und die Herausforderungen der Moderne ", in hrsg. von Carsten Herrmann-Pillath und Michael Lackner. *Länderbericht China Politik, Wirtschaft und Gesellschaft im chinesischen Kulturraum*, Bonn: Bundeszentrale für politische Bildung, 1998. S. 126.

元论的复杂关系进行了阐释。

> 西方作为一个"选项",其思想文化要在中国扎根的一个
> 重要的前提条件是,这些选项能被当时中国的各方势力自主地选
> 择、阐释和为我所用。各方势力认识到,要改变十九世纪中期中
> 国的灾难性局面不仅仅要回溯到中国传统的乌托邦中寻找答案,
> 而大家都已经体会到中国社会向内向外的动态发展都需要崭新的
> 解决方案。[1]

瓦格纳的这段话可以作为他对"小生境"文化的一个注解,表达了丰富的内涵层次:西方文化要在中国扎根需要有被"中国化"的过程,这显示了一个西方汉学家的"中国中心观";而第二句话表明的态度是,中国的传统文化和民族主义并不能够完全地挽救中国的危机。挽救中国危机、推动中国近代化过程的决定性力量是西方。这是瓦格纳在晚清宏观历史研究也表达过的观念,这一直延续到了他的上海研究中。所以虽然他的研究对象地方化、微观化了,但他的晚清城市研究中仍然笼罩着一部分西方中心主义的阴影。

综上所述,瓦格纳判定上海开埠和设立租界营造了晚清社会的"小生境",并将"小生境"特征作为一种标准,研究中西文化流动的复杂性。他主张,在这个过程中新势力和新形态逐渐形成,这些势力和形态也决定了之后几十年国家发展的进程。其中最典型的是新闻报刊的发展。自 1872 年在上海出现中文报刊后,在天津以及部分像日本横滨这样聚集着中国留学生的地方,中文报纸蓬勃发展起来。这些报刊拥有众多通讯记者,完全

---

[1] Wagner, Rudolf G.. „Staatliches Machtmonopol und alternative Optionen zur Rolle der, westlichen Barbaren ' im China des 19. *Jahrhunderts* ", in hrsg. von Jan Heeren Grevermeyer. *Traditionale Gesellschaften und europäischer Kolonialismus*, Berlin: Sydikat Autoren-und Verlagsgesellschaft, 1981, S. 127.

110

独立于政府之外。[1] 这些报纸、杂志和书籍在一定的地域范围内完全垄断了人们对国家问题和出路的定义。这一点将在下一节中进行具体的梳理和分析。

瓦格纳在他的著作《道德中心和转变的推进器：中国两个城市的历史》[2] 中对比上海和北京两个城市在 19 世纪与 20 世纪之交对中国的意义。他认为北京是传统文化存留的道德中心，而上海是中国"转变的推进器"。研究的时间起点是上海作为通商口岸的设立。他分析了上海崛起的历史契机、地理优势；崛起之后这座城市在思想、政治和经济等的巨大变化，其中包括社会阶层和城市管理体系的改变。关于上海崛起的历史契机和地理优势费正清和德国汉学家沃尔夫冈·陶布曼（Wolfgang Taubmann）等都做过比较详尽的研究，瓦格纳对此均有吸收和借鉴。而瓦格纳的侧重点在于上海在租界这样的特殊社会生态环境下产生了哪些变化。"小生境"文化特征在这里依然明显，瓦格纳借此来阐述这个城市在特定的时间和地点对西方思想、文化和政治方面的接受情况，同时也描摹上海所体现的都市现代性。"现代性，它累积和浮现出来的日常生活只有在都市中才得以表达。现代性必须在都市中展开，而都市一定是现代性的产物和标志，二者水乳交融。"[3] 瓦格纳详细阐释了都市上海对"西方"的接受和其所具有的"现代性"。

城市在追寻现代性的过程中，以各种现代化设备为硬件，以现代化的精神生活为软件，极大地改变了传统的生活方式，颠覆着人们的思想观念。

---

[1] Wagner, Rudolf G.. „Staatliches Machtmonopol und alternative Optionen zur Rolle der, westlichen Barbaren' im China des 19. *Jahrhunderts*", in hrsg. von Jan Heeren Grevermeyer. *Traditionale Gesellschaften und europäischer Kolonialismus*, Berlin: Sydikat Autoren-und Verlagsgesellschaft, 1981, S. 129.

[2] Wagner, Rudolf. G.. „Das Moralische Zentrum und das Triebwerk des Wandels. Eine Geschichte zweier chinesischger Städte", in Kai Vöckler, Dirk Luckow. *Peking Shanghai 21st Century*, Frankfurt: Campus Verlag, 2000, S. 32-45.

[3] 汪民安：《现代性》，南京：南京大学出版社，2012 年，第 26 页。

瓦格纳首先描摹了这样一个拥有最新设备和管理的城市，住在这里的居民来自世界各地，这些人共同生活在这座城市。它拥有宽广、稳固、干净的街道；遍布的下水管道；严格的饮用水与废水分离系统；天然气输送和电力照明的街道；有效的警力与消防队；公共区域中的公厕与绿化。显然这种城市生活为上海市民提供了一种完全有别于传统的都市生活方式。可以说，踏上了上海的土地，便进入了法律和规则的世界。瓦格纳将这种"示范性聚居"的形式归功于欧洲城市的革新理论并认为这种城市理念在巴塞罗那、巴黎和维也纳也在践行着。在空间布局上，上海和其他周边城市完全不同。上海多个租界那里没有城墙，面向黄浦江，岸边有众多西式建筑，形成一道独特的风景。各式建筑沿宽阔的街道排列。它们是现代中国保存最好的西式建筑。瓦格纳描绘的这种以外滩为代表的都市景观传达着现代性的进步观，"景观不能被理解成对视觉世界的滥用或是形象的大众传播技术的产物，它是一种已变得真实而且被转换成物质的世界观"[1]。上海的"城市委员会"把自己命名为"工部局"，通过这个名字可以明显地感知到，这个部门只对道路、交通、消防和公共卫生设施等诸如此类的领域负责，并不管辖国家理念、民众教化和宗教信仰等。在19世纪70年代这个城市成了一块具有吸引力的磁石：通商口岸的框架条件、当地富裕的经济状况以及通往国内外市场的通道不仅吸引了许多中国内陆的商人，还引来了许多东南亚的工厂迁入上海以及其他通商口岸。

　　舒适有趣的城市生活对许多受过教育的人来说充满了诱惑，他们搬到新的现代城市中。他们和许多赋闲的官员和富有的商人共同组成了一个阶层，他们有着固定的年息收入，过着奢侈的生活。上海的娱乐业靠他们维持。瓦格纳将上海商品的丰富、经济的繁盛都展现在读者面前。上海独有的融入西方特色的中国商业文化和中西合璧的生活方式和意识形态也就一

---

[1] 汪民安、陈永国、马海良：《城市文化读本》，北京：北京大学出版社，2008年，第25页。

览无余了。瓦格纳指出，在上海及与上海相同性质的口岸城市里出现了很多新的"现代"阶层。首先是买办，买办是指有着巨额财富的商人，他们不仅经常在中西贸易中充当中间人的角色，在西方商人与中国交往时也起到担保人的作用。在上海的大环境下，成功的中国商人逐渐取代 1880 年以来不断增长的西方竞争者。这个城市里出现了一个由商人、银行家、实业家组成的阶层。其次是知识分子阶层，他们受过良好教育。随着旧考试制度的废除，现代学校像潮水般兴起。这都为知识分子阶层在未来中国的发展道路上赢得了一个战略性的位置。他们与五四运动有着密切联系。学生教科书、报纸以及杂志成了当时最先进的媒体手段。共产党和国民党都有许多来自上海知识阶层的成员。上海的租界也为这些政党在建设组织所需的法律、政治乃至宣传方面提供了条件。再次是城市小资产阶级，他们一般是城市企业的职员。受自身视野限制，他们会更关心自身以及眼前的利益。最后是工人，尤其是女工，他们在《辛丑条约》签订后成了工业运转的主要力量，这些来自内陆地区的农村劳动者在城市中组成了一个特殊阶层。[1]

当然，瓦格纳对城市物质空间及城市居民阶层变化、行为方式等方面的描绘，并不构成上海现代性本身，但却是其重要的基石，因为思想文化上的概念变化首先需要经过物质层面来传播。只有这些都市景观、市民生活方式和新兴社会阶层被经验化、历史化，才能都参与到现代性的建构中。

瓦格纳笔下的上海可以用一个"杂"字来概括。上海是一个华洋杂居的城市：中国人和外国人共同居住在一个混合区域。中外文化交流也因此更为密切，同时产生的政治和经济交流也不容小觑：在租界里有相当一部分的官职由外国人担任；中国人也在西方贸易公司担任本土贸易代理；西

〔1〕参见 Wagner, Rudolf G.. „Das Moralische Zentrum und das Triebwerk des Wandels. Eine Geschichte zweier chinesischger Städte ", in Kai Völcker, Dirk Luckow. *Peking Shanghai 21st Century*, Frankfurt: Campus Verlag, 2000.

方公司也有许多中国员工。上海成了一座集财政、金融、对外贸易和工业生产于一身的城市。在这片中国的土地上，到处是源头不同的文化，居民们说着不同的语言，城市管理有条不紊，但是生活在这里的大多数还是中国人。他们在这种环境下出生，一直在寻找应对这种社会情况的方法。上海接纳了西方的生活方式、城市组织形式、思想乃至时尚，并最终将这些融合成这座都市所特有的喧嚣与繁华。鳞次栉比的精美建筑、舒适的现代化设备、各种闪亮的时兴娱乐设施以及一大批沉迷于这种纸醉金迷生活的市民们，这些都将上海打造成了人们心目中的梦想城市。[1]

　　瓦格纳着力于描述上海的都市现代性，但在"小生境"的文化特征下，上海的现代性必然不等同于西方的现代性。"西方输入的现代性与其上海语境并非完全合缝，而是呈现出相当的裂隙和龃龉。"[2]因此，瓦格纳笔下的上海和李欧梵"中国世界主义"语境下交织着西方与中国文化话语的"上海摩登"有了理论上的重合。李欧梵关于"中国世界主义"的论述在某种程度上正印证了上海"小生境"的概念。

　　　　如果说世界主义就意味着"向外看"的永久好奇心——把自己定位为联结中国和世界的其他地方的文化斡旋者——那上海无疑是30年代最确凿的一个世界主义城市。[3]

　　瓦格纳在上海城市宏观研究中比较注重分析物质层面及物质层面所引发的都市现代性构建，此外他的后续研究还涉及了精神层面的新闻报刊和

〔1〕参见 Wagner, Rudolf G.. „Das Moralische Zentrum und das Triebwerk des Wandels. Eine Geschichte zweier chinesischger Städte ", in Kai Vöckler, Dirk Luckow. *Peking Shanghai 21st Century*, Frankfurt: Campus Verlag, 2000, S. 41.

〔2〕薛羽：《现代性的上海悖论——读〈上海摩登：一种新都市文化在上海1930—1945〉》，载《博览群书》，2004年第3期。

〔3〕〔美〕李欧梵：《上海摩登：一种新都市文化在中国1930—1945》，毛尖译，杭州：浙江大学出版社，2017年，第328页。

114

书籍出版等公共舆论发展。他由此将上海都市的软件和硬件连接在一起，考察都市物质和都市文化之间互动：公共舆论如何借助都市的现代性来展开想象，都市又是如何依靠公共舆论来获得进一步的现代性建构，这将在下一节进行具体的阐释和探讨。

第二节　公共领域和上海报刊研究

一、被界定的公共领域

　　瓦格纳在他的近代新闻史研究中经常使用一个德语词"die Öffentlichkeit"，这是西方文史理论中，经过哈贝马斯提炼的重要概念——"公共领域"。"公共领域"和"公共意见"是瓦格纳报刊研究重要的理论基础。如果说伽达默尔的哲学解释学为瓦格纳提供了宏观上的研究思路、研究方法甚至整体性的研究背景，是一种"面"上覆盖式的影响；那么哈贝马斯的公共领域理论恰恰相反，它为瓦格纳的晚清地区研究提供了一个可以在"点"上深入的理论概念。按照哈贝马斯的理论：政治公共领域可以调节国家和社会的需要，而其手段和媒介正是公众舆论。[1]公共领域所开展的公共舆论和政治批评塑造了"有教养的中间阶层"[2]——介于贵族社会和市民阶级知识分子之间。手抄和印刷的杂志成了公共领域中公众的批判工具。

---

[1] 参见［德］尤尔根·哈贝马斯：《公共领域的结构转型——论资产阶级社会的类型》，曹卫东等译，学林出版社，1999年，第36页。

[2]［德］尤尔根·哈贝马斯：《公共领域的结构转型——论资产阶级社会的类型》，曹卫东等译，学林出版社，1999年，第37页。

资产阶级公共领域是一种特殊的历史形态……但它最先在17、18世纪的英格兰和法国出现的，随后与现代民族国家一起传遍19世纪的欧洲和美国。在阅读日报或周刊、月刊评论的私人群体当中，形成一个松散但开放和弹性的交往网络……剧院、博物馆、音乐厅，以及咖啡馆、茶室和沙龙等等对娱乐和对话提供了一种公共空间。这些早期的公共领域逐渐沿着社会的维度延伸……聚焦点由艺术和文艺转到了政治。[1]

瓦格纳以哈贝马斯理论概念为基础，将晚清上海特定的时间和空间视为容器，提出了他自己的概念——"晚清时代的公共领域"，为包括申报在内的近代新闻纸媒体研究创造了一个发挥空间。本书将分析这个概念的形成过程和其特定内涵，分析的过程中将厘清两个问题：一是瓦格纳对哈贝马斯的概念做了什么样的规约；二是美国中国学学者在瓦格纳之前于这个研究领域中已经取得了怎样的学术成果，以此辨析瓦格纳的研究思路来源和其创新之处所在。

瓦格纳主张，林语堂首先在中国对公共领域和公共意见进行了科学性的讨论。他认为，林语堂撰写的关于中国新闻史的文章是首次有人研究中国公共舆论历史。林语堂强调中国可以拥有具有自身特色的公共舆论，不需要以外国经验作为样本。瓦格纳轻描淡写地提到，自哈贝马斯关于公共领域的书被翻译成英文和法文之后，美国中国学界掀起了至其撰文为止一直没有停止的辩论，讨论哈贝马斯的概念是否适合中国。对于这个问题瓦格纳指出：哈贝马斯的很多观点都带着强烈的西欧元素与特色。而很多在中国扮演着重要角色的社会元素却从来没有被他考虑到过，比如不完全受

---

[1]［德］尤尔根·哈贝马斯：《关于公共领域问题的答问》，载《社会学研究》，1999年第3期。

116

国家控制的租界和国家在公共领域中所起到的重要作用。[1]瓦格纳对哈贝马斯的概念做了一个较为去西方中心主义的修正和约束，换而言之，他将小生境文化的特征附加到了哈贝马斯具有欧洲特性的概念之中，对其进行了一些时间和空间上的约束。这是瓦格纳公共领域概念的最大特点，即他的公共领域研究建立在租界特殊文化生态环境上。但从研究对象和研究方法的角度上来看他并未脱离哈贝马斯的公共领域概念。哈贝马斯规范地界定了公共领域，其中谈到所谓公共领域，我们首先意指我们的社会生活中的一个领域，某种接近于公众舆论的东西能够在其中形成。他还特意指明了报刊等传媒作为公共领域媒介的作用，在一个大型公共团体中，这种交流需要特殊的手段来传递信息并影响信息接受者。今天，报纸、杂志、广播和电视就是公共领域的媒介。除了对空间和时间条件略做修改，瓦格纳对哈贝马斯理论概念的使用是比较完整的。

　　瓦格纳在德国大众基金会资助下撰写的名为《公共领域和公共舆论》的文章中，他只提1936年林语堂提出的概念，而就美国汉学界关于公共领域的激烈争论却是一笔带过，这对我们理解其概念的历史基础和提出过程是较为不利的。从20世纪80年代末开始，在美国中国学界就开始就晚清中国社会的公共空间是否存在以及以怎样的方式存在的激烈论战。首先，约翰霍普金斯大学的罗威廉教授摈弃了马克斯·韦伯关于中国社会的描述，即"中国未能发展资本主义是由于其城市政治自治的匮乏和对祖籍亲友的特殊依恋的主宰"。他将此举称为对一种"神话"的放弃。[2]在瓦格纳撰文的时间点，哈贝马斯的公共领域概念是否适合中国，在美国汉学界已经取得了比较清楚明了的讨论结果。按照时间线看，瓦格纳受其影响是非常

〔1〕参见Wagner, Rudolf G.. *Öffentlichkeit und öffentliche Meinungen*, Darmstadt: Wissenschaftliche Buchgesellschaft, 2003, S. 545.

〔2〕Rowe, William T. Hankow: *Commerce and Society in a Chinese City*, 1796—1889. Stanford: Standford University Press, 1984, pp. 10.

符合逻辑的。甚至从方法论上，罗威廉也已经使用过个案研究的方式来讨论公共领域在汉口的表现。黄宗智等美国汉学家对这个论题的看法至今仍然有着较大影响力。黄宗智认为哈贝马斯对"公共领域"一词有两种不同的用法，一种特定含义，指 17 世纪后期的英国和 18 世纪的法国出现的，与市场经济、资本主义及资产阶级兴起相伴而生的一种社会现象；另一种比较宽泛，哈贝马斯指涉一种普遍现象，即现代社会里日益扩张的公共生活领域，它呈现为不同形式并涉及国家与社会之间各种不同的权力关系。[1]按黄宗智所阐明的内容来看，瓦格纳使用了公共领域狭义含义来构建其理论视野。他抛开美国汉学界已有成果重新讨论哈贝马斯概念在中国的适用性，这样的论证路径令人费解。笔者猜测，这可能与瓦格纳的这批论文由大众基金会赞助，用德语在德国发表有关。首先，研究的目的性使得不需要对前人研究历史做太多铺垫；其次，空间上的隔绝也使得这种研究现状交代失去了某种必需性。

> 在西方"公共"是个发展着的词，不同历史时期具有不同的内涵。在中国史研究领域，罗威廉考察了中文中的"公"的发展演变，发现这个处于"私"与"官"之间的社会领域在中国具有很长的历史，从而为精英的地方参与和控制提供了广阔的空间。虽然这个词包含着深刻和复杂的意思，甚至还可能与哈贝马斯的"公共领域"概念发生纠葛。[2]

但瓦格纳的表述阐明了公共领域在他独特语境下的含义："这份报纸

〔1〕黄宗智：《中国的"公共领域"与"市民社会"？——国家与社会间的第三领域》，见黄宗智主编：《中国研究的范式问题讨论》，北京：社会科学文献出版社，2001 年，第 261-262 页。
〔2〕王笛：《街头文化：成都公共空间、下层民众与地方政治，1870—1930》，李德英等译，北京：中国人民大学出版社，2006 年，第 18 页。

出现在公共空间主要被清政府控制的晚清中国。此时的公共空间被稳固的霸权主义所控制，只留下非常少的转圜空间，可以对核心事件做一些独立的表达和独立的发声。"[1]

　　从这段话我们可以做出的基本阐释是：虽然瓦格纳经常使用"晚清公共领域"这样的词组，并主张哈贝马斯的"公共领域"概念本身在中国晚清社会并不合适，中国是一个特殊的存在，[2]但他对公共领域的研究不是总体性的。他强调的侧重点在于"articulation"，也就是公共领域中的"发声"，主要的研究对象是报纸、书籍等社会宣传工具在公共领域中所扮演的角色和所起到的作用。瓦格纳并没有针对研究对象所指范畴进一步论断。这比较容易让人在研究范围上有所误解。他这样表达自己的研究意愿，"我想要勾勒出中国的公共领域的基本结构和历史发展"[3]，但他所研究的是公共领域的一个组成部分或者说是表现形式，即独立的社会表达，也可以是公共舆论的部分。瓦格纳将林语堂的《中国新闻舆论史》视为中国公共领域的开端之作——这样他对公共领域的理解范围和着眼角度更是清晰可见。因此，瓦格纳所定义的"公共领域"，可阐释为公共领域中的公共舆论或者公共意见。瓦格纳对中国社会曾经存在的公共舆论形式做了比较详尽的考察：在中国古代，这种意见的表达被称为"言路"。君主的地位固然是至高无上的，但来自上天的权力某种程度上需要"民众之口"的支持。在中国古代共有三个渠道拥有这样的表达权力，第一类是在野的学者，他们的集合体通常以书院等形式出现；第二类是朝廷的言官；第三类是民间的街头巷尾出现的歌谣俚语等民间文学。在前现代的中国，朝廷所扮演

---

[1] 参见 Wagner, Rudolf G.. "The Early Chinese Newspaper And The Chinese Public Sphere". *European Journal of East Asian Studies1*, 2001, pp. 5.

[2] Wagner, Rudolf G.. *Öffentlichkeit und öffentliche Meinungen*, Darmstadt: Wissenschaftliche Buchgesellschaft, 2003, S. 545.

[3] 参见 Wagner, Rudolf G.. "The Early Chinese Newspaper And The Chinese Public Sphere". *European Journal of East Asian Studies1*, 2001, pp. 6.

的不是被动的舆论接受者，而是主动的影响者。但鸦片战争以后，这种公共领域的结构发生了重大变化。上海这个通商口岸城市成了一个基本脱离清政府控制的自成一体的"小生境"。在这个前所未有的"小生境"中，公共领域的新结构慢慢地形成了。当然瓦格纳所指的公共领域的形成更多的还是具象地指向于公共舆论的发声地。在瓦格纳的学术世界中，公共领域新结构的最佳证明和最强发动机是英国人美查创办的申报馆。

二、近代上海报刊研究

瓦格纳 1987 年受聘于德国海德堡大学汉学系，成为该系继鲍吾刚和德博（Gunther Debon）教授之后的第三任主任。自从瓦格纳加入之后，海德堡汉学的实力大大加强，这与德国的大学体制是分不开的。海德堡与大多数欧洲大学一样，是教授治校，教授治所。教授的学术地位、风格、能力等，对研究所或者系科的实力、风格、声望大有影响。1989 年瓦格纳与上海社会科学院建立了合作关系，1996 年成为该研究院的特聘研究员。90年代，瓦格纳在海德堡主持了一个名为"中国公共领域的结构与发展"的研究小组，成员包括梅嘉乐、燕安黛、费南山和叶凯蒂等人。[1] 1994 年在布拉格举行的欧洲汉学年会上，瓦格纳带领的海德堡大学代表团一下提交了 9 篇关于公共领域视野下的近代中国新闻报刊主题的论文，使海德堡汉学在欧洲声名大振。2005 年哈佛费正清研究中心举办了一场名为"研究日常媒体：作为研究对象和资料来源的民国报纸，1911—1949"（*Studying the Daily Medium: Newspapers as Subject and Source in Republican China*, 1911–1949）的研讨会，来自海德堡的早期《申报》研究小组崭露头角。[2]

---

[1] 参见熊月之：《海德堡大学汉学研究所》，载《近代中国》，1999 年第 1 期。
[2] 参见周婷婷等：《海德堡大学汉学系早期中文报刊研究概况》，载《新闻大学》，2007 年第 3 期。

120

　　瓦格纳主张申报馆奠定了公共领域结构最重要的变化，使上海成为当时中国公共意见表达和出版中心。这份报纸以古代理想中的"言路"为据，造就了一个具有现代性的媒体和讨论各种聚焦事件的论坛。《申报》以一种民族性通信网络的姿态出现，报道与民族命运攸关的新闻，提出各种国家性、社会性的问题。类似性质的讨论在此之前只能在特权阶层之中进行。它的出现宣告着一种对国家层面的公共意见进行表达的权利。同时随着《申报》的流行，知识分子作为一种新城市阶层开始初见端倪。这个阶层对中国之后的几代人都产生了不可限量的影响。容许公共舆论生根发芽和开花结果的"小生境"——上海还催生了很多商业报纸、出版机构以及很多中国改革家和革命家。例如商务印书馆大概是从 1895 年开始出现的，而中国近现代最重要的政党都是在上海诞生。[1]哈贝马斯将报刊手段称为"公共领域最典型的机制"[2]。从这个意义上出发，瓦格纳对晚清中国社会的媒体手段的研究，包括对《申报》《点石斋画报》和清末百科全书的研究都是一方面依赖"小生境"文化特征，一方面基于公共领域的理论土壤，对研究对象进行具象考察。这样既可以植根于西方，又能够坐实在晚清中国社会特殊现象之上，进行自上而下、由内及外的方方面面的分析，是根据晚清中国社会情况而架构起来的公共领域分析。

　　这里需要进一步明确本文的研究对象：当时美查在上海拥有"最重要的中文出版社的申报馆，还有中国第一个全国性的印刷品发送网络——申昌书局"[3]。美查的媒体集团旗下除了《申报》以外，还出版一份画报《点石斋画报》。《申报》和《点石斋画报》为本节的具体研究对象。在某些段落为避免重复直接以《申报》代称之，有时则称为上海近代报刊，均指

〔1〕参见 Wagner, Rudolf G.. *Öffentlichkeit und öffentliche Meinungen*, Darmstadt: Wissenschaftliche Buchgesellschaft, 2003, S. 545.
〔2〕［德］尤尔根·哈贝马斯：《公共领域的结构转型——论资产阶级社会的类型》，曹卫东等译，北京：学林出版社，1999 年，第 218 页。
〔3〕［德］鲁道夫·瓦格纳：《进入全球想象图景：上海的〈点石斋画报〉》，载《中国学术》，2001 年第 4 期。

同一个研究对象。瓦格纳和其海德堡团队的《申报》研究既聚焦"有作为的报刊",将目光放在报纸本体上,强调媒体在当时社会扮演的公共舆论平台的角色,又聚焦在"报刊的作为",即全力关注报刊所登载的文本内容。瓦格纳在这里坚持以"小生境"语境的研究范式来考察《申报》和《点石斋画报》,即关心中西文化交流、融合和相互共存的过程。所以他比较反对两种声音:一是认为《申报》仅仅是在"一小撮买办文人"的支持下向中国读者兜售帝国主义意识形态的工具;[1]二是认为《申报》之所以能在中国立足,完全依靠其老板美查的英国人身份以及在此基础上英国领事馆给予的保护和支持,[2]同时在研究方法方面,他比较不赞成的方法为"所使用的材料全都与中国相关,且大多是清一色的中文资料"[3]。由此可以总结,瓦格纳否定的是《申报》研究中非此即彼的二元论倾向,要么认为其完全是西方帝国主义的代言人,要么将其作为纯中文报纸进行研究和阐释。正因如此,瓦格纳在整个《申报》和《点石斋画报》的研究中,反其道而行之地强调打破中西二元论,寻找这些近代报刊身上亦中亦西,中西合体的部分。总的来说,他认为《申报》所处的宏观背景是属于西方和属于世界的,而其具体的经营策略和构建的想象空间是中国性的。瓦格纳在研究中放到比较重要位置的问题是:这份来自英国的报纸是否被真正的中国读者接受,是如何被中国读者接受的,在实现了一定程度的本土化之后,是否参与到中国身份认同的构建中。他采用一种跨语种和跨文化的资料收集方法并且"考虑到19世纪后半叶英国外交政策的覆盖面已经囊括全球各地这样一种大背景,以及与之相伴的亚洲区域内不同地区和国家快速的现代化进程(包括出版业市场的现代化)",他认为那种纯粹以中国

---

〔1〕参见方汉奇:《中国近代报刊史》,太原:山西人民出版社,1981年,第38—59页。
〔2〕参见马光仁主编:《上海新闻史(一八五〇——九四九)》,上海:复旦大学出版社,1996年,第67页。
〔3〕[德]鲁道夫·瓦格纳:《危机中的〈申报〉:国际背景下的郭嵩焘与〈申报〉之争》,见国家清史编纂委员会编译组编:《清史译丛》第九辑(罗威廉专辑),杭州:浙江古籍出版社,2010年,第296页。

122

为中心的研究范式已经不能够反映出近代中国报刊成长的独特性了。[1] 本章将瓦格纳对《申报》和《点石斋画报》的研究视角和研究范式概括为中西融合，他首先探析了这些报刊不能否认的西方属性，然后他持续考察这个西方人投资主办的报业集团如何在经营方针、经营策略、编辑形式和新闻内容上靠近中国社会，努力在中国社会中形成文化认同感的过程。本章将从两个方面来解读瓦格纳的近代上海报刊研究，首先解析瓦格纳对其西方来源和现代性的探索，之后将具体阐释瓦格纳对《申报》和《点石斋画报》的中国化特征的拆解和分析。

（一）探求《申报》西方来源和现代性

瓦格纳对《申报》西方属性的研究和阐释建立在他的一个基本理解之上：《申报》并不是中国社会长期发展的产物，而是英国孕育的果实。瓦格纳对纸媒在欧洲的历史有一些简短的阐述：1830 年之后，英国的印刷业主发现，独立于政府之外的先决条件是远离政府的财政支持。媒体的新自由伴随着对媒体从业人员，即记者和编辑的要求越来越高。同时媒体对社会和政府的特定作用也慢慢地显现了出来。[2] 上海此时的身份是一个定居点而非殖民地，这里他用的是 settlement 这个词，特指来自西方的掘金者寻找和发现的定居点。上海在当时是一个范本式的聚居地，因为在这里有来自不同种族和文化的人共聚。这个聚居地极度地为自身获得的财富和成就而自豪，并努力地从清政府和外国领事手中争取自己的独立地位。甚至在 19 世纪 60 年代，上海曾经追求过类似于德国的汉萨同盟城市一样的独立地位，但这遭到了英国外交官的强烈抵制。上海这样一个地位特殊的国际化聚居地给《申报》创造了一个特殊、独立的自由空间。囿于天津条约

---

〔1〕［德］鲁道夫·瓦格纳：《危机中的〈申报〉：国际背景下的郭嵩焘与〈申报〉之争》，见国家清史编纂委员会编译组编：《清史译丛·第九辑（罗威廉专辑）》，杭州：浙江古籍出版社，2010 年，第 297 页。
〔2〕参见 Wagner, Rudolf G., "The Early Chinese Newspaper And The Chinese Public Sphere", *European Journal of East Asian Studies*1, 2001, pp. 3.

的规定，英国领事对《申报》几乎没有影响力和控制力，而同时清廷也没有这样的权力。瓦格纳甚至论断，《申报》在上海享有的自由超过了英国报纸在伦敦的自由度。虽然结论具有猜测性，但是这全面地体现了瓦格纳对"小生境"文化的盛赞和痴迷。在遥远的东方城市里，19世纪媒体为自由所做出的努力得到了最好的回报。[1] 在基本相同的时间段，美查不是唯一一个尝试在英国以外的地方创立一份属于当地的本土纸媒的英国人。19世纪40年代，一个英国人在奥斯曼土耳其帝国创立了一份土耳其语的报纸；在日本和印度，英国人都做出了相似的努力。但结果令人感慨，只有上海的《申报》存活了下来。上海这个城市在这个案例中展示了其独一无二的特殊性。在其他国家和地区无一不是因为英国外交或是本土政府的干涉，导致这些报纸无法继续发展：比如英国大使馆禁止在英国人创办的日本报纸上刊登有关英国主题的内容——关于这点他在很多研究性的文章里一再提到。尽管清政府对这些情况都很了解，同时也知道禁办《申报》可以有效地讨好英国政府，但是他们都没有付诸行动。《申报》成了可靠而独立的信息来源，成了公共交流的重要组成部分，并且获得了独立媒体的声誉，显示出高于其他信息来源的可靠性。作为一名英国商人，美查认为报纸要为中国的长期成长和发展服务。这让其在有改革愿望的精英阶层中赢得了尊重和影响力。[2]

在《点石斋画报》之前，美查办过一份《寰瀛画报》。虽然这份画报最终办失败了，但美查和蔡尔康都曾撰文介绍这一画报。其视角十分有趣，他们的"小叙"分别为画报这种形式的现代性和中国性做了注解。在《点石斋画报》的办报宗旨方面，美查的重点放在画报之"奇"上，强调纸媒

---

[1] 参见 Wagner, Rudolf G.. "The Early Chinese Newspaper And The Chinese Public Sphere". *European Journal of East Asian Studies1*, 2001, pp. 4.

[2] 参见 Wagner, Rudolf G.. "The Early Chinese Newspaper And The Chinese Public Sphere". *European Journal of East Asian Studies1*, 2001, pp. 5.

的娱乐性和刺激性，这样以一定的娱乐性和探秘性来取悦读者的办报心态
具有十足的现代性：

> 美查并未重复蔡尔康的观点。根据他的前言，图像与文字结
> 合是极其有效和经济的交流方式。他在任何意义上也没有将图像
> 的价值仅限于介绍性或科学性。针对贴切与有趣的交流，他参照
> 的核心概念是"奇"，是有趣和稀奇的"事事物物，形形色色"。
> 这一概念开始主导整个上海的娱乐事业，并且常常被用来作为定
> 义上海作为一个整体之特征的关键词。翻看《点石斋画报》的内
> 容就会发现，里面包含了所有能够激起读者兴趣的事物。[1]

而与之相映成趣的是，蔡尔康的阐释角度是从中国历史的传统出发
的，把《点石斋画报》放在整个印刷文化的背景中来理解。这份新的刊物
想要复活中国画的传统，"呼吁在文化等级制中给予图像与文字、书法平
等的地位"[2]。

瓦格纳同样重视《申报》等在民众中传播普及民众对西方科技、文
化知识的强烈意图，他以铁路为例：在上海修建铁路时，上海道台极力反
对，并经验性地认为民众均会抵制。《申报》对此采取了以西方科技为工
具的对应策略。"因而在发表多方面的讨论之外，《申报》以1角的价格
提供了一幅吴淞铁路的真实照片，将铁路的'新'与照相复制技术相提
并论。"[3]《申报》运用图像化的手段使得有关现代科技的认知和理念得以
传播。

---

[1][德]鲁道夫·瓦格纳:《进入全球想象图景：上海的〈点石斋画报〉》，载《中国学术》，2001年第4期。
[2][德]鲁道夫·瓦格纳:《进入全球想象图景：上海的〈点石斋画报〉》，载《中国学术》，2001年第4期。
[3][德]鲁道夫·瓦格纳:《进入全球想象图景：上海的〈点石斋画报〉》，载《中国学术》，2001年第4期。

除了报刊研究外，瓦格纳还进行了有关"晚清新政与西学百科全书"[1]的研究。他开篇即明确文章宗旨在于"概述研究晚清西学的种种资源[2]"。这项研究在一定程度上抛弃了某些西方中心主义倾向，在研究方法和路径上兼顾中西方文化双方。他既阐释了"百科全书"在西方的著述类型，又承认"汇集有用知识，将之分门别类，并冠以相应标题，这在中国有着悠久的历史传统"[3]，"至少从明代开始，就已出现了一些提供有用知识的百科全书式手册"[4]。同时不同于东方主义中的普遍性"无意识使用西方"，瓦格纳在这项研究中也非常有意识地辨明了"西方"和"东方"，"研究这些想法和操作，不仅有助于我们认识关于特定主题——西学的传播，也有助于我们理解此'西方'和彼'东方'的核心特征"。[5]

（二）解析《申报》中国性与其本土文化认同感

瓦格纳对《申报》定位本土，寻找中国身份认同的分析可以分为三个方面：办报形式和宗旨中国化、报纸运营中国化和新闻内容中国化。其中办报形式、宗旨和运营中国化均属于其经营策略；而新闻内容的中国化，主要指新闻内容选材的中国化。瓦格纳举了很多例子说明《申报》等对新闻内容选择跨度之大，上至庙堂下至江湖，面对的读者从朝廷高官到贩夫走卒，构建了一个具有中国性特征的公共舆论平台。

瓦格纳首先的着手点是《申报》办报形式和目的的中国化。为了迎合中国读者的口味，美查在《申报》和《点石斋画报》中都没有采用西

---

[1]［德］鲁道夫·瓦格纳：《晚清新政与西学百科全书》，见陈平原、米列娜主编：《近代中国的百科辞书》，北京：北京大学出版社，2007年，第33页。
[2]［德］鲁道夫·瓦格纳：《晚清新政与西学百科全书》，见陈平原、米列娜主编：《近代中国的百科辞书》，北京：北京大学出版社，2007年，第33页。
[3]［德］鲁道夫·瓦格纳：《晚清新政与西学百科全书》，见陈平原、米列娜主编：《近代中国的百科辞书》，北京：北京大学出版社，2007年，第35页。
[4]［德］鲁道夫·瓦格纳：《晚清新政与西学百科全书》，见陈平原、米列娜主编：《近代中国的百科辞书》，北京：北京大学出版社，2007年，第35页。
[5]［德］鲁道夫·瓦格纳：《晚清新政与西学百科全书》，见陈平原、米列娜主编：《近代中国的百科辞书》，北京：北京大学出版社，2007年，第37页。

126

方报纸的编辑排版方式，而是采用中国旧体书的样式体例，顺应中国读者的文化口味，瓦格纳认为这体现了美查的"一种对于文化兼容性之重要性的敏感"[1]。美查从失败产品《寰瀛画报》上解读到文化兼容性的重要程度，那时他还没有注意提高产品的"中国性"。瓦格纳在他的著作中表示：美查和蔡尔康认为中国的传统绘画无法与西方"富有生命力"的新闻绘画相比拟。《寰瀛画报》的宣传卖点就是所有的插画均处于西方画师之手；以西式日历计时并使用西方的进口纸张。它的卖点正是"外国的独一无二性"[2]。

> 美查的整个出版企业还是逐渐获得了一个洞见，即只有具有很高的文化兼容性的东西才能够在中国卖得出去。这一原则似乎可以通过下列现象证实……他的申报馆出版物中只有最少量的从西方翻译的作品。但美查也同时坚信中国主题和情感与西方印刷技术的结合在经济上是合理的，在文化上是可行的。[3]

美查在《点石斋画报》的经营中采取了一系列措施以提高它在中国的文化认可度。纸张也采用了中国本地购买的无酸竹浆纸。《申报》也体现了同样的思路。虽然是西方人办的现代报纸，《申报》却宣称自己的功能仅仅是再现传统，恢复中国古代有过的实践，即开放朝廷与百姓之间的沟通渠道，实现古老的中国政治理想——上通下达。这十分明确地反映了《申报》希望建立公共舆论平台的愿望。瓦格纳认为在张之洞提出"中学为体，西学为用"之前，美查已经"明确地向他的读者传达了这种缓和改

---

〔1〕［德］鲁道夫·瓦格纳：《进入全球想象图景：上海的〈点石斋画报〉》，载《中国学术》，2001 年第 4 期。
〔2〕［德］鲁道夫·瓦格纳：《进入全球想象图景：上海的〈点石斋画报〉》，载《中国学术》，2001 年第 4 期。
〔3〕［德］鲁道夫·瓦格纳：《进入全球想象图景：上海的〈点石斋画报〉》，载《中国学术》，2001 年第 4 期。

变的主张"[1]。美查办报讲究营利。他为了吸引读者扩大报纸的销售量，非常顾及中国读者的感受。在这样的理念指导下，美查并不插手报纸的编辑工作，而将主笔和插画师的工作全部交给中国文人，实现旗下媒体运营的中国化，以期通过中国人的思想、眼光和视野来报道和评判在中国的思想、政治、经济、文化等各个领域发生的事件。美查自己基本不管任何报纸和画报的编辑业务。

《申报》在办刊过程中努力追求新闻内容的中国化。受众上至庙堂下达江湖，不仅刊登全国各地地方报道和国际新闻，而且刊登跟朝廷有关的官方消息。由于它复印的质量和速度，《申报》赢得了一大部分清政府高级官僚的订阅，同时扩大了它的国民影响力。瓦格纳甚至根据种种迹象猜想"似乎翰林院也定了一份"[2]。《申报》在全国范围建立起了销售与通讯记者网络，此外还会出版比较高端和学术的中文书籍。其刊出的新闻内容下至升斗小民的生活摩擦，上至朝廷大事。1884年4月出版的《点石斋画报》第一号，其画面表现的是当时激烈进行的中法战争中北宁附近的战役，画面能让读者感受到强烈的时事性。由于《申报》和一些香港中文报纸的存在，这场发生在越南的战争实际上成为中国历史上第一场公共战争。美查通过这项报道初步尝试了将"出版事件变成公共事件"[3]这一策略。《申报》和《点石斋画报》还有另一项重大的突破就在于使得普通人成了有新闻价值的对象，而且他们的兴趣和忧虑也成了新闻的题材。瓦格纳就提到过《申报》报道的杨月楼一案。杨月楼因私自迎娶广东香山籍女子而遭到香山籍上海知县逮捕并施刑。《申报》不仅对此事件进行了详细报道，更开放评议区长篇累牍地刊登不同公众表达的不同看法，瓦格纳指出"这

[1][德]鲁道夫·瓦格纳：《进入全球想象图景：上海的〈点石斋画报〉》，载《中国学术》，2001年第4期。
[2][德]鲁道夫·瓦格纳：《危机中的〈申报〉：国际背景下的郭嵩焘与〈申报〉之争》，见国家清史编纂委员会编译组编：《清史译丛》第九辑（罗威廉专辑），杭州：浙江古籍出版社，2010年，第296页。
[3][德]鲁道夫·瓦格纳：《进入全球想象图景：上海的〈点石斋画报〉》，载《中国学术》，2001年第4期。

128

标志着该报第一次真正成为承载公众讨论话题的媒体"[1]。这些来自普通人的新闻社会评论,建立起了独立的公众声音,并且尝试将读者辩论引入城市的价值观中。由此可见,新闻内容的"中国化",有着比较多层次的释义。《申报》和《点石斋画报》导致了一个决定性转变,即新闻内容不限于重大事件或是私人典型性事件,也关注可以引起中国读者好奇心并可以帮助构建公众共同想象的内容。

瓦格纳一再重申:《申报》的成功依赖于中国政界、商界、文人阶层和普通百姓对其建立的文化认同感,而并非依靠其老板美查的英国人身份。美查作为外国人确实享有治外法权,但他经营的报业公司并没有这个权利。在上海租界传统势力仍然存在并有一定影响力。在这样的小世界中,美查的报刊得以生存需要一些能与清政府共处的策略。瓦格纳举例道:"一回到上海,吴友如全部的画作,包括战斗场景和与太平天国作战的军事将领的画像,就被石印成超大的25×27厘米规格的画并折叠入《点石斋画报》,以备抽出装裱后挂在墙上。"[2]这一行动将清政府嘉奖将领的影响力加以扩大,从一个朝廷的高层行为成了公共事件,使中法战争甚至对太平天国作战中的清军英勇行为成为广大民众的公共记忆。

从文化维度来解读,"一个伟大的历史文化倾向于将其伟大的运载工具神圣化,将其主要的传播方式理想化"[3]。瓦格纳《申报》研究的闪光之处是将晚清传统与现代交织正酣之时文化传播方式的转变特征展现出来。在近代报刊出现之前,文学经典和口口相传是主要的传播方式。但这种传播方式带来了时间和空间上的很多不便性,也使信息的传播过于抽象化。获取信息的门槛比较高。而报刊的出现后"接受讯息方式的改变,牵动双

---

[1] [德] 鲁道夫·瓦格纳:《危机中的〈申报〉:国际背景下的郭嵩焘与〈申报〉之争》,见国家清史编纂委员会编译组编:《清史译丛》第九辑(罗威廉专辑),杭州:浙江古籍出版社,2010年,第304页脚注中。
[2] [德] 鲁道夫·瓦格纳:《进入全球想象图景:上海的〈点石斋画报〉》,载《中国学术》,2001年第4期。
[3] [法] 雷吉斯·德布雷:《普通媒介学教程》,陈卫星译,北京:清华大学出版社,2014年,第27页。

方不同的思维世界"[1]。瓦格纳主张，以《申报》和《点石斋画报》为代表的近代报刊所包含的图像、视角、场景、叙事的线索以及读者对信息的态度等导致了传统"稳定性的瓦解"，在解构传统文化传播方式的基础上构建了一个属于大部分中国人的公共舆论空间。这种新型的传播方式凭借其传统的外壳，跳脱出有西方属性的源头，作用和交织于中国社会的思想和文化，逐渐成为一个有着自身独特逻辑并被中国本土文化认同的社会机制。瓦格纳指出《申报》和《点石斋画报》是"那个时代最具'现代'倾向的中国人的内心精神生活"的反映，也是"中国人的公共交流领域中心凸显的最重要的基本材料"[2]。

第三节　传统与现代的"消涨"

瓦格纳的学术研究有时间和空间两条线索，时间线按照汉朝、晚清、民国和中华人民共和国的轴线发展；空间线索便是他的城市研究。卢汉超将美国中国学中的城市研究分为广义和狭义两类，这与瓦格纳微观晚清叙述中的研究对象有相似之处：

城市史是个很广的概念，学界对城市史也没有严格的或统一的定义。一般而言，城市史的研究可以有狭义和广义之分。传统的或狭义上的城市史研究指研究城市兴衰的历史，尤注重研究街区、社区、市政的发展及其相关的社会问题。比较广义的城市史研究则以城市作为大背景，但其研究的重点则不一定与城市发展

---

〔1〕李仁渊：《晚清的新式传播媒体与知识分子：以报刊出版为中心的讨论》，台北：稻乡出版社，2005 年，第 29 页。
〔2〕［德］鲁道夫·瓦格纳：《进入全球想象图景：上海的〈点石斋画报〉》，载《中国学术》，2001 年第 4 期。

直接相关。近年来不少被纳入城市史的著作主要是以一个城市为个案，研究某个超越该城市本身的专题。例如以上海为个案，研究中国工人运动。[1]

瓦格纳的城市史研究可以说是二者兼而有之，他的上海研究既是城市历史研究，又是承载公共领域概念下的《申报》和《点石斋画报》等近代报刊具案研究的重要空间和文化容器。就如同李欧梵对上海的特有情结一样，瓦格纳也对空间描述有着不可描摹的喜爱，比如上海和北京。尤其是上海，这是一种对文化共同体的想象和追求，反映了瓦格纳的历史追求。他赋予上海这个城市"小生境"的文化特征，对租界内传统与现代交织的文化生态环境进行建构。在这样的基础上瓦格纳甚至还描绘了西方现代性遭到中国传统解构的过程——上海既不完全属于中国文化又不完全归属西方语境的都市现代性就是最好的证明。

瓦格纳的笔下的"小生境"是中西文化融合的小世界，亦中亦西，中西合璧，是阐述两种文化快速流动和融合的绝佳模板。但在这个过程中我们还感受到另一种侧面，在描述"小生境"的现实情态和历史起源时，瓦格纳说"外国人突破了中国传统的小宇宙，这帮助他们摆脱传统赋予的只基于旧制度重建与试验的狭隘选择"[2]。在整个晚清中国社会研究中，他一直强调西方对中国的救赎。传统中国社会或者说城市被定义为一个"他者化"的所在。它们属于旧时代，属于静态且无力的农耕文明。传统自己的力量使中国陷入西方汉学家所定义的"循环论"，无法带领中国进步、理性，需要强有力的西方来进行启蒙和改造。上海和上海以外的地方成了一

〔1〕卢汉超：《美国的中国城市史研究》，见朱政惠编：《美国学者论美国中国学》，上海：上海辞书出版社，2009年，第327-328页。
〔2〕Wagner, Rudolf G.. „Staatliches Machtmonopol und alternative Optionen zur Rolle der, westlichen Barbaren ' im China des 19. Jahrhunderts ", in hrsg. von Jan Heeren Grevermeyer. *Traditionale Gesellschaften und europäischer Kolonialismus*, Berlin: Sydikat Autoren-und Verlagsgesellschaft, 1981, S. 130.

种二元对立。在他的报刊研究中也可以解读到这种二元对立的建构方式中，他认为欧美公众率先拥有了先进的技术和媒体：

> 十九世纪，欧洲和北美的公众阅读群因公共教育的普及而空前扩大……由此报纸和期刊变得更加及时和便宜，这就使得更广泛的公众对它们产生了兴趣，并且很容易得到它们。[1]

在此基础上，西方人将报纸带到了中国租界，为中国人创造了公共空间和公共舆论。瓦格纳的这种想象，赋予了西方文化体系以绝对合法性，进一步巩固和夸大了双方之间的文化差异。瓦格纳无法摆脱的西方中心主义立场使他忽略了中国传统是一个真实而丰富的存在，而这样丰富的传统在西方学者的笔下却处于绝对的弱势状态，很容易成为负面和落后的文学象征客体。

在其着力构建的一个"乌托邦"里，瓦格纳又投身于媒体研究，上海"小生境"在这里成了一个舞台和背景，主要的研究对象转换成当时的纸媒以及纸媒发展过程中体现出的传统现代关系。在这里值得一提的是瓦格纳在《申报》等近代报刊研究中的科学谨慎态度。瓦格纳于1993年获得莱布尼茨奖，这是德国科研的最高奖项，奖金数额远远高于诺贝尔奖。瓦格纳在获奖之后将大部分的奖金投入海德堡大学汉学图书馆的建设中。20世纪90年代中后期，图书馆每年投入在图书资料上的经费就达10万马克。[2]平均每年购书8000册，同时在20世纪90年代就建立了当时欧洲最大的汉学电脑资料库。这为以近代中国报刊为切入点的中国公共空间研究提供了丰富的史料。瓦格纳在近代中国新闻报刊的研究中确实做到了一个

---

〔1〕［德］鲁道夫·瓦格纳：《进入全球想象图景：上海的〈点石斋画报〉》，载《中国学术》，2001年第4期。
〔2〕参见萧瑟：《海德堡大学汉学系》，载《世界汉学》，1998年第1期。

类似实证主义的极致，在材料收集和梳理方面非常科学与踏实：重视原始材料，做到了所出有证；十分注重团队合作，研究内容彼此相关，互为增进，试图在近代上海的版图上建立起一个"全球公共体"的典型模式。在瓦格纳的报刊研究中，他表现出了对中国文化绝对的亲切感，甚至为当时的中国文化在当时的西方世界中只能扮演阐释素材的角色而感到扼腕叹息：

> 在这个版画世界中，中国作为丰富和重要的可以提供离奇有趣事物的陈列室而经常成为描述和描绘的对象，但它却从来不主动。中国没有自己的画报加入这一联盟，并且表现中国人自己对于中国和外国事物的观点。[1]

他指出当时中国文化的弱势地位导致了"在中国出现的一切潮流的源头都在中国文化范畴之外的其他中心"，并表现出对当时中国文化权威之"被动地位"的深刻担忧：

> 中国文化发现自己被非中心化、边缘化到了如此的地步，以至于中国文人甚至不再被当作中国自身的社会、政治、文化和经济现状的可靠信息来源，尤其是就普通大众而言。[2]

2018年，瓦格纳的新书《加入全球公共体：早期中国报纸的文字、形象和城市1870—1910》出版，这是一部论文集，收录大多有关海德堡大学汉学研究所成员对早期华文报纸的研究。本书收录了瓦格纳撰写的前言及其论文《进入全球想象图景：上海的〈点石斋画报研究〉》；梅嘉乐的《归

---

[1]［德］鲁道夫·瓦格纳：《进入全球想象图景：上海的〈点石斋画报〉》，载《中国学术》，2001年第4期。
[2]［德］鲁道夫·瓦格纳：《进入全球想象图景：上海的〈点石斋画报〉》，载《中国学术》，2001年第4期。

化异质媒体：将西方报纸纳入中国公共领域》；费南山的《实用知识与恰当交流：19世纪晚期中国的媒体产出领域》；金妮娜的《旧瓶新酒？制作与阅读上海19世纪晚期的图像类杂志》和叶凯蒂的《上海休闲、娱乐印刷和小报》。

梅嘉乐的文章着重介绍和分析中国第一份报纸命名时所牵涉的争论、辞藻和文化策略。报纸在19世纪欧洲百科全书中之意义与地位及其如何被引介到中国。费南山的文章以群体传记学的历史社会学方法研究第一代中国记者。立论的起点始于一种说法，即认为1895年之前的报纸并未受到关注与重视，执笔的都是那些素质不高，考场失败而为洋人效命的人，他们以诋毁中国士大夫来宣泄自己的挫败感，而费南山的研究显示第一代新的"现代"阶层正在形成，这一由知识分子、记者及其他受过教育的人形成的阶层拥有相同背景。中国被不断卷入全球事务，他们是第一批意识到新选择即将来临的人。瓦格纳与金妮娜的研究重点都是《点石斋画报》这一全球画报集团，同样也是美查《申报》公司的产品。瓦格纳的文章运用跨文化研究方式，追溯《点石斋画报》的源起：图像作为媒体核心特色的一般性和全球性变迁，如实再现其美学偏好的转变，以及如何评价将普罗大众作为潜在新闻价值内容等。《点石斋画报》同时培养出一个具有兼容画风且能够题旨要点的固定新闻画家群体，其特质与费南山描述的第一代中国记者类似。金妮娜的研究拒不接受关于《点石斋画报》的片面视角，即认为其不过是晚清社会史特殊面向的档案库。她持续有效勾勒出这个最成功画报的显著特色，包括主题和区域的选择、隐藏读者与图像的策略等。此一研究直接把隐藏读者与真正的历史读者互相联系。在《点石斋画报》这一特殊案例中，正是市场促成了这样的联结。文本和图像的隐藏读者肯定和"真实读者"密切相关。《点石斋画报》在市场上的成功与持久，正是符合读者需求的证明。叶凯蒂以《游戏报》和《世界繁华报》为研究对象，对1895年上海租界新兴娱乐型专门报刊，进行政治、社会、媒介、文字探索等方面的文化研究。这类媒体的走红是一个时代的讽刺性注解，这样的潮流是以中日甲午战争以及 1898 年戊戌变法为背景的。

《加入全球公共体：早期中国报纸的文字、形象和城市 1870—1910》的研究重点在于早期中文报刊，文章大多涉及《申报》，发行《申报》的公司，以及初期数十年间负责公司营运的美查。申报馆成为近代中文新闻媒体的起源以及造就上海公共租界成为那几十年间中国媒体之都的重要因素。它所依据的研究途径是：尽可能追索各种语言，各类媒体与各个地方留下的实证主义的蛛丝马迹。在序言中，瓦格纳针对两位重量级学者哈贝马斯和安德森（Benedict Anderson）为新闻史所设立的"理论参数"，亦即"公共领域"和"想象的共同体"，提出了批判。他认为缺陷的根源主要来自两位学者的意识形态。有关《点石斋画报》的章节记录是从文字范畴转向图像范畴的跨文化互动，追溯中国媒体如何关注视觉以及这一转变又是如何受到新美学观的塑形。

综上所述，瓦格纳的城市研究和报刊研究带来了很不一样的眼光和视野，比如《点石斋画报》成为中国在世界文化之林发声筒的观点和关于《申报》与郭嵩焘之争的视角，都让我们意识到在自身文化中被蒙蔽或者说没有意识的方面。

但在理论方法方面瓦格纳和他的报刊研究团队还是遭受了一些质疑，李金铨教授认为：

> 现代性和后现代性的理论旨趣不同，甚至有的地方相悖，然后经过他们的嫁接，以后现代的手法——边缘论述——辩护现代性理论（亦即"公共领域"）的正确，所长出来的新叶竟是难以辨识的异国情调。他们自己未必体认到其间的矛盾与暧昧。[1]

_____

[1]［美］李金铨：《新闻史研究问题与理论》，载《国际新闻界》，2009 年 4 月。

　　本书部分同意李金铨教授的观点，认为瓦格纳的城市和报刊研究具有局限性："普遍性与特殊性间有辩证关系，一味抹杀特殊性造成霸道的学术殖民；但一味诉诸特殊性，又毫无普遍意义，必然一事无成。"[1]瓦格纳的近代报刊研究中存在着用欧洲理论去配适中国复杂的在地性的情况。当然瓦格纳并非完全无视在地性，相反地，他一再强调中国情况的特殊性，与原理论所指的情况并不相同，但最后仍然试图用西方理论去匹配，造成一定的牵强感。从另一角度看，这仍然是一种对在地性和特殊性的认识不充分，一定程度上可以用布迪厄的普适性的帝国主义来描述。将非欧洲的研究对象妄称具有普适性，属于极端的实证论方法，看似强调中国文化的特殊性，其实还是将其扭曲为抽象的普遍规则，强加西方世界观于中国，成为万能的实践标准。瓦格纳并不是第一个使用欧洲史概念来分析和研究中国局部地域问题的学者，他的研究历程体现了柯文谈到的美国中国史学界所经历的基本的研究思路，"长期以来，美国史学界所面临的主要挑战是，如何超越将中国视为无力创造自身历史而必须依赖西方的偏见"[2]，而当这个偏见得到明显地克服时：

　　　　在克服了一种视中国无力自我转变而要靠西方引进现代化的偏见之后，我们是否无意中又对中国历史形成了另一种偏见，即中国历史中只有符合西方现代化的定义的发展轨迹才值得研究？[3]

---

〔1〕〔美〕李金铨主编：《"国际传播"国际化》，李红涛等译，北京：中国传媒大学出版社，2022年，第196页。

〔2〕〔美〕柯文：《在中国发现历史》新序，见朱政惠编：《美国学者论美国中国学——海外中国学研究丛书》，上海：上海辞书出版社，2009年，第246页。

〔3〕〔美〕柯文：《在中国发现历史》新序，见朱政惠编：《美国学者论美国中国学——海外中国学研究丛书》，上海：上海辞书出版社，2009年，第344页。

　　这正是瓦格纳的晚清研究中使用公共领域概念的局限性所在，当然从另一个角度来看，也是对当时学术史的最好反映。瓦格纳作为一个纯西方理论浸润而出的学者，深刻地被公共领域的历史定义的概念所影响，却在尝试着打破各种西方理论所创造的空间，创立自己的理论构架。这其中可以看见其对颠覆西方理论也即颠覆东方主义视角的愿望和尝试。

第五章　时代与文本的融合

　　20世纪70年代末，中国与西方国家的交流与日俱增。从20世纪80年代开始，当时的西德开始大规模地译介中华人民共和国成立之后所产生的文学作品。在这样的背景之下，瓦格纳开始了他的中国当代文学研究，研究对象主要是1949年中华人民共和国成立之后的文学作品，可以分为对1949年后的"十七年文学"中的长篇小说研究和70年代末期"文化大革命"结束之后的"伤痕文学"研究。同时在瓦格纳的著作《当代中国历史剧：四个实例研究》一书中他选取了1958年至1963年期间在中国创作和演出的三部新编历史剧为研究对象，试图爬梳和解读文学文本中隐藏的政治和文化意义，通过对文本中政治符号的解析来探索其中的跨文化因素。事实上这个时期的中国所产生的文学作品普遍为西方汉学界所忽视，而瓦格纳所选取的三部作品在此之前几乎从未被研究过。他认为这个时期普罗大众为共产主义成就欢欣鼓舞，作家的创造力日益增长，他们试图表达对革命成功的希望和欢欣，并提出对国家政策的见解。因为国家对文学的约束，他们诉诸各种复杂和历史悠久的形式来表达最隐藏的意见。瓦格纳通过对当代历史剧题材进行宽广的审视，为国家与文学之间的关系提出了可能性的建议，解码了这些新编历史剧特有的独特政治内涵和时代意蕴。

　　这三部新编历史剧分别为吴晗改编的《关汉卿》和《谢瑶环》以及绍兴戏中的名篇《三打白骨精》。瓦格纳首先研究的是吴晗的话剧剧本《关

汉卿 》，吴晗描摹了关汉卿写作他最著名篇章《 窦娥冤 》的过程；接着是
吴晗根据京剧剧本改编的《 谢瑶环 》，瓦格纳以中外学者熟悉的同时期剧
本《 海瑞罢官 》与之比较；文中最长的段落讲述了绍兴戏《 孙悟空三打白
骨精 》。剧本的背景不再是历史而是成了传说。瓦格纳对这部戏的解读更
多地使用了图像的形式。他详尽地介绍了 20 世纪 60 年代非常流行的同名
连环画，在情节细节方面与《 西游记 》小说有鲜明的区别。他不仅在当时
中国的政治语境下对剧本进行了阐释，而且将其置于 60 年代的国际环境
中。在篇幅甚长的结尾章节中，瓦格纳试图找到新编历史剧在政治生活中
所扮演角色的共通之处，并且还导入了例如《 李慧娘 》《 蔡文姬 》和《 武
则天 》等几部政治观点相左的历史剧，他认为这些剧本均使用类似的复杂
政治话语所写就。他旨在解析剧本中的加密话语。

　　这本书中也出现了一些简单的常识性错误，如将"Ouyang Yuqian"写
成"Ouyang Yuqing"等。同时，通览全书可以感受到瓦格纳并没有将当代
新编历史剧作为文学文本来解读，而是将其视为一个神秘交流体系的信息
传达触角，是时代密码的破译机。在瓦格纳的解读下，通过字里行间的裂
隙、错引以及同其他作品的互文引导读者进入深层的语码。本章将梳理瓦
格纳的中国当代文学的思路取向、评判体系和价值判断，借此透视以瓦格
纳为代表的彼时德国汉学界中国当代文学研究的基本思路和特点，并尝试
进行理论性的反思，说明其洞见与不足，从而为反思德语世界的中国当代
文学研究提供生动的个案，为中国当代文学的现代性反思提供一些来自他
者的启示。

第一节　调查社会的"新"长篇

瓦格纳的文章《中国现代调查小说》[1]收集在约斯特·赫曼德编的论文集《1945年后的文学——有关政治和地区的观点》[2]里。瓦格纳在此文中共探讨了1949—1966年期间的五部新中国长篇小说，包括丁玲的《太阳照在桑干河上》、周立波的《暴风骤雨》、草明的《原动力》、杨沫的《青春之歌》和柳青的《创业史》。虽然瓦格纳将其命名为"调查小说"（Untersuchungsroman）[3]，但在中国当代文学研究语境中这个时间段的文学被称为"十七年文学"。因此在本文中统一将这些小说总称为"十七年小说"。瓦格纳如此描述当时的文学盛景：这一时期无数报告文学、短篇小说和一系列的长篇小说应运而生。在这些作品中作家们努力直接地走近边远地区的农民和士兵，并且分析真实的中国农村的社会关系。瓦格纳一针见血地指出了在这个时间段如此多的作家选择长篇小说这种文学形式的原因所在：从作家的视角出发，这种艺术形式更能够全面地表现社会关系和社会矛盾的总和，最能够明确地反映出延安文艺讲话所倡导的文学工作新精髓；因为它对读者是最容易上手和理解的一种文学形式，因为它不是在单纯地阐述社会现象的多样性，而是通过故事情节使读者身临其境。[4]换而言之，长篇小说就其自身的特点而言有着较高的可理解性，这个特点文学的其他形式并不拥有。瓦格纳在此指出了此项研究的切入点：把长篇小说囊括不同政治方向和政治思潮以及不同的文学传统下讨论。他的研究将

〔1〕Wagner, Rudolf G.. „Der moderne chinesische Untersuchungsroman " in Jost Hermand. *Literatur nach 1945 1: Politische und regionale Aspekte.* Wiesbaden: Akademische Verlagsgesellschaft Athenaion Wiesbaden, 1979, S. 361.

〔2〕Jost Hermand. *Literatur nach 1945 1*: Politische und regionale Aspekte. Wiesbaden: Akademische Verlagsgesellschaft Athenaion Wiesbaden, 1979.

〔3〕同上。

〔4〕参见 Wagner, Rudolf G.. „Der moderne chinesische Untersuchungsroman " in Jost Hermand. *Literatur nach 1945 1: Politische und regionale Aspekte.* Wiesbaden: Akademische Verlagsgesellschaft Athenaion Wiesbaden, 1979, S. 361-362.

会强烈地集中在这些长篇小说的政治内容上。这种集中来源于这些作为研究对象的长篇小说中大量的关于政治内容的表述，来源于一种判断，即长篇小说在公共意见中是政治解释的组成部分。[1]

一、分析文本的固定模式

瓦格纳对这五部长篇小说的文学研究模式由这样四个部分组成：作家生平和创作特点、政策性的创作起因、小说情节和人物分析、瓦格纳对小说的价值判断。

瓦格纳首先从作家生平入手，以周立波的《暴风骤雨》为例，首先是对周立波个人经历介绍，瓦格纳认为周的经验都在他的小说中反映了。瓦格纳采取了比较研究的方法研究丁玲，将周立波与丁玲做了比较。普实克认为两部小说最重要的区别在于，"《暴风骤雨》发生在满洲里，'野蛮的西部'，而《太阳照在桑干河上》在河北，"古老中国"的一部分"[2]。瓦格纳认为丁玲的思想强烈地受到儒学的影响，而佛学因素对周立波影响比较大。

瓦格纳在研究《原动力》的篇幅中介绍草明的生平：她1941年前往延安，有工厂经历。在一个水力发电厂工作5个月以后，她写了小说《原动力》。《原动力》是新中国第一部描写工人阶级的小说，被誉为新中国工业文学的拓荒之作。除此之外，中国"十七年小说"描述的地点大部分在农村的地域范围。"当时这部小说的任务是反映解放区工业重建中的一

---

[1] 参见 Wagner, Rudolf G.. „Der moderne chinesische Untersuchungsroman " in Jost Hermand. *Literatur nach 1945 1: Politische und regionale Aspekte.* Wiesbaden: Akademische Verlagsgesellschaft Athenaion Wiesbaden, 1979, S. 371.

[2] 参见 Wagner, Rudolf G.. „Der moderne chinesische Untersuchungsroman " in Jost Hermand. *Literatur nach 1945 1: Politische und regionale Aspekte.* Wiesbaden: Akademische Verlagsgesellschaft Athenaion Wiesbaden, 1979, S. 376.

般化以及具体化的问题。"[1]瓦格纳写到《创业史》时介绍了作者柳青，并且他认为这部作品从很多方面来说都是一种进步，一种深化以及之前作品的系统化。很多性格特点被第一次发掘出来，很多重要问题第一次被谈及。《创业史》是在一个完全不同的语境中写就的。瓦格纳介绍了这部作品的出版状况等，并指出这是除了赵树理的《三里湾》和周立波的《山乡巨变》之后第三部描写生产互助组的小说。瓦格纳批评赵树理和周立波小说的缺点在于革命胜利过后的环境描写中没有体现阶级矛盾，同时没有揭示出党内部的矛盾，而是假设了一个不再存在阶级冲突的虚拟社会。瓦格纳对公式化地以革命胜利为界区分阶级矛盾存在与否的现象表示质疑，对社会主义现实主义文学中所体现出来的非现实部分进行了批判。

　　瓦格纳分别探析了这五部小说的政策性创作背景。他研究了周立波笔下土改部队宗旨与延安整风运动的关系：周立波写土改部队是借鉴延安整风运动的宗旨，不应该代替农民进行土改，不应该通过行政或者军事手段来贯彻，而是应该带领"贫下中农"将命运掌握在自己的手里，推翻地主阶级。部队本身不应该带来什么已经成型的理论，而应该使具体问题的具体分析的方法成为农民自我意识的一部分。[2]写到周立波的写作过程和小说情节进展时瓦格纳都用德语的情态动词"sollte"表示的是"按照规则应该如何"的意思，这里意在突出延安精神对小说情节安排的指导性作用。普实克也认为，延安文艺座谈会之后，中共中央号召文学作品要对农村各阶层关系进行描述，这影响了丁玲的《太阳照在桑干河上》的创作。[3]丁玲尝试在人物介绍章节引入人物小传，然而她比较关注的是基于心理分析

〔1〕Wagner, Rudolf G.. „Der moderne chinesische Untersuchungsroman " in Jost Hermand. *Literatur nach 1945 1: Politische und regionale Aspekte*. Wiesbaden: Akademische Verlagsgesellschaft Athenaion Wiesbaden, 1979, S. 383.

〔2〕Wagner, Rudolf G.. *Der moderne chinesische Untersuchungsroman. Jost Hermand. Literatur nach 1945 1: Politische und regionale Aspekte*. Wiesbaden: Akademische Verlagsgesellschaft Athenaion Wiesbaden, 1979, S. 377.

〔3〕Wagner, Rudolf G.. *Der moderne chinesische Untersuchungsroman. Jost Hermand. Literatur nach 1945 1: Politische und regionale Aspekte*. Wiesbaden: Akademische Verlagsgesellschaft Athenaion Wiesbaden, 1979, S. 374.

的人物的性格特征，并没有在阶级关系和阶级斗争的语境中刻画人物的性格特征。这种人物刻画方法展示了传记形式文学扩展成了社会调查的一个组成部分。

在草明的《原动力》中，瓦格纳首先展现了 1949 年中国的工业形式：1949 年后中国接手了很多规模小且很大程度上受到破坏的工业，对于共产党员来说，如何在短时间内与工人阶级建立联系并且解决"工业生产中组织架构及技术问题"[1] 就成了一个课题。部分作家及时地抓住了问题。瓦格纳指出，草明的《原动力》是其中的代表作，因为他是直接阐释解放区工厂重建工作的先驱——类似于周立波和丁玲面对土地改革所做的尝试。瓦格纳列举了主题有可比性的小说：周立波《铁水奔流》(1956)，艾芜《百炼成钢》(1962)。这些小说的主题更多的是放在这些新兴工厂的阶级斗争上，这也是瓦格纳的一个关注重点。

在有关杨沫《青春之歌》的部分，瓦格纳首先介绍了《青春之歌》中两党合作共同抗日的历史背景。(瓦格纳在抗日战争问题上秉承了比较客观的历史态度，认为"蒋介石屈从日本要求，打击爱国运动"[2]。他对国民党在抗日问题上的消极表现进行了很长篇幅的描述。)出版于 1958 年的《青春之歌》是在"百花齐放，百家争鸣"的文艺指导路线下写成的。瓦格纳文中提到了周恩来在 1956 年的"关于知识分子问题"的讲话。周恩来强调知识分子为中国革命做了贡献，要继续与知识分子合作。小说在这种原则指导下进行创作，主要的中心思想是表现中国共产党对知识分子的再教育，"政治上强调知识分子的正面作用以及他们与共产党保持联系的

---

〔1〕Wagner, Rudolf G.. *Der moderne chinesische Untersuchungsroman. Jost Hermand. Literatur nach 1945 1: Politische und regionale Aspekte.* Wiesbaden: Akademische Verlagsgesellschaft Athenaion Wiesbaden, 1979, S. 382.

〔2〕Wagener, Rudolf G.. *Der moderne chinesische Untersuchungsroman. Literatur nach 1945 1 Politische und regionale Aspekte von Jost Hermand, Akademische Verlagsgesellschaft Athenaion Wiesbaden.* S. 389.

必要性，这与 1977 年再版后的小说宗旨是符合的"[1]。

瓦格纳阐述了《创业史》这部小说的历史政治背景：抗日战争胜利和解放战争开始之后，解放区实施了土地改革。甚至在中华人民共和国成立之后，某些地区的土地改革也还在进行，旨在把中国农民从封建租佃经济的剥削中解放出来。在毛泽东的设想中，在战胜帝国主义之后，土地改革仅仅是阶段革命的既定目标。瓦格纳主张排除周立波和丁玲小说中的各种不同，相同点是可以清晰地感受到他们将土地改革视作终极目标。然而历史事实很快地得出结论，这种个人经济形势并不适合当时中国的具体情况，面临着各种困难，例如缺乏已开垦土地、牲畜和劳动设备。缺乏劳动力和现代化的生产设备使得一些已经获得土地的农民并不能够以此为生。在中国共产党的计划中，土地改革只是通向一条康庄大道的第一步。在巨大的压力下中国共产党一直在寻找一种农业改革的办法，能够在不增加农业资本投入的前提下，大力地提高农业产值。发展非机械化的农业技术合作就成了重点。瓦格纳指出，要贯彻这点首先面对的是一个问题：如何克服农民根深蒂固的小农经济意识及对农业种植方式的固有想法。这种顽固想法抵制了一切新鲜事物。新的形式就是"生产互助组"，这种新的形式能够对抗劳动力和生产工具的不足，同时使贫农能够联合起来，共同对抗富农和中农在这方面的优势。[2]但是后来很多新的问题产生了。这些问题在柳青早期的作品如 1947 年的《种谷记》、1951 年的《铜墙铁壁》中只有初步的影射。这种党内的争论及关于"中国农村的社会主义高潮"的斗争都体现在了这部《创业史》中。

---

[1] Wagener, Rudolf G.. *Der moderne chinesische Untersuchungsroman. Literatur nach 1945 1 Politische und regionale Aspekte von Jost Hermand, Akademische Verlagsgesellschaft Athenaion Wiesbaden. S.* 391.

[2] Wagner, Rudolf G.. *Der moderne chinesische Untersuchungsroman. Jost Hermand. Literatur nach 1945 1*: Politische und regionale Aspekte. Wiesbaden: Akademische Verlagsgesellschaft Athenaion Wiesbaden, 1979, S. 395.

144

瓦格纳花费了大量笔墨介绍《太阳照在桑干河上》和《暴风骤雨》的情节发展和人物刻画，初看会有浪费笔墨的感觉，但细想作用有二：第一，瓦格纳设想的主要读者群为德国读者，其中大部分对这些长篇小说情节内容并没有了解；第二，他聚焦的情节均与他具体关注的政策和政治事件有关，情节不再是文学意义上的情节，对小说情节的仔细解读完全服务于对时代事件的阐释。以《暴风骤雨》为例，瓦格纳谈到土改中部队所做的调查工作实际上部分属于农村阶级分析辨别工作。为了说明这点，他以小说开头的情节为例：工作组所坐的破马车陷入泥泞，而地主家的豪华马车飞快地擦身而过。小说中辨别阶级的机会处处都在，接着瓦格纳分析了小说中对各个阶级的刻画，即地主、富农、商人、贫农、雇农、手工业工人和泥瓦匠等，重点强调了对当地恶霸韩老六的塑造。瓦格纳认为周立波在《暴风骤雨》中的人物塑造有成功也有失败，成功之处在于周立波没有跨越贫农和中农间的巨大差距。接着瓦格纳又用了比较多的篇幅找出了周立波小说中对中农矛盾态度的刻画。瓦格纳分析道：

> 村民中的每个人都是有他具体的背景，具体的阶级划分，但是：关于部队成员的家庭背景完全没有分析，作者最多给他们一个有一定暗示性的性格刻画——比如通过一副眼镜。土改部队似乎和他们曾经的来历完全地切断。他在此时此刻是党的代表，党明显成为他的"父亲和母亲"。[1]

瓦格纳指出，周立波隐晦地表达了，对这些土改部队成员来说个人背景描述都是多余的，因为通过党的教育，个人的历史经历都可以退居其次。

---

[1] Wagner, Rudolf G.. „Der moderne chinesische Untersuchungsroman "in Jost Hermand, *Literatur nach 1945 1: Politische und regionale Aspekte.* Wiesbaden: Akademische Verlagsgesellschaft Athenaion Wiesbaden, 1979, S. 380.

而这在丁玲的小说中有所不同，她的“共产主义者”都是承担着自身历史和个性的。瓦格纳主张，周立波刻画共产党人的方法，固然是一种聚焦式的文学刻画方式，通过这种方法所有的关注点都集中在村庄里错综复杂的关系上，但是这毕竟不能反映出历史的事实。通过文中不同共产党人的不同工作方式，便可以看出党的工作的完全一体性并不可能存在。周立波这样对共产党人进行“Isokephalie”式的描写（Isokephalie：古希腊艺术中的一种构图风格，画中人物都同样高度），并不能体现共产党人的个体差异，没有以某种方式将共产党人的阶级出身与他们个人化的政治态度和工作方法联系在一起。另外，周立波在第二部中非常细节化地描绘了一些危险，即一部分地主在土改过后，通过参与农民联合会的方式重新攫取了权力。瓦格纳表示这与历史事实是相符的，但是在史实上地主并没有腐蚀共产党的内部。在周立波的小说中也没有党员站在地主的那一面。这也确确实实地反映了当时的现实历史关系。[1] 瓦格纳初步分析了周立波在《暴风骤雨》中的记述方式：在无数的周立波“记录”的对话中，逐渐形成了一幅村庄关系图，一幅从不同的村民眼中显现的图片，符合他们各自的认知水平，由此成功地争取了农村贫民中的积极分子，使他们获取了支持土改的勇气。土改部队做到了在农村培养自己的力量，这股力量不仅经历了各种阶级考验并且能够在政治上正确地理解这种关系。瓦格纳认为周立波和丁玲的人物刻画都有值得另眼相看之处：周立波并没有理想化这支部队，丁玲提到过的问题周立波同样也进行了描述。周立波在小说中刻画了一个部队成员，通过一副眼镜公式化地表达出了一个知识分子的形象。“眼镜”提出直接召集农民，立即逮捕和推翻地主。这与部队领导者先观察情况再做部署的观点恰恰相反。

〔1〕Wagner, Rudolf G.. *Der moderne chinesische Untersuchungsroman. Jost Hermand. Literatur nach 1945 1: Politische und regionale Aspekte.* Wiesbaden: Akademische Verlagsgesellschaft Athenaion Wiesbaden, 1979, S. 395.

146

　　瓦格纳总结了小说《青春之歌》中共产党人在白色统治区三种不同的战斗方式。他表示林道静的形象并不代表着小说中知识分子的全部。瓦格纳非常喜爱这部小说，认为小说创造的人物形象谱系丰富多彩，不同的人物类型表明了知识分子要走向共产主义和大众路途一定是丰富的、曲折的、非直线的。

　　瓦格纳认为《原动力》有着调查小说的结构，但是空间、时间和人物关系方面都比较局限。这些新关系中人物意识的逐步转变是通过直接对话和内心独白的方式表现出来的——主要集中在那些已经是或者即将成为共产党员的人物身上。内心独白展示的是自我教育的过程。作家写出了工人在政治意识中出现的变化。但是这种变化如何产生并没有着力展现，也就是说共产主义宣传工作都是作为已有、已知的事实来表现的。瓦格纳认为情节结构的简单性引导读者关注这部小说的深层内容："中国共产党和工人阶级在抵抗阶级敌人及其复辟过程中的逐步成长。"[1]瓦格纳理解这部小说还是属于"新民主"小说。虽然这个厂已经属于国有但是工人们的思想并不能简单假设为已经自动过渡到社会主义阶段。他们对中国共产党的支持主要是出于爱国主义的动机，但是大部分工人的行为方式还是保留在日占和国民党时代，就是所谓的表面一套背后一套，虚与委蛇，暗中反抗。总的来说，在厂里并没有存在过革命传统。根据自己的经验，草明在小说中研究了工人阶级政治态度的真实变化过程。在重建工厂的时刻，战胜旧阶级关系是工人们"原动力"的体现。具体就情节而言，其中涉及了一个国民党特务复辟的事件；还涉及了一个进步工程师和工厂其他人之间的争论，争论的内容是关于技术重建更重要还是阶级斗争更重要。后来的故事发展展示了这个问题的答案：只有政治任务处理好了，工厂的技术建设才

---

〔1〕Wagner, Rudolf G.. „Der moderne chinesische Untersuchungsroman" in Jost Hermand. *Literatur nach 1945 1: Politische und regionale Aspekte*. Wiesbaden: Akademische Verlagsgesellschaft Athenaion Wiesbaden, 1979, S. 384.

能做好，也就是说技术重建依赖于政治任务的完成。

　　瓦格纳主张密切注意文中共产党员与工人阶级之间的复杂关系。这部小说的主人公叫老孙，开始是个普通的老工人。瓦格纳分析他标志性的工作风格、小心谨慎的工作方式、把不同矛盾拆开揉碎分析并能团结大多数人的能力，以及与大部分工程师不同的阶级出发点都与苏联社会现实主义作家革拉特珂夫写于 1925 年的《水泥》中老工程师形象有很多相似之处。老孙的这些特点，都使身为共产党人的厂长学到了很多，并且最终成功推动了工厂的重建。老孙形象的存在主要符合共产党员需"向群众学习"的要求。最后厂长推荐老孙成了一名共产党员。瓦格纳笔下无论是人物分析还是结构分析都与社会现实和政治理论相关，某些情况下他甚至将某些政策或政治情况作为论证依据反过来指导对情节和人物的研究。

　　人物分析完毕后，瓦格纳开始剖析小说结构。小说在情节结构上有两个断层，即两个"偶然"，厂长偶然地听到了睡在营地的工人们的对话，又偶然地听到了关于技术革新和阶级斗争哪个更重要的"密谋"。瓦格纳指出普实克点明过这个弱点，但是并没有对这个弱点进行进一步的分析。[1]瓦格纳进一步阐释："偶然"的艺术手法是非常拙劣的，遮掩了这是一个政治问题的本质。如果情节可以设计为工人们能够克服恐惧将自己的意见向上反映，将他们的意见反映给厂长，或者，在工人们的抗议之下厂长自行认识到了错误。这样的情节设计水平会大大地提升，但是小说却最终设计成这个厂长时时刻刻感到自己似乎做错了什么，他的妻子又常常地批评他。也就是说他在"偷听"到工人的对话之前，就已经做好了自我批评的准备。在各种条件下，工人们已经认识到了错误却不知道如何改正，如何开口。厂长主动破冰，制造了自我批评的机会。在瓦格纳眼中，引入"偶

---

[1] 参见 Wagner, Rudolf G.. „Der moderne chinesische Untersuchungsroman " in Jost Hermand. *Literatur nach 1945 1: Politische und regionale Aspekte.* Wiesbaden: Akademische Verlagsgesellschaft Athenaion Wiesbaden, 1979, S. 388.

然"这个元素是一个"非常无助的尝试","尝试着通过批评与自我批评的方法解决工人阶级与共产党人关系的这个政治问题"。[1] 关于另一个"偶然"的问题,即应该将全部精力投入生产还是像老孙和厂长想的那样,先解决阶级斗争再进行生产。瓦格纳认为这是中华人民共和国初期工业化过程中一个重要课题,是生产当先,还是阶级斗争当先,阶级斗争是不是生产发展过程中的"决定性"要素。作家基本放弃了具体描述这个问题。使用所谓的"偶然"因素,主要是缺乏将这个问题拿出来直接面对的勇气,也可以说是这个问题在重建工业过程中的重要性尚未显示出来。

林道静的人物形象塑造主要集中在两个方面,一个是林道静的出身,对其自身阶级意识的克服;另一个是 1977 年增补的部分,即林道静如何在农村工作,虽然杨沫也写过,那个时候在白色统治区活动的学生,很少与战斗中的农民有接触。[2]

柳青在小说开始就按照一般的顺序介绍故事发生的时间、地点、人物和情节,介绍了梁生宝、郭振山等主角。故事时间也集中在一年范围内,主人公集中在一个村子里,数量不多。但是瓦格纳主张这部小说的重点不在于情节,而在于阶级矛盾发展。[3] 同时柳青也完全没有掩藏贫农或其他阶层,甚至是共产党人内部所存在的个体差异。

柳青在这部小说里遇到了一个新的课题,即刻画一个在革命胜利之后走上"市民道路"的党员。作家很容易刻画出地主或者资产阶级的阶级形象,比如从他们的财产、行为方式,从他们对工人阶级的剥削和压迫,以及通过他们与国民党国家机器的纠缠等。典型的作品是周而复 1958 年写的

〔1〕Wagner, Rudolf G.. „Der moderne chinesische Untersuchungsroman " in Jost Hermand. *Literatur nach 1945 1: Politische und regionale Aspekte*. Wiesbaden: Akademische Verlagsgesellschaft Athenaion Wiesbaden, 1979, S. 389.

〔2〕注:《青春之歌》中增写的七章"林道静在农村",重大的修改在第二部第六章之后,林道静同志在定县教书受到迫害立即逃回北平的情节改成了继续留在定县农村经过了革命的考验以后再回到北京。

〔3〕Wagner, Rudolf G.. „Der moderne chinesische Untersuchungsroman " in Jost Hermand. *Literatur nach 1945 1: Politische und regionale Aspekte*. Wiesbaden: Akademische Verlagsgesellschaft Athenaion Wiesbaden, 1979, S. 394.

《上海的早晨》。但柳青的任务难度更高，他重点描摹郭振山通过经济和政治上的发展成为富农期间和之后的心理变化。郭振山在小说中被塑造成为支持土改但反对社会主义道路的中农。柳青的小说提出了一个问题：郭振山是否是个"新资产阶级"，还是一个在个人经济情况影响之下犯了错误或严重错误的人。瓦格纳认为最终问题也就是郭振山有没有、需不需要改正他的错误。这个问题没有答案，但在柳青发表的第二部小说的单独一章中，郭振山依然是共产党员，只是不再担任村支书。

瓦格纳强调这部小说最中心、最值得关注的不是人物，而是"农村的社会主义发展"[1]，柳青笔下的矛盾都可以作为阶级斗争的新形式看待。他首次尝试刻画了社会主义过渡时期的阶级斗争。其成功之处在于，不仅如实地描写了当时农村各种主客观因素交错的复杂环境和各种矛盾，也让这些问题在共产党员的讨论中变得清晰起来。

二、去"美"存"真"的评判标准

小说是否符合现实情况，是否反映时代精神，成了瓦格纳评判这些长篇小说是否成功的最终标准。瓦格纳及他同时代研究中国当代文学的德国汉学家把中国当代文学的译介和传播工作作为首要任务，也就是说在这些汉学著作中，汉学家最基本的目的是介绍中国当代文学的基本情况，让德国读者对其历史背景和写作特点有基本的认识，所以尽量客观地总结和归纳其特点当然是其首要的方法论，但是这种介绍是否客观地评价了其中有关政治意识形态的部分？瓦格纳在这部著作中也表达了对一部分作家作品的评价和判断。瓦格纳的喜好和评价并不建立在文学审美的基础上，而是

---

[1] Wagner, Rudolf G.. „Der moderne chinesische Untersuchungsroman " in Jost Hermand. *Literatur nach 1945 1: Politische und regionale Aspekte.* Wiesbaden: Akademische Verlagsgesellschaft Athenaion Wiesbaden, 1979, S. 402.

150

完全成了现实政治的解释工具，如果小说没有很好地反映他所认知的时代现实，他便认为它是不甚合格的，一旦小说符合了他定义中时代洪流的特征，便评判其为合格或者优秀的。虽然瓦格纳将周立波和丁玲的这两部长篇小说分章节进行了介绍，但将这两部同为描述土地改革的小说进行比较是不言自明的。瓦格纳对《太阳照在桑干河上》和《暴风骤雨》各有臧否。然而对丁玲的这本小说他带着整体否定的态度，究其原因，主要是他的评价标准首先是出于历史学的角度。按照他的标准，丁玲对于解放区生活中的"阴暗面"描写脱离了史实。他赋予这些小说一种先定的责任或者说义务，即展现土改的真实历史。他认为丁玲试图在这部小说中描述解放区生活的"黑暗"面，但却陷入了历史发展的反面。她使用了调查小说里的"聚焦手法"，把故事集中在一些有限的人物中和固定的时间和空间里。在这个紧密的故事框架中，她尝试着把观众的注意力吸引到主人公的复杂个性上。这种空间、时间和情节上的集中性来自西方中短篇小说的写作技巧。这显示了丁玲要把这个村庄中的关系作为"样板"来看待的态度，而这种写作模式并不能够反映出现实世界的变化发展，与现实层面的土改亦缺少关联。瓦格纳认为小说在内容和形式上的失败之处在于：它没有反映出现实的发展，也没有找到某个层面上的普遍性，为了形式的需要，它使土地改革在一个没有理由开始的地方开始。这种叙事方式未能传达出土改的真实面貌，并掩盖了真正战斗的结构。[1]与之形成对比的是，普实克非常喜爱这部小说："解放区最伟大的小说作品，一副巨大的壁画，把人类命运的多样性归总在一个艺术整体里，设计了在这个村庄的戏剧化重生中的不同人类的图景。"[2]对于普实克的这种评论，瓦格纳完全不能理解与赞同。

---

[1] Wagner, Rudolf G.. „Der moderne chinesische Untersuchungsroman " in Jost Hermand. *Literatur nach 1945 1: Politische und regionale Aspekte*. Wiesbaden: Akademische Verlagsgesellschaft Athenaion Wiesbaden, 1979, S. 374.

[2] Wagner, Rudolf G.. „Der moderne chinesische Untersuchungsroman " in Jost Hermand. *Literatur nach 1945 1: Politische und regionale Aspekte*. Wiesbaden: Akademische Verlagsgesellschaft Athenaion Wiesbaden, 1979, S. 375.

瓦格纳评价丁玲的作品对土地改革现实的反映不够全面，不够具体，并且不真实。瓦格纳和普实克的评论结果虽然迥异，但评论标准相差不大，都是主要以对现实斗争的反映程度作为衡量标准。但瓦格纳比普实克"更胜一筹"，可以说他对《太阳照在桑干河上》的评价已经完全不涉及文学创作的水平高低，而完全把小说当作一个历史学材料进行评判，将土改的现实与小说的刻画完全混为一谈。在比较两部作品时瓦格纳这样表示，"周立波和丁玲对土改部队的领导力量的评判是完全不同的。丁玲的领导力量都是傲慢的城市知识分子，而周立波的主导力量是坚信毛泽东的群众路线的力量"[1]。

瓦格纳还认为丁玲和周立波的小说均没有很好的结尾，如果是普通市民小说的结尾，不管是喜剧还是悲剧，都可以取得一定范围内完整的结局，但对于革命小说这样的结尾是行不通的。所谓的革命小说描写对象是处于推翻一个旧社会和建立一个社会主义理想社会之间的"过渡时期"。"在革命胜利之前小说不能以革命胜利结尾，最多是以对胜利的展望——这并不叫'结束'，在胜利之后，通常暴力革命还会继续——或者可以说刚刚才真正开始。"瓦格纳指出周立波的问题和丁玲的是一样的。"土改并不是土地问题的终结，而是解决了几十年乃至几百年来农民希望拥有自己的土地的旧要求。但同时，土地经济真正的发展必须通过集体化和机械化才能实现。"[2]瓦格纳提出在两部小说中都没有出现"社会主义"的字样，也没有中国共产党在延安已经宣传过的互助合作式的生产模式。本文认为瓦格纳在此对于革命小说的要求虽然表达了他反对文学公式化的立场，但对其书写模式之规定实在是太过刻板。在行文之中，瓦格纳经常加一个感叹词

〔1〕Wagner, Rudolf G.. „Der moderne chinesische Untersuchungsroman " in Jost Hermand. *Literatur nach 1945 1: Politische und regionale Aspekte.* Wiesbaden: Akademische Verlagsgesellschaft Athenaion Wiesbaden, 1979, S. 378.
〔2〕Wagner, Rudolf G.. „Der moderne chinesische Untersuchungsroman " in Jost Hermand. *Literatur nach 1945 1: Politische und regionale Aspekte.* Wiesbaden: Akademische Verlagsgesellschaft Athenaion Wiesbaden, 1979, S. 379.

152

"ja"，表示忽然产生的感情，"是啊，周立波的小说给人这样的印象，在均分地主的财产过后，每个农民都可以得到农田和农业设备以及牲畜，这样他就可以拥有自己的一块小农经济"。接着他还结合了蒙古实际的经济状况进行分析："在这个畜牧业发达省份的个别地区可能可行，但是总的来看是肯定无法通行的。"[1]瓦格纳举了例子：周立波在他的书中描述了一个原本需要和另一家"分享"一匹马的农民家庭，在最后抢夺到这匹马之后的轻松心情。瓦格纳指出这类的描写固然符合当时农民的愿望和设想，但是人们会更期待看到这部小说蕴含着对农村合作形式等社会经济主题的更深入开发。瓦格纳评判这两部小说结尾都把"新民主主义革命"当作一个完整的已经结束了的阶段，却没有把其看成发展到社会主义社会秩序的过渡阶段。瓦格纳提出在故事结构上应该认清市民小说和革命小说两种不同的分支。周立波和丁玲的这两部小说都希望像普通市民小说一样，在故事情节上有一个无缝的完整结尾，却没有发现革命小说承担着市民小说所不能承担的任务。革命不能被看成一个自成一体的阶段，而只是中国发展道路上的一小部分。这进一步反映出瓦格纳将这些小说当作史学、社会学的材料看待。

　　在瓦格纳的视角中《青春之歌》不再是传统意义上的成长小说。成长成了主动并且有意识地自我教育和自我调整的过程。从林道静在地方上获得的各种经验到共产党人对她的批评和帮助，直到她对自身产生要求，瓦格纳认为整本小说的大部分贡献给了女主人公的刻画。瓦格纳对这个时期中国新长篇小说的政治背景脉络把握十分清晰：林道静的成长和发展清晰而典型地展示了那个时代大部分中国学生的成长过程，"对经验有意识的

---

[1] Wagner, Rudolf G.. „Der moderne chinesische Untersuchungsroman " in Jost Hermand. *Literatur nach 1945 1: Politische und regionale Aspekte*. Wiesbaden: Akademische Verlagsgesellschaft Athenaion Wiesbaden, 1979, S. 381–383.

思考和加工是这部小说非常重要的部分"[1]。这部小说将成长小说的模式提上了一个新的层次。"这部小说改变了无产阶级形式的传统成长小说模式。这是一个知识分子在教育和自我教育下转变成共产党员的故事，是知识分子以人民大众为目标寻找自我认知的故事。"[2]小说的结构是比较松散的。对林道静生活的几个时间片段的处理除了要表现出她当时不安烦躁的社会关系，更加致力于挖掘小说本身的情节，把林道静的智力和其本身发展作为最好的塑造对象。在这部小说之后出现的其他调查小说在故事发生的时间、地点和人物关系上都是十分"逼仄"的。《青春之歌》的背景是在中国共产党还在"地下"时期，在"白色恐怖"时期党的正常工作只能在摆脱国民党追捕后才能完成。杨沫在这里大量采用了直接对话和自我独白的方式。成长的过程和各自的成长情况是通过主人公所发表的意见来描写和表达的。通常情况下作者对此不予置评。读者可以近距离地追踪林道静的意识过程。与1949年以后的大部分小说不同，这部的主人公既不是土改部队也不是共产党人。最后瓦格纳的总结清楚地表达了他喜爱这部小说的原因：

> 作为一部成长小说《青春之歌》是新中国小说的趋势逆时而动的。这里没有"出生即时英雄"的人，就是那种承担最艰巨的任务，但让人不明白其能力的来源。比如说《红岩》这部小说中也存在着这样的问题。[3]

---

[1] Wagner, Rudolf G.. „Der moderne chinesische Untersuchungsroman " in Jost Hermand. *Literatur nach 1945 1: Politische und regionale Aspekte*. Wiesbaden: Akademische Verlagsgesellschaft Athenaion Wiesbaden, 1979, S. 392.

[2] Wagner, Rudolf G.. „Der moderne chinesische Untersuchungsroman " in Jost Hermand. *Literatur nach 1945 1: Politische und regionale Aspekte*. Wiesbaden: Akademische Verlagsgesellschaft Athenaion Wiesbaden, 1979, S. 393.

[3] Wagner, Rudolf G.. „Der moderne chinesische Untersuchungsroman " in Jost Hermand. *Literatur nach 1945 1: Politische und regionale Aspekte*. Wiesbaden: Akademische Verlagsgesellschaft Athenaion Wiesbaden, 1979, S. 400.

　　瓦格纳对其的喜爱，仍然充分体现了他在中国当代文学中"热爱真实"的评论观，但却显示了更为丰富的维度，反映了他反概念化和反公式化的研究思路。

　　柳青的《创业史》是中国新文学史中一个重要的转折点，它首次在新层面上提出了新问题：谁是建设和推动新社会的人？谁是新的英雄？这部小说把梁生宝塑造成了一个新的英雄，这也是首次成功地出现一个革命的社会主义农民形象，哪怕在苏维埃文学中也没有出现过；首次尝试引入了郭振山这样的人物，展示了新的阶级前沿和社会主义中"新资本主义"的生成过程。柳青很清楚地说明了社会的风潮和矛盾也会在党内反映出来，同时党员的一些行为也会伤害党的威望。除此以外柳青还呼吁一个对这些矛盾最为谨慎的处理方法，并且给这些涉事者一个改正他们错误的机会。[1]在文学形式上，作者没有使用"上帝视角"，而是从贫农的视角来展现这个村庄的各种关系。小说中描写这个村庄复杂关系的引入部分就是梁三老汉的一个内心独白。在富裕中农郭世富新房的封顶仪式上，梁三老汉一边旁观，一边思绪万千。这个内心独白中既有对周围旁观各色人等的看法，又表达了他自己想成为中农的愿望，同时写出了他对郭振山的看法——这就是所谓的贫农阶层的感受和感情。这符合毛泽东的要求，文学要反映劳动者感情和想法。这部小说强烈地将这个要求付诸实现，视域比前面提到的周立波和丁玲的作品要宽很多，这是瓦格纳的判断，也是他欣赏这部小说的原因。这部小说首次正面地有意识地面对了社会主义内部的阶级斗争问题，并揭示了农村很多人与人之间的矛盾。柳青诚实之处在于，他在这部小说中展示了这种矛盾的无法解决性。[2]

〔1〕Wagner, Rudolf G., „Der moderne chinesische Untersuchungsroman " in Jost Hermand. *Literatur nach 1945 1: Politische und regionale Aspekte.* Wiesbaden: Akademische Verlagsgesellschaft Athenaion Wiesbaden, 1979, S. 401-403.

〔2〕Wagner, Rudolf G., „Der moderne chinesische Untersuchungsroman " in Jost Hermand. *Literatur nach 1945 1: Politische und regionale Aspekte.* Wiesbaden: Akademische Verlagsgesellschaft Athenaion Wiesbaden, 1979, S. 381.

从瓦格纳对《青春之歌》的喜爱可以看出，他所倾向的"历史性"是一种崇尚细节，去概念化，去公式化的"真实"。但是去公式化的喜好建立在历史考评的基础上，首先要"真"，然后才是"细"。这终究还是一种只重视历史性的历史学家的价值观。同时我们不得不思考，瓦格纳要求的真实是否是一种理想化的真实，这种真实并非仅仅是事实层面上的真实性以及细节或事实的展现，而是以他的某一种理论性的历史期待为铺垫的，也就是说，"真实性"是展现他心中政治蓝图的某种工具。

三、木刻版画的协助表达

瓦格纳有关"十七年文学"的专著使用了木刻版画作为插图。图画内容与篇幅中所讨论的作家或者作品相对应。有关鲁迅的章节中出现了题为"马克思主义是最明快的哲学"[1]的图片。为了防止灯光漏出被特务发现，鲁迅站在一盏盖上报纸的灯下。这张图展示了当时文化审查的严格，这个迫使鲁迅使用"曲笔"的表达方式。瓦格纳认为"曲笔"这种表达方式一定意义上也影响了其作品的广度效果。这幅由李一泰创作于1970年的木刻版画很明显地在姿势和构图上模仿了同时代的一些绘画表达。瓦格纳还笔锋一转提到，鲁迅本人欣赏木刻版画这种工艺制作相对简单并且可以重复生产的艺术形式，选编并发表了一系列的外国包括德国的木刻版画。瓦格纳分析了鲁迅写作的政治环境，承认了文学的教育功能，认为文学作品在抗日战争的胜利和对共产主义者的事业中扮演着很重要的角色。翻译过来的外国文学作品——特别是批判旧社会和赞扬新苏维埃的小说在受过教育的年轻人中流传很广泛。"十七年小说"中这一文学功能也得到了体现，

---

[1] Wagner, Rudolf G., „Der moderne chinesische Untersuchungsroman " in Jost Hermand. *Literatur nach 1945 1: Politische und regionale Aspekte.* Wiesbaden: Akademische Verlagsgesellschaft Athenaion Wiesbaden, 1979, S. 363.

156

比如林道静通过阅读高尔基的作品《母亲》真正地走进革命与共产主义；一些出身农民家庭的孩子通过阅读描写农民反封建斗争的文学作品成长。这些作品起到了一个教材的作用。在有关《暴风骤雨》的篇幅中瓦格纳两次使用了木刻版画表现小说的情节和人物：中国共产党的土地工作组帮助农民跨出步子自我解放并且接管村里的权力，其中一个重要的工具是村民公开集会。在集会中村民可以声讨地主。农民逐步地克服恐惧——如同瓦格纳选取版画中的老农，公开声讨地主并推翻他们，这成为土地改革运动的高潮。[1] 投票之后，文中又出现了一张木刻版画："押送地主前往人民法庭接受审判。"[2] 配合柳青的《创业史》瓦格纳再次使用了版画的形式。版画下方说明如下："土改的土地分配大概是每个人头十分之一亩，为了不制造太多的阶级敌人，富农及比较富足的农民的利益未被触及，所以巨大的差距依然存在。因为新的阶级差异的产生，需要有合作作为新的生产方式，可以在各种自然条件下，在没有很多的牲畜和机械的情况下使收成得到稳定和提高。"[3]

瓦格纳对版画的使用自成一体，作用丰富：有关毛泽东延安文艺讲话和鲁迅形象的版画作为小说政策背景和文学理论之注脚出现；有些版画展现了长篇小说的某些具体情节和具体场景；更有能说明时代背景的副刊插

〔1〕参见 Wagner, Rudolf G.. „Der moderne chinesische Untersuchungsroman " in Jost Hermand. *Literatur nach 1945 1: Politische und regionale Aspekte.* Wiesbaden: Akademische Verlagsgesellschaft Athenaion Wiesbaden, 1979, S. 377.
〔2〕版画图见 Wagner, Rudolf G.. „Der moderne chinesische Untersuchungsroman " in Jost Hermand. *Literatur nach 1945 1*: Politische und regionale Aspekte. Wiesbaden: Akademische Verlagsgesellschaft Athenaion Wiesbaden, 1979, S. 379.
〔3〕Wagner, Rudolf G.. „Der moderne chinesische Untersuchungsroman " in Jost Hermand. *Literatur nach 1945 1: Politische und regionale Aspekte.* Wiesbaden: Akademische Verlagsgesellschaft Athenaion Wiesbaden, 1979, S. 399.

画出现，丁聪的《万象更新图》占了整整两页的篇幅。[1]在这些图画后面除了作家和画家的意图，还隐含着瓦格纳作为作者的意图。瓦格纳将这些版画组合在一起，与文本不具有绝对的不可分割性，构成了一个独立的解释系统。

第二节　无法被理解的"伤痕"

瓦格纳在1983年出版了专著《中华人民共和国的文学与政治》。在这部书中瓦格纳收录了六篇创作于70年代后半期的中短篇小说，这六篇

---

[1]凤凰卫视2012年3月7日《腾飞中国》，以下为文字实录：何亮亮：1956年1月15号，刚刚出版的《文艺报》上的一幅漫画，引起了不少人的关注，这幅漫画的题目是《万象更新图》，作者都是漫画界赫赫有名的人物，有丁聪、方成、叶浅予、华君武等十位画家。这幅漫画占有4个16开的版面，上面会有近百位的著名作家，除此之外，这幅漫画长卷还配发了一首长达四页的"万象更新"，解说诗，题目是《作家们掀起一个创作的高潮》。解说诗的作者也都不是等闲人物，他们分别是任职作家协会和中宣部的袁鹰和袁水拍，此外，还有一名署名马铁丁的作者，"马铁丁"并非一个人，而是陈笑雨、张铁夫和郭小川三人合用的笔名，这三位也分别在《人民日报》、北京市委宣传部和作协担任一定的领导职务。《万象更新图》之中，最引人注目的当属郭沫若，他骑在一只硕大的和平鸽上，手里拿着橄榄枝，胸前挂着一张"和平"字样的奖章，翱翔于画上方的正中，解说词也把最华丽的赞美送给了这位地位最高的文化泰斗，中科院院长，"郭老郭老，哪个不知，哪个不晓，中国革命新诗歌的开山祖，文化学术界的元老，散文、戏剧、历史、考古，无所不通，无所不包，保卫和平更是劳苦功高"。在挂着"向社会主义进军"匾额的作协大院中，主席、副主席或者接待来访者，或者是灯下埋头写作，其他作家的形象也是栩栩如生。刘绍棠赶着胶轮大车，车上坐着赵树理、马烽等人，张天翼弹钢琴，冰心、严文井、叶圣陶等人和孩子们翩翩起舞。当然漫画中并非都是溢美，比如对于那些老作家们，解说诗便提出了批评，从前写过不少，现在写得不多，解放初期"等一等再说"，一晃六年已过，还是没有着落，不写文章的作家，不下蛋的雄鸭。除了批评，也有时代写照，漫画中一支由作家、画家、诗人组成的队伍，手持铁锨、扫帚、手电筒和消毒剂，把胡风和他的追随者作为"过街老鼠"，铲上了垃圾车。尽管如此，漫画的主旨还是以歌颂为主，也体现了当时国家最高决策者和文学界主持者所信奉的一种理论，经济建设高潮的出现，必然会出现一个文化的高潮，这无论是从漫画的题目还是从解说诗的题目，都体现得淋漓尽致，当然文学创作这样一个特殊的审美创造，要想获得"高潮"，也不是鼓鼓劲就能够获得的。《万象更新图》由丁聪于1956年创作，是一个集体创作的集合，描绘了当代一百多位作家的群体漫像，一共有十位画家参与，包括丁聪在内，还有方成、叶浅予、江有生、米谷、沈同衡、英韬、张光宇、张仃、华君武，皆漫坛顶尖人物。在这幅作品中，他们吸收了民间年画如《大观园》《忠义堂》等传统布局的手法，场面宏大，气氛热烈。这幅作品是由著名画家丁聪、华君武等人合作完成，是新中国最多名家合作完成的一幅漫画作品，也是记录名人最多的一幅漫画作品，整幅漫画上共有两百多个人物，其中像艾青、老舍等有名人士就有一百多位。这幅作品首发于《文艺报》。

小说均属于粉碎"四人帮"之后出现的文学类别"伤痕文学"。每篇小说均由一篇小说前期评述加上小说的德文译文构成。其中六篇小说的评述均由瓦格纳撰写，其中三篇的译者也是瓦格纳。这部《中华人民共和国的文学与政治》是一个翻译、介绍和评论"伤痕文学"的集子。瓦格纳承担了这本书中所有介绍和评论性文字及部分的翻译工作。本节以瓦格纳对其中两篇中篇小说的评论为例来分析瓦格纳对"伤痕文学"的解读方式。这两篇分别是郑义的中篇小说《枫》和沙叶新的剧本《假如我是真的》。选择《枫》，首先是因为瓦格纳一再强调其创作时间的特殊性。瓦格纳在选择入册的"伤痕文学"时，特意舍弃了《班主任》和《伤痕》而选择了《枫》。《枫》这部作品的形成时间——1979年1月，他着重提出不可忽视《枫》与《伤痕》问世时间之间的小小差距。因为这小小的差距，这两部作品是在"完全不同的两种情形"[1]内问世的。关于这个问题将在下文详加阐释；其次因为瓦格纳认为这是比较易于德国读者掌握和理解的文本，我们可以由此一窥瓦格纳心中的读者想象；选择《假如我是真的》是因为这个剧本在西德受到了文学评论界比较正面的评价。瓦格纳对其的阐释也具有一定的典型性。

一、"血染的红枫"

"伤痕文学"时期最著名的两部短篇小说是刘心武的《班主任》和卢新华的《伤痕》。第二部小说的名字甚至给整个文学现象命了名。瓦格纳在这篇文章中总结了《班主任》一文的大概情节。这是刘心武在当时的历史环境下非常大胆的一篇作品。他将文中的年轻人表现成"四人帮"的

---

〔1〕Wagner, Rudolf G.. *Literatur und Politik in der Volksrepublik China*. Frankfurt am Main: Suhrkamp Verlag, 1983，die erste Aufgabe. S. 24.

"牺牲品"。1978 年和 1979 年期间有一种提法，将经历过"文化大革命"的一代年轻人称为"迷失的一代"，瓦格纳认为刘心武的大胆之处还在于将工人阶级女孩和未成年的刑事罪犯一起称为"文化大革命"的"牺牲品"。

卢新华的《伤痕》在刘心武的作品问世一年之后在上海出版，瓦格纳在简要总结了这部作品的内容之后，并没有选择这两部作品进行具体阐释。如上文所述，他强调了郑义的《枫》的发表时间——1979 年 1 月。正是"文化大革命"刚结束不久，瓦格纳把政治形势及政策和文学文本结合在一起的阐释能力已经炉火纯青，甚至在某些问题上已经达到了过犹不及的地步。他非常注重发挥文本和政策之间的互文性。瓦格纳的政策分析甚至已经具体到以年月为时间单位的地步，他进一步指出，1978 年 12 月的中国共产党第十一届三中全会开始形成了以邓小平为核心的第二代中央领导集体，粉碎"四人帮"的运动宣告结束了。

瓦格纳重点解析了对当时的文学领域尤为有意义的两个纲领，"解放思想"和"实事求是"。瓦格纳对"实事求是"的解读为：不以个人话语作为评判标准，而是以事实作为衡量真理的标准。在那个时间点，这个口号的提出主要是针对"凡是派"，也就是那些认为凡是毛主席的话都要听从的人群，"解放思想"是有其时间期限和现实意义的，为了贯彻一些意识形态和政治方面的观点和见解，不然现代化不可能轻易实现。这两个纲领出现以后，文学创作出现了一种氛围，开始"解放思想"，追求"实事求是"。这种尝试在一开始是小心翼翼的，随着政治形势快速而深入地明朗化，诗歌、中短篇小说等短而精的文学形式一时占据了文学主流，平反党员干部的革命事迹也成了"永恒"的主题。瓦格纳用很长的篇幅分析了作品背后的政治形势，然后才不疾不徐地对文章进行分析。瓦格纳在整部书的前言中和对《枫》的分析里一再提道：本来刘心武的《班主任》和卢新华的《伤痕》是"伤痕文学"中的名篇，但之所以选择了知名度并不是很高的《枫》，是因为不管在翻译中如何阐释，德国读者都不可能理解前

160

两篇之中中国人的精神状态。瓦格纳一再强调这个问题，似乎需要在《枫》
这部作品的知名度和典型性上说服自己。《枫》之所以能被德国读者所理
解，瓦格纳在这里其实也做了交代，主要原因是其象征意义比较明确：他
认为红枫一直是整个故事的主要意向。在故事开始红枫首先代表着革命精
神的火焰，女主人公又用"枫"来命名。最后男主红钢被反对派执行死刑
时，盛开的枫又是血色的象征。故事的情节线索比较单一也是西方读者比
较能够理解的原因之一：这个故事里有着直接的现实的悲剧冲突，而不像
卢新华的《伤痕》用意外的突发事件来表现悲伤的主题。这部小说的作者
并没有追求妥协和心灵净化的过程。瓦格纳还解释红枫代表的是血的颜色，
两个还是孩子的主人公无法控制自己的命运。瓦格纳阐释的另一个重点是
丹枫的死亡。丹枫是一个坚定但幼稚的女英雄，义无反顾地跳下了楼，但
从没有思考这种死亡是否有意义。其实这样的死亡对革命中的任何一方毫
无意义。[1]值得思考的是，瓦格纳选择《枫》，放弃《班主任》和《伤痕》，
是否完全因为德国读者无论如何也无法读懂后二者还有待商榷。文学的译
介和传播本来就是将异质文化通过一定的翻译和阐释技巧介绍给本土接受
者，更何况《班主任》和《伤痕》是"伤痕文学"中不能抹去的名篇。
本文假设性地猜测：《枫》包含一些更能为西方读者所接受的"红色""革
命""无政府主义"等元素，同时"暴力"元素更为直接和残忍，能对西
方读者造成比较大的冲击，并能够部分地迎合某些对中国的刻板印象。

二、剧作家的讽刺

　　作为剧作家以自己的方式进行讽刺性的批判，在这点上沙叶

---

〔1〕参见 Wagner, Rudolf G.. *Literatur und Politik in der Volksrepublik China*. Frankfurt am Main: Suhrkamp Verlag, 1983，die erste Aufgabe , S. 23-30.

新走得很远。他在这个剧本中描绘的不是单个的堕落的党员，而是一个特权下的完整的关系网。这种关系网连接非常紧密，但在其中也存在很多"干净"的干部。[1]

　　瓦格纳首先介绍了话剧剧本《假如我是真的》的创作历程。这个剧本由沙叶新和其他两位作者在 1979 年 8 月共同撰写，将当时党内的一些问题展示到话剧舞台上。剧中的干部老张还给了他的假儿子自我辩白的机会。对中国古代文学有很深研究的瓦格纳还对作者的批判手法进行了历史性追溯。他认为其中有一些中国古代传统的文学创作概念，比如沙叶新的剧本就犹如司马相如的骈文。司马相如在文中控诉皇帝放荡不羁的生活方式，但他让君主进行自我判断，也让君主自己提出改革的方案。沙叶新的剧本中有基本相同的方式，重要的声明都是从干部老张的嘴中传出。同时瓦格纳对俄罗斯文学的熟悉程度是很高的。他经常使用俄罗斯文学中的例子与中国当代文学进行类比。他认为沙叶新的这个剧本和果戈理的《钦差大臣》一样，在揭露官僚主义方面有着相似之处。

　　瓦格纳为这个剧本的产生和问世又找到了政策依据，他认为邓小平和胡耀邦希望文学能为四个现代化建设服务，也认同对党内存在的一些问题进行一定程度的批判。大部分作家都支持这个观点。这个剧本不仅抨击了当时的一些地方领导干部，同时也包括他们的特权经济和交流方式。在这部剧中有三个正面的干部形象。第一个是来自北京的老张，他在整个批判剧中保持了一以贯之的形象。瓦格纳评论：上层总是光明而睿智的，他们给出有针对性的政治措施。这些措施符合人民群众的利益。干部老张对剧中所有的干部都起到了警醒作用。第二个正面形象是市委吴书记，他总认

〔1〕Wagner, Rudolf G., *Literatur und Politik in der Volksrepublik China*. Frankfurt am Main: Suhrkamp Verlag, 1983，die erste Aufgabe. S. 105.

162

为通过"走后门"解决一些问题"这不好看"，但在他确认眼前的年轻人是老张儿子的时候，他还是写了批条。他主要承受着来自夫人的压力。其夫人是一个信奉"有权就有一切"的女人。第三个正面形象是农场的郑场长，一个在绝望中经常酗酒的男人，可他却几经踌躇给党中央写了举报信。这封信成了整个故事情节爆发的节点。当然他也不是一个完美的榜样型党员。[1]在这部剧中有三个女人，把她们的丈夫带上了违法的道路。这样的人物设置在瓦格纳的语境中正好对应《人民日报》的提醒，即所谓的"干部要小心'枕边风'"。瓦格纳结合时政进行了作品内容的阐释，他认为"枕边风"的问题在伤痕小说中多有体现，在王蒙的小说中也存在着一个有皇太后架子、权力欲极强的女性形象。这些女性形象在政治上不起直接的负责作用，但是经常被描绘成为取得家庭利益而以权谋私的推动力量。瓦格纳列举美国汉学家 Joe Huang 曾经说过"中国的妇女在政治规则中是非常无力的"[2]，因为她们在政治中没有太多的发言权，而他认为这里没有"类型压力"的女性形象刻画得反而特别接近生活。这个剧本的另一个显著特点是对青年人中的"伪君子"形象的塑造。作家尝试着有区分度地描摹。青年"骗子"李小璋的行为来自他的认知：干部会使用一切方法争取他们的私人利益。作者想表现李小璋并没有犯任何法律上可以抓住证据的"罪行"。他只是从一张电影票开始，被卷入了这样一场是非。在女朋友怀孕的紧急情况下，他希望上调到城市保全和女友的关系，但在两次从农场上调名单中被人挤落。在此之后他就立即离开了这场闹剧。瓦格纳认为这部剧在情节设置上试图将李小璋的行为动机解释得略有合理性，使人能够将注意力集中到社会层面的原因上。这个剧本受到了当时的党中央

---

〔1〕Wagner, Rudolf G.. *Literatur und Politik in der Volksrepublik China*. Frankfurt am Main: Suhrkamp Verlag, 1983，die erste Aufgabe, S. 109.

〔2〕Wagner, Rudolf G.. *Literatur und Politik in der Volksrepublik China*. Frankfurt am Main: Suhrkamp Verlag, 1983，die erste Aufgabe, S. 110.

书记胡耀邦的批评，因为它展示了"对有些人物给予了无区分度的不该有的同情"[1]。

如前文所述，《假如我是真的》这个剧本在 20 世纪 80 年代初的德国受到的评价是比较正面的。瓦格纳对这部作品的阐释态度与其他的明显不同，不仅仅是作为一个社会学文本来阅读，而是有保留地将其视作了"世界文学"中的一部分，甚至破天荒地分析了话剧这种文学形式的运用，作家使用了话剧这种形式，这种表现形式在中国并无传统，而是 20 世纪在西方文学的影响下产生的。到当时为止主要受众还只是城市知识分子群体。中国的话剧剧本和表演方式受京剧的影响更多。沙叶新和他的伙伴们却没有追随这种传统，他们对布莱希特的作品非常熟悉。上海的一些讲师在莱比锡和柏林留过学。在一些地方布莱希特的示范作用非常明显。[2]瓦格纳的态度说明了这个剧本具有一定的普适性，能为中国和西方的读者同时接受。但这种态度也反映了他某种程度上的西方中心主义倾向。他对"伤痕文学"所具有的文学价值给予比较低的整体评价，而一旦剧作家追随了布莱希特的西方戏剧传统，他就对其高看一眼，认为其配得上一定程度上的文学性评价。

三、文学与政治的互文性

瓦格纳将"伤痕文学"当作记录社会的文本来阅读而否定"伤痕文学"乃至大部分中华人民共和国成立后文学的审美价值，因为他或者说他背后的西方汉学世界都把注意力集中在中国当代文学文本的政治性和意

---

〔1〕参见 Wagner, Rudolf G.. *Literatur und Politik in der Volksrepublik China*. Frankfurt am Main: Suhrkamp Verlag, 1983，die erste Aufgabe, S. 105-109.

〔2〕参见 Wagner, Rudolf G.. *Literatur und Politik in der Volksrepublik China*. Frankfurt am Main: Suhrkamp Verlag, 1983，die erste Aufgabe, S. 111.

识形态性上。本段将会详细分析瓦格纳是如何针对这些文本进行政治化书
写的。瓦格纳一直尝试着发现"伤痕文学"与政治之间的互文性。"互文
性"是巴尔特和克里斯蒂娃在巴赫金"对话"理论的前提之下所定义的
一种理论。互文性认为没有任何文本可以脱离其他文本而被阅读，它着眼
于文本和其他文本的联系。具体而言，互文性理论吸取了解构主义和后现
代主义中反逻各斯中心主义的传统，强调由文本显示出来的断裂性和不确
定性，而新历史主义中历史和文本可以相互阐释的理论也成了互文性的一
个重要文本分析策略。所以互文性理论所遵循的思维模式也能清晰地窥
见，它不是单纯地以文本来分析文本，否则它也将落入形式主义文论的窠
臼。互文性理论以形式分析为切入点，最终让自己的视线扩展到整个文学
传统和文化影响的视域之内，即一个从文本的互文性到主体的互文性再到
文化的互文性的逻辑模式。其对话主要是从三个层面进行：文本的对话、
主体的对话和文化的对话。互文性理论以"影响"为其核心要素，将众多
影响文学创作的因子纳入其关注的领域，从而也超越了形式研究的层面，
进入多重对话的层面。[1]

　　瓦格纳对中国当代文学的兴趣并不着眼于文学文本本身，而是由各种
意识形态引证所组成的文学文本外围的那张网。关于瓦格纳作品中文学文
本与政治的互文性，必须说明这里所指中国当代文学研究中的互文性并不
仅仅指文本与文本之间的关系，时代精神和文化背景也是"大文本"的重
要组成部分。"政治"在瓦格纳的语境中既指在文学文本产生和传播期间
的各种政策和政治指示的文本，也指整体的政治风潮、导向和氛围。政治
大背景和具体政策文本是融合在一起的。瓦格纳非常重视"伤痕文学"文
本产生期间的政治事件、政治言论、政治导向和政策文本的记录和分析。
对政治形势的解读和对党的领导人发言的引用文字篇幅非常之长，记录十

---

[1] 陈一凡：《互文性》，见赵一凡、张中载、李德恩主编：《西方文论关键词》，北京：外语教学与研究出
版社，2006 年，第 211-221 页。

分之细。《中华人民共和国的文学与政治》一书后记开篇他就花了整整一页的篇幅解读"四人帮"倒台以后的政治形势。在大篇幅的史实阐述的基础上，瓦格纳会加上一些不容易被分辨出来的个人意见。他认为，哪怕中国当代文学在 1980 年后取得了一定的自由——"四个现代化是一杆尺，这杆尺给了文学一定的活动空间"[1]——却仍然是为政治服务的。在他的中国当代文学研究中，西方传统汉学家意识形态理论当下的魅影显露无遗。当然，当时的政府和党中央也承受了很多压力，很多人认为文学给党和政府制造了很多不稳定因素，希望继续"给文学套上马嚼子"。"四个现代化"文学中最著名的小说——蒋子龙的《乔厂长上任记》也被当时的天津市委书记批为"毒草"。[2]

　　瓦格纳浓墨重彩地描绘了 1980 年 1 月 23 日召开的剧作家创作座谈会以及这个座谈会的整体气氛和目的。他在书中指出，会议的目的概括而言是为了"四个现代化"的实现寻找出一条崭新的文艺繁荣之路线。[3]瓦格纳这样总结当时中国的政策文本和文学文本之间的"框架"和"内容"的关系：

　　　　在这些年中，中国共产党的主要领导路线可以总结为两个方面，一是粉碎"四人帮"及其影响，二是实现在农业、工业、交通和国防方面的四个现代化，这些伤痕文学的文本都在这个框架内生长，并且一经发表就成了轰动新闻。[4]

---

〔1〕Wagner, Rudolf G.. *Nachwort-Der Funktionär als Gärtner, Literatur und Politik in der Volksrepublik China*. Frankfurt am Main: Suhrkamp Verlag, 1983，die erste Aufgabe, S. 357.

〔2〕参见 Wagner, Rudolf G.. *Nachwort-Der Funktionär als Gärtner, Literatur und Politik in der Volksrepublik China*. Frankfurt am Main: Suhrkamp Verlag, 1983，die erste Aufgabe, S. 353-354.

〔3〕Wagner, Rudolf G.. *Nachwort-Der Funktionär als Gärtner, Literatur und Politik in der Volksrepublik China*. Frankfurt am Main: Suhrkamp Verlag, 1983，die erste Aufgabe, S. 360.

〔4〕Wagner, Rudolf G.. Vorwort-Der *Funktionär als Gärtner, Literatur und Politik in der Volksrepublik China*. Frankfurt am Main: Suhrkamp Verlag, 1983，die erste Aufgabe, S. 23.

166

　　瓦格纳在这本书的扉页上写道：

　　　　这种文学种类并不是因为其文学质量而成为在中国家喻户晓
　　（直至最低政治层次）的沟通文类，而更多的是因为其在明确的
　　政治话语中首次出现，描述了问题最终的解决方法，并以官方记
　　录的文本的形式首次进入了可以公开讨论的范畴。以下将把本书
　　所选的文本作为社会记录文件来阅读和阐释，由此认识当代中华
　　人民共和国社会和文学的发展和讨论现状。[1]

　　他还在前言中说道：这些文本直接反映并介入中国当时当地的情况。
而他自己所做的评论主要是为德国读者介绍文本与中国读者阅读背景之间
的关联。[2] 由此可见，瓦格纳在"伤痕文学"研究中将文本当作社会情况
的记录，非常重视探索政治导向、政策文本与文学文本的互文性：文化政
策指明了文学文本需要执行的批判、警示和教育功能，框定了文学文本可
以涉及的活动范围。瓦格纳的文学解读把政治形势、政策导向和政策文本
与文学文本相连，找出了其中的互补性和互证性，这既可引发德语读者对中
国当代文学的兴趣，也可一窥当时德语学界中国当代文学研究的基本取向。

　　但在研究文本和政策的互文性时，瓦格纳刻意忽略了"伤痕文学"时
期，文学文本的"活动空间"变大了，从曾经的只能"写光明"为主，到
了允许"揭露黑暗"的情况，而瓦格纳一味地将其解释为："在社会主义
的中国，文化政策自由化以后文学与政治之间的连带关系并没有结束，实

〔1〕Wagner, Rudolf G.. *Nachwort-Der Funktionär als Gärtner, Literatur und Politik in der Volksrepublik China*: Frankfurt am Main: Suhrkamp Verlag, 1983，die erste Aufgabe, auf dem Umschlag.
〔2〕Wagner, Rudolf G.. *Vorwort-Der Funktionär als Gärtner, Literatur und Politik in der Volksrepublik China*: Frankfurt am Main: Suhrkamp Verlag, 1983，die erste Aufgabe, S. 9.

际的情况是政治改变了所以文学也改变了。"[1]，只谈文学功能化，不谈论文化政策的宽松化，本书认为这是有失公允的。瓦格纳没有着意分析，但同样也不容忽视的另一点内容是，某些文学文本突破了当时文化政策的底线，引起了各界论争。为了解决这样的局面，政府和当时的文化干部又对这些文本进行新的阐释和解读，这样的阐释又反过来影响了文化政策在评判标准和接受程度上的新走向。

　　瓦格纳表示伤痕小说并无文学质量可言，仅仅是一种社会学的文本，仅仅起到一种记录历史的功能，"通过文学的形式，用白纸黑字的印刷方式将很多第一次直接地以政治话语形式出现的问题，加入了可以讨论的范围"，"这些文本对读者有一种刺激，去寻找被允许说的、可以说的底线"[2]。对于他的这个观点，有一段引人思考的对话。2004年在德国海德堡大学举行的"欧洲汉学学会第15次学术年会"期间，重庆三峡学院的何休教授对瓦格纳教授进行了采访，当提到"伤痕文学"时，瓦格纳表示：

　　　　我对80年代的文学接触较多，特别是寻根文学，其成就较高。但我以为，"文革"后的文学例如"朦胧诗"、"伤痕文学"、"反思文学"等等，他们使用的思想方法，只是侧重批"四人帮"，无助于对社会的分析和反思，其思想价值是很有限的。[3]

　　何休教授的回答点出了一些关键性的问题："我们身在其中，当时读起来觉得很感动，很能引起共鸣。我们没有从西方人阅读的角度去想，去

---

〔1〕Wagner, Rudolf G.. *Nachwort-Der Funktionär als Gärtner, Literatur und Politik in der Volksrepublik China*: Frankfurt am Main: Suhrkamp Verlag, 1983, die erste Aufgabe, S. 351.

〔2〕Wagner, Rudolf G.. *Vorwort-Der Funktionär als Gärtner, Literatur und Politik in der Volksrepublik China*: Frankfurt am Main: Suhrkamp Verlag, 1983, die erste Aufgabe, S. 9.

〔3〕何休:《欧洲汉学学会主席瓦格纳教授访谈录》，载《现代文学与现代文化》，2005年第2期。

168

揣摩西方人阅读的感受……"[1]

瓦格纳对"伤痕文学"的文学性的评判没有考虑中国读者的视角，没有试图与中国的作家和读者视域融合。"伤痕文学"对经历了"文化大革命"的中国人来说不仅仅是一种社会学文本和政治化的书写，也是一种集体记忆和感情的宣泄及承载。不可否认"伤痕文学"的文本中包含着很强的政治因素，承担着一定的政治功能。虽然"伤痕文学"与政治的联系不可能切断，这种联系确实为社会历史的书写提供了一定程度上翔实而具体的史料，但政治因素的介入并不能成为随意否定"伤痕文学"审美内涵存在的理由。面对这样的大时代，政治因素通常是文学作品的书写对象，因此也成了其中不可或缺的一部分。这样的书写是存在其客观性和科学性的，在运用合理的情况下是可以为其增添光彩的，所以"伤痕文学"与政治的联系对中国作家和读者来说同时具有社会学意义和一定的美学价值，而瓦格纳抱着政治功能与文学审美完全二元对立的态度，认为其"与由万千好书构成的世界文学毫无关系"，把其直接"降级"为"社会学文本"，百分百否定文学价值，并将其描述为"带着特有革命词汇的社会主义文学教条"[2]，更是不合理和不公正的。本书认为，在文学文本与政治的关系中，不能简单地如瓦格纳那样地定义，文学的功能化和政治化就扼杀了文学的审美性。人们必须看到因为时代环境的客观存在，文学和政治以对方的存在互为前提和滋养，这是当时客观的文学生态，不能简单地认为这样的文学文本就一定完全不存在审美内涵。

〔1〕何休:《欧洲汉学学会主席瓦格纳教授访谈录》，载《现代文学与现代文化》，2005 年第 2 期。
〔2〕Wagner, Rudolf G.. *Der Funktionär als Gärtner, Literatur und Politik in der Volksrepublik China*: Frankfurt am Main: Suhrkamp Verlag, 1983，die erste Aufgabe, auf dem Umschlag.

第三节　国家意志和以"史"代"文"

一、国家意志的叙述者与文学的工具化

瓦格纳的中国当代文学研究叙事中暗含着两条最主要的线索，首先是作家意志的国家化。作家作为文学文本的塑造者一直是瓦格纳在中国当代文学研究中非常在意的对象。他对中国当代文学作家的创作方式、话语使用和身份想象等都有着追踪式的考察。追踪时间从 20 世纪 30 年代很多左翼作家前往延安开始直至 70 年代末"文化大革命"结束后的"伤痕文学"时期。某种程度上可以说，瓦格纳通过追踪这四五十年里作家在政治大势中的意识模型、身份认同和话语特点等方面的变化，尝试书写一部具有瓦格纳特色的中国当代作家史；其次是文学的政治功能，瓦格纳重视文学文本和政治及政策文本的互文性，他认为政治大环境和政策文本中蕴含着或者说代表着最直接的权力。这种知识和权力的关系不再是隐形的和需要去探知的，而是表面化和直线式的。他认为文学接受政治或者说文化政策的"耳提面命"，实现了文化政策所希望实现的功能。这也是瓦格纳否定中国当代文学价值的重要原因。这两条线索相辅相成，表达了瓦格纳对中国当代文学的同一种态度，即作家和其笔下的文学文本都承担着国家意志的代言者和叙述者。如影随形的政治意识一直跟随作家，作家的写作不能脱离文学与政治的纠缠，写作动机明显受到国家意识形态的影响。福柯认为权力不仅有"压抑性"，还具有"生产性"。很多作家自愿与国家的声音发出共鸣，"作家主体对外在权力话语的认同意识常常起到主导的作用"[1]。同时作家是文本的创造者，作家的写作动机和写作导向直接决定了文学文本的意识形态和政治导向；而当文学文本承担起为政治服务的重任时，其

---

[1] 王泽龙：《反思与重构》，北京：新华出版社，2005 年，第 140 页。

170

更深的历史动机是证明意识形态的合理性和合法性。受到意识形态训导的文学文本必然约束作家自我主体意识的确立和发展。在瓦格纳的著作中这两条线索是作为不同的主题分散呈现的，但对这两条线索的考察始终贯穿于他的整个研究过程。本节将对瓦格纳中国当代文学研究中的这两条最重要的线索进行总体性的概括，并找出其中所存在的交汇和重叠。

瓦格纳阐释了作家在国家意志中所扮演角色的演变过程，首先是"齿轮和螺丝钉"阶段。[1]20 世纪 30 年代末很多作家为了支持抗日战争前往延安。他们中的一部分人认为，文学不应该局限于揭露敌人和表彰对日战争中的工人、农民和战士。20 世纪 40 年代初，中国第一部描写抗日战争的长篇小说的作者萧军在中短篇小说中批判了干部特权和一些党员干部的论资排辈问题。他（萧军）、丁玲和其他一些转向延安的作家，属于城市左翼，是大城市文化的一部分。这些作家虽来到延安，但他们中的很多人对己方带着明显的批判视角。萧军在延安说过，太阳之下必有阴影。毛泽东在《在延安文艺座谈会上的讲话》中对此持批评态度。他重申了列宁的要求，强调文学必须成为整个革命机器中的"齿轮和螺丝钉"，并要求作家在工农兵中改造自己，最终使得自己的作品"真正地为这些阶层服务"[2]。毛泽东要求作家与过去理智地决裂。他们要描写工农兵及延安地区的干部。他们不应为知识分子写作，而是要为边区的人民大众和党员干部写作。最终他引用了列宁 1905 年的名言：文学是革命齿轮中的轮子和螺丝。新的英雄是士兵、农民、工人和干部。[3]瓦格纳认为，这代表着党对

---

〔1〕参见 Wagner, Rudolf G.. „Der chinesische Autor im eigenen Licht ", in hrsg. Kubin, Wolfgang. *Moderne chinesische Literatur*, Frankfurt am Main: Suhrkamp, 1985, S. 78-79.

〔2〕Wagner, Rudolf G.. „Der moderne chinesische Untersuchungsroman " in Jost Hermand. *Literatur nach 1945 1*: Politische und regionale Aspekte. Wiesbaden: Akademische Verlagsgesellschaft Athenaion Wiesbaden, 1979, S. 365.

〔3〕参见 Wagner, Rudolf G.. „Der chinesische Autor im eigenen Licht ", in hrsg. Kubin, Wolfgang. *Moderne chinesische Literatur*, Frankfurt am Main: Suhrkamp, 1985, S. 78-79.

文学服务功能的重申和强调。他主张，社会主义文学理论并没有放弃文学的传统功能，而是更多地强调了文学的服务功能。

瓦格纳指出，到了 20 世纪 50 年代初中国作家又在当时的政治环境中被定义为"文学的侦察兵"[1]。部分政治领导人积极地进行讨论，并将国家的技术现代化视为最重要的任务。对于现代化的国家来说，知识分子是不可或缺的联盟伙伴，而迅速僵化并缺乏技术能力的官僚机构则是现代化的最大阻碍。在党中央最高方针指导下和新的矛盾形势中，来自延安讲话中"齿轮和螺丝钉"的旧模式已经不再适用。作家需要重新定义自己的立场。在中华人民共和国成立后的第一个阶段——1956 年党的八大上，邓小平重新定义了朋友和敌人，敌人已经不再是美帝国主义，也不是妄图反攻大陆的国民党反动派，而是官僚主义——社会主义快速发展的最大阻碍。知识分子再次成为文学作品的主角。在这样的背景之下，中国文学在短时间内重新获得了它们曾经的重要功能，即对国家领导阶层的警示。文学需要承担的任务是重新打开那些被官僚主义干部阻塞的上通下达的沟通渠道。对此瓦格纳以王蒙的《组织部来了个年轻人》为例，小说主人公姓"震"，有"地震"的含义。这个小说在党的八大之前的很短时间发表，体现了"文学侦察兵"功能。王蒙在 1980 年写道，这是对党的八大及其路线方针的献礼。[2]瓦格纳对王蒙抱着比较肯定的态度："他看到了作家的力量，看到了自己在共产党组织部中的角色，也看到了文学在党的探索和官僚主义批判中的重要性。"[3]

对于中国的发展来说，1978 年举行的十一届三中全会是具有决定性的

---

〔1〕参见 Wagner, Rudolf G.. „Der chinesische Autor im eigenen Licht ", in hrsg. Kubin, Wolfgang. *Moderne chinesische Literatur*, Frankfurt am Main: Suhrkamp, 1985, S. 81-85. "

〔2〕Wagner, Rudolf G.. *Vorwort-Der Funktionär als Gärtner, Literatur und Politik in der Volksrepublik China*: Frankfurt am Main: Suhrkamp Verlag, 1983，die erste Aufgabe, S. 12.

〔3〕Wagner, Rudolf G.. „Der chinesische Autor im eigenen Licht ", in hrsg. Kubin, Wolfgang. *Moderne chinesische Literatur*, Frankfurt am Main: Suhrkamp, 1985, S. 83.

172

转折点。这届全会肯定了邓小平和他的政治纲领。在此之后作家又重回了"社会评论员"的角色。原任共青团主席的胡耀邦在大会上被任命为中共中央宣传部部长，不久后成为中共中央总书记。还有作家王蒙、高晓声等都重新回到了文学领域。王蒙在他的自传《悠悠寸草心》中以象征主义的形式描述了自己的社会角色，认为官员必须保持廉洁。他自述对领导的支持并非出自对领导热忱，而是他看到横亘在平反干部和人民之间的墙是如何快速地再次筑成的；沟通渠道是如何被堵住的；对于机关干部的特权经济的不满是如何蔓延的。在这一紧急的情况下，他的责任就是向党转达人民的指责批评，以及向读者说明组织的优越性。作为一名作家，他站在上通下达的道路上。1976 年开始，党中央开始批判林彪和"四人帮"，并且着手在最短时间内实现国家现代化。在 1977 年和 1978 年的批评运动大框架中诞生了"伤痕文学"的文本，这大部分是由不知名的年轻作者写就。这些小说经常指名道姓地批判林彪和"四人帮"，指责他们诱导、带坏年轻人。在德国汉学家的眼里，这些小说既没有质疑政治路线的正确性，也没有探讨"文化大革命"的原因和动机。[1]

　　瓦格纳用很大的篇幅来论述文学功能化在中国的悠久历史和传统。他从中国传统的文学功能谈起，根据旧皇权时代的理论，文学是社会下行的产物。远古时代的君主拥有这超凡的智慧，"文学"只局限于"诵"，即赞扬的歌谣。后世的君主缺乏这种智慧，所以需要"言官"及原则上所有官员去承担不停地"警示"君主的责任，以使他们回到旧日的美德。权力和智慧交织在一起，而官员负责的是后者。文学属于警示的工具。"诗言志"这句话提纲挈领地表达了文学理论中关于文学的这一功能性，这在公元前就已经被广泛地认可。文学的这种政治解读方式和批评方式，使得君

---

〔1〕参见 Wagner, Rudolf G.. *Vorwort-Der Funktionär als Gärtner, Literatur und Politik in der Volksrepublik China*: Frankfurt am Main: Suhrkamp Verlag, 1983，die erste Aufgabe, S. 9-20.

主、宫廷和朝堂成为这些文本最重要的指责对象。作为国家机器检察网络的重要一部分，文学及其警示功能总是在指责当时的朝廷没能达到圣世景象。与此对应的，朝廷也给了同时身兼文学家身份的官员很大压力，把当世的君主与尧舜禹进行比较，并且称颂当朝的太平盛世。中国传统中文学有第二个功能，即教化民众。《诗经》及很多其他在旧私塾教授的诗歌和散文作品，都证实了文学的这个道德教化功能。文学承担了官方承认的教化工作。毛泽东在延安谈话里提到文学是教育群众的武器。文学被赋予了很大的期望。文学批评、文学审判检验着这些文本的正统性，为了不使负面性质的内容传入人群。文学作品是否造成"消极的社会影响"到今天为止一直是审查的重要评判标准。文学需要对社会行为提供让人满意和能够接受的描述模式。随着君主时代消亡，文学的第二个功能并没有消失，而是越来越强烈。文学在现代社会更进一步受到出版法和审查机制的制约。

再次，文学在传统中也作为政治改革的工具。在中国封建王朝时代，文学在政治领域的作用主要表现在展现上层阶级思想成果，然后再将其投射到社会大众之中。瓦格纳指出这种观点在19世纪末的时候发生了戏剧性的转变，以日本和德国为榜样的自上而下的社会改革失败以后。改革者开始寻求一条道路能够直达大众，使他们了解改革的目标，赢取他们的信任。于是在西方已然普及的大众媒体如报纸和杂志便在中国社会应运而生了。[1]

瓦格纳认为在中华人民共和国成立以后，高度意识形态化的国家和文学之间的关系愈发的新颖和尖锐，革命使得文学功能化的传统进一步得到了巩固。

瓦格纳将此时的作家做了分类：作家中也有不同的定位，有些人出于机会主义或者是信念，要求文学应该"向前看"，"歌颂正面"；"有一些

---

[1] 参见 Wagner Rudolf G.. *Einleitung- Literatur als regulierte Selbstaufklärung, Literatur und Politik in der Volksrepublik China.* Frankfurt am Main: Suhrkamp Verlag, 1983 die erste Aufgabe, S. 13.

174

作家，类似于与王蒙，作为光荣的批判者，既支持维护党的尊严和荣誉也
支持通过文学进行少量的批判；还有一种人对领导干部的特权明显带着很
大的反感和仇恨。"[1]他们各自的出发点从对剧本《假如我是真的》的争论
上最能体现出来。这部剧在作家大会时内部上演了。关于这部剧的争议很
大，直到大会结束也没有决定下来是否公开演出。瓦格纳详细描述了这场
争论中双方的意见，主要是关于要不要揭露伪君子以及在什么程度上揭露
伪君子的问题。这样的论争直接导致了 1980 年 1 月冯牧传达了邓小平同志
的一个指示，要注意作品的"社会影响"。冯牧一直是新文学坚定的支持
者，这个指示来自那些希望文学能与宽松的新时代政策相联系的人。但文
学作品的"揭露"如果走得太远，也会损害党的威严，损害"四个现代化"
建设过程中所必需的东西。[2]瓦格纳指出，当时很多人对文学的去向感到
迷茫。在比较长的时间里，文学一直直接归属于政治。普通大众将文学作
品作为一个信息来源，来了解政策的变动并解读政治，所以面对更为宽容
的政策很多人仍习惯于将文学文本作为政治文件来阅读。[3]作家意志的国
家化和文学的工具化成了瓦格纳对中国当代文学进行文学文本与政策文本
互文性研究的依据。如果文学文本和政策文本被视为两个不同的"点"的

〔1〕Wagner, Rudolf G.. *Nachwort-Der Funktionär als Gärtner, Literatur und Politik in der Volksrepublik China*: Frankfurt am Main: Suhrkamp Verlag, 1983，die erste Aufgabe, S. 354.

〔2〕Wagner, Rudolf G.. Nachwort-Der Funktionär als Gärtner, Literatur und Politik in der Volksrepublik China: Frankfurt am Main: Suhrkamp Verlag, 1983，die erste Aufgabe, S. 354. 此处瓦格纳引用冯牧关于此事的讲话，未能找到原文。

„Ein kleiner Dieb sagte mir, nach dem Erscheinen einiger Werke hätten manche gemeint, dass ihre eigenen Fehler durchweg auf gesellschaftliche Ursachen zurückgingen. Gibt eine solche Reaktion den Schriftstellern nicht zu denken? Wenn man nicht Charaktere schafft, die die Menschen zu den vier Modernisierung hinleiten wie Jiang Zilongs Direktor Qiao, sondern nur negative Charakter auftreten lässt, ist das für die Literatur nicht gut. . . Ich meine, wirklicher Realismus muss selektiv sein. . . Autoren müssen den Lesern beste geistige Nahrung bieten. . . Das Volk braucht eine gesunde Literatur und lehnt eine negative, nihilistische, naturalistische und hoffnungslose Literatur ab. Treue gegenüber dem Leben ist nicht gleichbedeutend mit Abbildung des Lebens. "

〔3〕参见 Wagner, Rudolf G.. *Nachwort-Der Funktionär als Gärtner, Literatur und Politik in der Volksrepublik China*: Frankfurt am Main: Suhrkamp Verlag, 1983，die erste Aufgabe, S. 356.

话，国家化和工具化正是连接这两个点之间的 "线"。同时因为这条 "线" 的存在，文学文本对政策导向有一定的反作用力。虽然瓦格纳一笔带过，但我们也可以在对《假如我是真的》这个剧本的讨论中看出一些端倪。文学文本对政治不具有决定作用，但对文化政策的走势和方向有着一定的推动和引导作用。

瓦格纳对作家成为国家意志代言者以及文学的工具性这两条线索的持续追踪和考察，显示了当时西方汉学家对中国当代文学现象中所包含的政治意识形态的敏感度。这直接决定了他在当代文学研究中所采用的研究范式与所持有的评判态度。他鲜明地表达了对这类作家和文学文本成为意识形态传声筒这种现象的反感，正鉴于此，他选择了用新历史主义的方法阐释文学文本与政策文本及政治环境的互文性，而放弃了对其他文学价值的研究。虽然文学文本与政治意识形态之间的合适距离值得探讨，但这种非此即彼，一旦与意识形态 "粘连"，就全盘否定其文学价值的评判态度也存在着其非客观性，否认了一部分密切关注社会生活，努力介入民众生活的好作品。

二、以 "史" 代 "文" 和政治判断

20 世纪 80 年代，美国加州大学伯克利分校的教授斯蒂芬·格林布拉特提出了 "新历史主义" 的概念。考察瓦格纳的人生经历，他这段时间正好在美国任教，他在时间和地理因素上完全有可能受到新历史主义的影响。在批评实践上，瓦格纳的中国当代文学研究也明显地符合新历史主义的跨学科特征：将历史考察带入文学研究，指出文学与历史、文学与文化之间的复杂关系，认为文学是意识形态作用的结果，同时也参与了意识形态的塑造。我们可以发现，瓦格纳中国当代文学研究的方法源头来自新历史主义所塑造的文学和历史的关系，更具体地说是海登·怀特描述的文学

文本和历史文本之间产生的互文性。互文性指"任何一个文本都是其他诸文本的复合体之吸收与转化"[1]。一个文本并不是孤立存在，而是在很多个相关文本交通融汇的文本网络之中。推导到文学研究之中，一个文学文本也不是一个单独存在的研究对象，而是动态地处于由很多其他文本交织而成的网络之中。先于它或者与它密切关联的各种文本首先建构了它，然后它又参与到其他文本的建构之中。文本意义在不断建构与再建构的循环往复中被阐释。这是非常典型的瓦格纳的中国当代文学研究方法，他"将一部作品从孤零零的文本分析中解放出来，将其置于同时代的社会惯例和话语实践关系中，通过文本与社会语境，文本与其他文本的'互文本'关系"[2]，来打造一种新的文学研究范式。"十七年文学"和"伤痕文学"带着时代的烙印，政治化倾向比较明显。瓦格纳由此选择了将政治形势解读、政策导向、政策文本和文学文本联系在一起，找出其中的互补性和互证性。文学与政治之间的关系巧妙地转变成了文学文本与政策文本之间的关系。这也就解释了瓦格纳为什么要如此大段地引用政策原文。这种建立在互文性之上的文学研究使二者可以起到相互补充的作用。

　　瓦格纳不愿意承认中国当代文学的文学价值，只是将其当作研究当时中国社会及政治情况的史料。瓦格纳对中国当代文学的评判标准是属于史学的。他使用治史的标准来评判这里的文学作品，他采用的标准如下：这部小说是否符合真实的历史发生，有没有完整的真正的历史进程，小说作者是否描绘出了历史细节。可以说他的评判标准是一种去"文"存"史"的标准。这里的"文"指的是文本的文学性，包括小说的语言、结构和精神内涵等；这里的"史"指的是文学文本的历史性，他只重视文学文本与政治和意识形态之间的关系，却忽视了它所展示的语言世界。文本的文学

---

[1] 周宪：《超越文学》，上海：生活·读书·新知三联书店，1997年，第201页。
[2] ［英］特雷·伊格尔顿：《二十世纪西方文学理论》，伍晓明译，西安：陕西师范大学出版社，1987年，第153页。

性，包括小说的语言、结构和精神内涵等基本被抛弃，而文学文本的历史性，即小说是否符合"史实"，是否反映"时代精神"，是否描写了完整的历史进程，是否从多角度反映了历史的多样性和矛盾性等，成了瓦格纳评判这些小说是否成功的重要标准，虽然这里的"史实"可能是被瓦格纳主观意识规定了的历史。如果小说未能很好地反映时代现实，他便认为不甚合格。

新历史主义确实强调文学文本属于一定的历史，文学和历史应该成为相互不可或缺的一部分。两者之间不存在清晰的界限，以互动建构的方式共同参与文学文本的阐释。但瓦格纳的文学研究方法完全排除了文学文本的虚构性和想象性，将文学文本当作纯粹的史学和社会学的文本来阐述，这并不是新历史主义的本意。这种研究已经脱离了文学研究的基本范畴进入了史学研究领域，文学文本只是他在史学分析时所运用的一种工具，其史学意义被他开发殆尽，文学层面的内涵却被弃置不顾。瓦格纳个人是将这种情况阐述为一种客观的事实，并且在分析"伤痕文学"时表示其"无文学质量可谈"，并没有把这些文学作品当作世界文学的一部分。但本文认为这种情况与其说是没有文学质量可以考察，毋宁说是瓦格纳思维固有的定势，或者说这归因于其强烈的政治意识形态。他在对中国当代文学进行研究时，采取一种"阶级冲突历史元叙述"的态度。他完全否认这些文本的文学意义。当代文学中的一部分工具化和政治化倾向比较浓，使得文学面貌比较单一贫乏，这是我们不得不承认的。但以1978年以后的"伤痕文学"为例，虽然在艺术形式上一时难以摆脱之前的影响，但其中包含了对"文革"的反思，尝试了对社会负面事件的揭露，体现了一定程度上的现代意识。在这样的情况下仍然全盘否定其文学价值，一味地强调其在政治生活的工具化是比较片面的。

作为一个20世纪40年代出生的人，瓦格纳经历了二战，切身体会了冷战时代。他的中国当代文学研究，冷战意识太浓，太强调"地缘"的概念。在瓦格纳的中国当代文学研究中，虽然新历史主义和阐释学的西学基础深厚，但架构、评判以及臧否人物和作品带有鲜明的冷战意识，不能脱离意识形态的影响。当然必须承认，那种"完全将政治理解排除在现代性想象与美学思考之外的研究范式"也不一定是海外中国现代文学研究的正确打开方式，如何正确地处理中国这个"有深刻革命记忆的红色过度，政治如何塑造现代，并与之发生紧密关系，已成为解释中国'另类现代性'的突破口和切入点"[1]。完全否认中国当代文学的现代性，及片面强调它的政治性超过文学性或许是瓦格纳的当代文学研究在中国流传并不广泛的原因。

---

[1] 参见季进:《季进文学评论选》，南京：江苏凤凰文艺出版社，2017年，第19页。

第六章　汉学界的"广大教主"[1]

在前面的几章中，我们所做的工作是将瓦格纳学术著作中所呈现的现当代中国研究的各个维度和主题进行描绘、阐述和分析。在这样的工作大致完成之后，我们所面临的问题自然而然地是回答以下的问题：瓦格纳现当代中国研究的面貌为何是这样的？他的学术研究和其他汉学家或者说中国学家相比具备何种特点？以上问题，是我们想得到完整的瓦格纳现当代中国研究全景图所必须回答的。本章将主要从学术谱系和学术研究特点两点来对瓦格纳的研究进行横向与纵向结合的全景模式综述和总结。首先，瓦格纳的学术研究谱系如何？一位学者无论在什么研究领域，他的研究必然不是凭空而来，一定存在着他的学术成长过程，有着其学术谱系和学术渊源。这样的谱系和渊源影响着他的学术兴趣、学术追求和学术论证及表述方式等方方面面。对这些情况的梳理有助于我们更清晰地认识瓦格纳学术研究的整体脉络。学术谱系研究对学术历程横跨欧洲和北美两地的瓦格纳来说有更为重要的意义，我们试图在德国汉学界和美国汉学界为他找出一个比较清晰的坐标，做出定性的分析。在两地的汉学研究甚至是哲学研究的大背景下本文的研究也具有了更开阔的视野；其次，本章需要深入讨论的另一个部分是瓦格纳的学术研究特点。我们在此将学术研究特点问题分成研究范式和研究价值观两个方面来考察。需要对瓦格纳学术研究方法

---

[1]夏晓虹：《汉学界的"广大教主"——我眼中的鲁道夫·瓦格纳》，载《读书》，2019年第8期。

180

论，写作风格和价值评判标准等一系列的问题进行追根溯源式的概括、总结、归纳和分析。

第一节　横贯欧美——瓦格纳的学术谱系

学术研究谱系指的是学者在学术思想发展和成熟的过程中的学术背景和学术师承。这里的学术背景的概念比较广义，不仅指学术长河中种种思潮和嬗变，也指广义范围上宏观历史大潮中对学术产生重大影响的时代节点和事件；既指向宏观的历史长河也包括微观个人生活中有影响意义的事件。学术谱系从本质上说指的是个人学术发展和群体学术形态之间的关系和定位，在这里既要讨论个人经历的影响力，又要研究群体趋势的作用力。[1]本节试图整理出与瓦格纳学术观发展变化有关联的一些历史节点和影响因素，并且探讨这些节点和因素对瓦格纳个体学术特质形成的影响和作用。柯文在他著名的《在中国发现历史——中国中心观在美国的兴起》一书的前言中提到了"世代"的概念，并且论证了个人与"世代"的关系。

从个人上说，每个史学家在他出成果的时期中无不经历世代更迭的演变。每个人所从属的世代集团都是一股强大的力量，对我们思想发展的潜力产生真正的限制作用。但是这种限制作用只是局部的，并不是绝对的。理由之一就是每个人天生就不一样。同龄人在同一时期受教于同一个导师，尽管持有某些共同的前提

---

[1] 参见周谷平、杨凯良：《学术谱系解读：基于美国印第安纳高等教育研究学者的访谈分析》，载《教育学报》，2017年第13卷第2期。

假设，但彼此绝不可能完全一样。[1]

在承认"世代集团"影响的前提下，他强调了个人经历的作用：

> 随着年龄的增长，产生了胜利和心理上的变化，我们就不可避免受这些内在与外在变迁的影响。这种现象，甚至某些固执保守，其基本前提似乎原封不动的人，也在所难免。[2]

随着 19 世纪西方科学技术的迅猛发展，社会科学领域的研究受到了巨大的影响，汉学也不例外。19 世纪的德国汉学逐步摆脱了 18 世纪传教士记录经历和感受式的东方学范式，而进入了具有科学性的学术研究式汉学的发展过程。19 世纪末德国汉学已经发展到很高的水平。瓦格纳正是在这样高度发展的欧洲汉学基础上开始他的学术生涯的。

瓦格纳在德国时曾经师承伽达默尔。伽达默尔的哲学解释学的核心问题是如何"理解"历史，理解在这里是中心词，核心的问题是如何理解"理解"，在理解之后如何解释意义。这可以说是瓦格纳整个学术生涯中从未改变的核心思想。伽达默尔的思想引导着瓦格纳如何追问理解，并且在此基础上去理解历史，理解文本。应该说哲学解释学重视文本、重视读者的特点在瓦格纳的学术成果中得到了很好的证明。

20 世纪 60 年代末，学生运动在欧洲各地蔓延，特别是法国和德国。瓦格纳在慕尼黑经历了学生运动。"1968"在西方的集体记忆中是一个骚乱、反叛又带有青春气息的词汇。1968 年的学生运动为整个欧洲培养了一

---

[1]［美］柯文：《在中国发现历史——中国中心观在美国的兴起》，林同奇译，北京：中华书局，2002 年，第 41–42 页。

[2]［美］柯文：《在中国发现历史——中国中心观在美国的兴起》，林同奇译，北京：中华书局，2002 年，第 41–42 页。

182

批年轻的政治活跃分子，这些人在后来欧洲社会的各个阶层都起到了领导作用，他们在后来各种新的社会活动中成了组织者和支持者。在德国的各个大城市都爆发了学生骚乱，以柏林和法兰克福为最。学生团体如火如荼，但稍显奇怪的是慕尼黑的学生运动没有形成很大的规模。此时瓦格纳所在的汉学研究所就成了慕尼黑学生运动的发展中心，博士生和高年级学生组成的学生运动小团体由汉学学生占主导地位。根据瓦格纳在访谈中所述，研习汉学出身的他曾经在学生代表联合会里被选为会长，这应该也是之后他曾几次在德国汉学史的梳理中被称为有极左倾向的原因。[1]忽然之间除了原本的博士生、研究者身份之外，瓦格纳突然被推上了政治的舞台成了一个革命者。屈汉斯这样描写 1968 年慕尼黑的夏天，"1968 年的夏天是年轻的慕尼黑汉学者们的'英雄时代'"[2]，因为在慕尼黑不存在像柏林和法兰克福那样影响比较大的"左倾"集团，学生会的组织在学生运动中起到了很大作用。德国汉学家马汉茂曾经论断，学生运动"推进了对现代中国的研究"[3]。德国汉学在学生运动之后，逐渐摆脱了传统的东方学的统治，部分地转向现当代中国的研究，当然这样的转变一方面没有完全突破欧洲旧汉学的影响，对现当代中国的研究势头和热情不能与美国大陆相比拟，另一方面这种转变也不完全是学生运动的结果。早在 20 世纪 50 年代末 60 年代初，包括政府在内的德国各界就提出过研究当代中国的想法和要求。70 年代德国汉学界出现的批判性汉学中也有了这样的愿望，但 60 年代末 70 年代初的学生运动确实是德国汉学离开东方学藩篱，开始走向现当代中国学研究最有力的推动者。与瓦格纳同代并以学生身份经历了 1968 年运动的汉学学生，在之后的岁月里又经历了愈演愈烈的冷战时期。在 20 世

---

〔1〕参见［德］马汉茂等主编：《德国汉学：历史、发展、人物与视角》，郑州：大象出版社，2005 年。
〔2〕［德］屈汉斯：《1968 年的抗议运动、毛泽东思想和西德的汉学》，［德］马汉茂等主编：《德国汉学：历史、发展、人物与视角》，赵倩译，郑州：大象出版社，2005 年，第 338 页。
〔3〕［德］马汉茂：《鸿沟和填平鸿沟的努力——马汉茂的前言》，见傅吾刚：《为中国着迷——一个汉学家的自传》，多特蒙德：Projekt 出版社（第 11 卷），1995 年，第 3 页。

纪初他们占据了德国一半以上与中国相关的教授职位，其研究方法和认知
兴趣都与前一代学者大相径庭。可以说 1968 年的学生运动造成了环境和氛
围上的巨大改变。屈汉斯总结：

> 在教学当中，一种合作的和学究气更少些的风格代替了过去
> 教席教授制大学等级严明的交往方式。在研究当中，新一代的中国
> 专家们在描述理论的时候，仿佛也表现出了一些克制的态度。[1]

　　瓦格纳后来从中古时期的王弼研究转向 19 世纪及之后的中国现当代研
究，虽然这种转变主要归因是他在费正清研究中心接受到的美国中国学的
影响，但 60 年代末的德国学生运动对德国汉学研究整体氛围和趋势的改变
是不能被忽视的一个因素，也可以说是瓦格纳学术方向转变的一个隐藏原
因。尽管这种转变不是立即实现的，因为瓦格纳 1969 年离开德国慕尼黑去
往哈佛大学和加州大学伯克利分校之后，研究的主题还是王弼与老子，但
随着美国中国学对他的影响变大和德国汉学界整体氛围的改变，变化正在
潜移默化中一步步发生。

　　瓦格纳在 20 世纪 80 年代初再次赴康奈尔大学访学，在康奈尔大学期
间将鉴于该校丰富典藏开始了太平天国研究。离开康奈尔大学返德一年以
后，又受邀来到哈佛大学担任访问学者，在此期间结识了后来的妻子华人
女学者叶凯蒂。叶凯蒂 1950 年出生在北京，父亲在"文化大革命"中去
世。叶凯蒂和哥哥在知识青年上山下乡的活动中到吉林插队。1973 年叶
凯蒂全家获准去美国，开始了她的移民学者之路。叶凯蒂学术研究方向主
要是晚清小说，其博士论文为《〈孽海花〉与晚清中国政治小说》。后来

---

[1]［德］屈汉斯：《1968 年的抗议运动、毛泽东思想和西德的汉学》，见［德］马汉茂等主编：《德国汉学：
历史、发展、人物与视角》，赵倩译，郑州：大象出版社，第 342 页。

她根据博士论文撰写了学术著作《一个国际化的文学时尚：政治小说在中国》。因为《孽海花》，她又进一步接触到很多关于晚清妓女的资料，开拓了关于晚清社会变迁中娱乐文化的作用。[1]根据李子云的《叶凯蒂其人其文》一文，叶凯蒂与瓦格纳之间在学术上的关系是相互理解相互支持的，"两个人在事业上相互理解、十分默契，难得的是他对妻子的研究工作具有很大的包容性，对她的独特的简介和研究成果都采取鼓励态度"。根据以上的资料，我们试图做出一个不能被完全证明的假设：瓦格纳在中国当代文学研究中把很大一部分精力投放在描写"文化大革命"的"伤痕文学"，并且更多地将其作为社会学历史学文本来研究，同时着手研究上海租界时期的娱乐业研究，可能都与其妻子叶凯蒂的人生和学术经历有着千丝万缕的联系。

在对瓦格纳的学术谱系进行定位的过程中，无法避过的当然是美国20世纪中期兴起的中国学研究对其影响。如上文所述，瓦格纳曾多次赴美访学，后期更是长期应聘于美国波士顿大学，甚至可以说，他自我认知和学术身份到底归属于美国学者还是德国学者还是一个值得考证的问题。美国汉学与德国汉学之间有着千丝万缕的联系。朱政惠教授在编写美国中国学发展史的过程中特意加入了介绍德裔汉学家在美研究的一节：

> 他们的成就，使美国汉学也由对历史的目击、记录转向严谨的学术的汉学研究。他们成为美国中国研究开创期的重要代表人物。美国中国学早期发展过程中的"德国因素"影响了其整个汉学的发展。[2]

瓦格纳在20世纪80年代第二次来到哈佛的费正清研究中心后开始了

---

[1]参见陈菁霞：《叶凯蒂：一个移民者的学术之路》，载《中华读书报》，2012年12月19日。
[2]朱政惠：《美国中国学发展史——以历史学为中心》，上海：中西书局，2014年，第88页。

晚清研究，如第二章所详细阐释的，将瓦格纳的晚清史观归纳为"选择西潮论"。费正清和费正清流派以及后来的美国中国学几代学者对瓦格纳在研究视野、研究理念和研究方法等方面的影响巨大。瓦格的清史研究成果建立在几代美国中国学学者的基础之上。费正清开创的美国中国学是北美中国研究中的主流传统。这种传统主张研究现实中国。因为费正清主张历史研究中需要有一些回溯和思考的空间，所以研究包括晚清在内的近现代"中国问题"就成了主导。以哈佛费正清研究中心为核心建立起的庞大学术体系，其影响几乎覆盖北美中国研究的方方面面。费正清被称为美国现代中国学之父，他致力于"消除汉学的不可侵犯和不可触动的神话[1]"，开创中国研究的新范式，他超越传统汉学研究的藩篱，在太平洋战争的历史大背景下成功推动了中国研究的转型。他主张进行"区域研究"，对区域研究他所作出的解释是：

> 对中国的地区性研究（Reginal Studies），是哈佛大学对第二次世界大战所作出的反应之一。关于这个问题的一般性或总体的名称是"区域性研究"（Area Studies）。"地区性"（Regional）是哈佛大学学者对有关某一特殊区域研究问题的特殊称谓。这两个属的意义都是指进行更专门的、跨多个学科领域的研究，即充分利用社会科学的方法，集中对世界某一特定地区进行研究。[2]

区域学的建立是费正清中国学研究理念的一种集中体现，研究对象是单一的地理区域，研究方法综合了各个社会学科的理念。它把受过不同的学术训练的人文社会科学工作者集中在一起，是费正清眼中反对旧汉学偏

---

〔1〕参见朱政惠：《美国中国学发展史——以历史学为中心》，上海：中西书局，2014年，第227页
〔2〕［美］费正清：《费正清自传》，黎鸣、贾玉文等译，天津：天津人民出版社，1993年，第400页。

186

狭性的最好方法。这点具体到瓦格纳身上也有明显的体现，从瓦格纳离开
对古代典籍及其注释的阐释工作而着手进行中国当代文学研究，再到晚清
宏观叙事然后具体到对近代租界和纸媒的研究，瓦格纳研究方法涉及了史
学、文学、社会学、政治学等各个社会学科；同时在 1993 年回到德国海德
堡大学之后，他创立的海德堡大学东亚研究中心，对区域研究在汉学世界
的扩展做出了实质性的推动。关于以上瓦格纳的研究范式之改变这一点将
在下一节中进行具体的分析和探究。

　　黄宗智认为从 20 世纪 50 年代到 80 年代的美国中国学学人，以近现
代史为重点，兼及明清史研究，主要可以分为三代人，第一代的领导人是
哈佛大学的费正清教授，这代学人基本否认帝国主义这个事实，企图为西
方对中国的侵略进行辩护。他们把帝国主义视作"现代文明"的使者，将
帝国主义对中国的侵略定义为"两种文明的冲突"和"打开门户"。强调
"西方文明对中国的影响"，中国主权的失去被称为"中西共治"，模糊
了侵略和剥夺这个历史事实的概念和边界，这在瓦格纳的论述中也有很明
显的体现，无论是中国选择了西方，还是西方影响了中国，他谈到只是文
化和意识形态上的流动和变化，历史的本质没有被阐明。黄宗智认为从内
容上第一代学人主要集中于官方史；第二代学人结合社会科学研究经济和
社会历史；第三代则主要研究以普通中国人为主角的综合地方史，这种地
方史包含了自然社会、经济、文化、文学、思想和政治等各方面的历史研
究。[1] 虽然黄宗智的观点并非颠扑不破的标准，也有可以商榷之处，但作
为一个衡量体系具体到瓦格纳这个"外来者"身上，我们几乎可以在他的
研究历程上看到这种世代更迭之学术演变的整个过程。瓦格纳的"选择西
潮论"继承了费正清"冲击——反应论"的最核心精神，否认帝国主义国

---

[1] 参见黄宗智：《三十年来美国研究中国近现代史（兼及明清史）的概况》，见朱政惠编：《美国学者论美
国中国学——海外中国学研究丛书》，上海：上海辞书出版社，2009 年，第 3 页。

家的侵略事实，认为西方国家给中国带来的是文明的"西风"。在柯文提出"中国中心观"之后，瓦格纳又开始了以上海为代表的地方史研究，其中既包括了综合地方史，又包括了地方史基础上的一些具体微观的研究方向，比如新闻报刊史研究。

但是值得思考的是，在上文提到的美国华人学者黄宗智对美国中国学者的三代分类中和朱政惠的《美国中国学发展史》中均没有提到瓦格纳。同时一些用中文撰写的德国汉学史也只是简要地提及瓦格纳的名字。说明尽管瓦格纳的学术成果甚丰，学术经历复杂，中、德、美三国的汉学研究者的目光均没有很集中地投射到他的身上。本文简单地分析其中与他的学术谱系相关之原因：瓦格纳的研究方法、研究目的和研究立场在学术历程的前中后期发生了比较大的变化，从欧洲的重文献、重阐释、重经典，重文本的研究方式走到了美国重现实研究、重社会和政治价值，重文本之外的实用信息的道路，加之他一直在欧洲大陆和美国之间穿梭，不停地经历告别、分离又重新开始的过程。开发他的学术价值对欧洲和美国两方来说均具有一定的难度。不过换个角度，这种跨越大洋两岸的学术维度也具有它自身所存在的魅力，德国、美国和中国这三种迥然不同的文化传承交织和重叠在一起，形成变化、冲突、碰撞并最终融合，这使得瓦格纳有了自身独特的中国研究特色和研究成果。

第二节　　新旧跨越——瓦格纳学术研究范式

在上一节瓦格纳的学术谱系中我们回答了这样几个问题：瓦格纳为什么会成了瓦格纳？哪些因素造就了瓦格纳？通过对瓦格纳的个人经历、学术师承、学术思潮等各个方面的分析和阐释尽可能全面和细致地对瓦格纳的学术谱系做微观且定性的分析。在这一节中我们试图回答的问题是：瓦格纳的学术研究有哪些特点？他与其他的欧洲或者美国的汉学学者有什么不同？以时间轴形式纵观瓦格纳的学术历程，其学术研究的价值判断和研究范式因为其本人比较特殊化的个人经历和学术谱系的影响，呈现出一个动态的变化过程。这种变化行进不是单向的，不是简单的前进或者倒退，而是复杂和迂回的；这种动态变化也不是绝对的，变化中蕴藏不变，不变中暗伏变化。改变和不变互为依托又矛盾重重。本节考察瓦格纳学术历程的不同阶段，将瓦格纳的学术研究特色总结为"新旧跨越"和"多元判断"两个方面，首先"新旧跨越"是研究范式的特色，一方面阐述瓦格纳治学之理论指导和方法论从欧洲"旧"汉学向美国"新"中国学的跨越，另一方面探析他在美国中国学的理论范畴里逐渐放弃"旧"的以西方为中心的宏观历史叙事，走向以"中国中心观"为指导的"新"的微观化和地方化的中国学研究；其次，"多元判断"是从价值判断的维度出发，探析瓦格纳学术立场中一直存在的矛盾。鉴于其为一个不易分割动态变化过程，本节在对瓦格纳整体学术特色的考察过程中没有将王弼研究排除在外。

本节重点阐述瓦格纳的学术研究范式如何在经历了从"旧"到"新"的维度跨越，成为一本汉学研究范式"历史教科书"的过程。这种跨越首先指向从欧洲传统汉学范式向美国中国学研究范式的转变，以及其在不同阶段所表现出的迥异特征；其次涵盖美国中国学范围内从"旧"的费正清模式之宏观史论向"新"的柯文模式之"中国中心观"叙事的转变。这里所说从"旧"到"新"的跨越并不是指欧洲汉学传统是"旧"，而美国中国学就代表"新"，也不是说宏观清史研究属性为"旧"，"中国中心观"就一定代表崭新和先进的模式。这里的"新"和"旧"不包含价值判断，只是根据其出现时间的前后来代表两种不同声音。

瓦格纳学术生涯的初期主要从事王弼《老子注》的研究。中国哲学界在瓦格纳之前均将王弼的《老子注》当作独立的哲学著作来研究，而瓦格纳则认为："它们是作为另一有更高权威的文本的注释来展开其论辩的。

其结果是，它们与本文的互动关系、它们的注释策略并没得到研究。"[1]

　　瓦格纳自己也明确了解释学传统指导了他的王弼研究：

　　　　我自己的方法论背景内在于解释学传统。1961年读了伽达默
　　尔（Gadamer）的《真理与方法》以后，为了学到更多的解释学
　　方法，我决定前往他当时任教的海德堡大学……如果没有在海德
　　堡那些年的刺激，对王弼用于其注释中并使他的注释为原本不同
　　意其哲学宗旨和分析的学者信服的复杂方法和程序的分析，是无
　　法想象的。[2]

　　伽达默尔的哲学解释学可以说是瓦格纳理论学养中最为重要的部分
之一。伽达默尔在对历史意识进行批判时提出了一系列的概念，如"偏
见""效果历史""时间距离""视域"和"融合"，并用"效果历史"
的概念来阐释文本。伽达默尔的哲学思想看似可以用简单的语言来解释其
原理，实则博大精深，其学术背景、理论推导、概念描述细致繁复。整个
概念史的思维过程是比较艰深和无法使初学者理解的。当然这样的语言功
力和表达方式让伽达默尔的哲学解释更具独特的学术底蕴。伽达默尔选
择"偏见"这个概念作为对历史意识进行认识的开始，这里的偏见德语为
"Vorurteile"，并没有现代语义学中的贬义，而是取德语的本意，也可以称
为"前见"。伽达默尔为偏见正名，他认为为了理解某物，一切理解都包
括前理解即偏见，这是由每个理解主体不同的历史环境和个人条件决定的。
伽达默尔批判了启蒙运动要求消除一切偏见的主张。他认为这本身就是一

---

〔1〕［德］鲁道夫·瓦格纳：《王弼〈老子注〉研究》（上），中文版序，杨立华译，南京：江苏人民出版社，
2008年，第4页。
〔2〕［德］鲁道夫·瓦格纳：《王弼〈老子注〉研究》（上），中文版序，杨立华译，南京：江苏人民出版社，
2008年，第4页。

种偏见。偏见是人类理解的真正条件，无偏见无理解。与个人的判断相比，个人的偏见是一种更为实在的历史存在。偏见的存在并不意味着理解是任性的，一个受过哲学界解释学训练的人应该可以认清，哪些是错误的有问题的假偏见，哪些是理解过程中的真偏见。也就是偏见必须用理性来认识和辨别，虽然这个任务可能永远都不能完成，因为理性是历史环境中的理性，有着它自己的局限性，但是对意识到偏见的存在是必须的。伽达默尔也反对启蒙运动的反传统，因为传统本身在人们身上实现；因为传统总是通过人们的消化吸收才能传播，而这种消化吸收本身就是一个选择性的过程，有选择即有理性，所以传统并非反理性的。历史意识和审美意识相似，其特点都是由距离决定的，曾经的诠释学认为要把握历史时间最好的办法是跨越理解主体与历史事件之间的时间距离，恢复原有环境，以便把握历史的真相。但是伽达默尔认为人是历史的存在者，并不可能回到历史的过去，人们要做的不是回到历史，而是将历史纳入自己的世界。伽达默尔认为"时间距离"并不是妨碍理解的鸿沟，甚至时间距离的存在在历史的理解和评价方面给了人们特殊的帮助。黑格尔在《法哲学原理》（*Grundlinien der Philosophie des Rechts*, 1820）的序言中说：

> 哲学的任务在于理解存在的东西，存在的东西就是理性。就个人来说，每个人都是他那时代的产儿。哲学也是这样，它是被把握在思想中的它的时代。妄想一种哲学可以超出它那个时代，这与妄想个人可以跳出他的时代，跳出罗陀斯岛，是同样愚蠢的。[1]

---

[1] 李雪涛：《误解的对话——德国汉学家的中国记忆》，北京：新星出版社，2014年，第7页，引自［德］黑格尔：《法哲学原理》，范扬、张企泰译，北京：商务印书馆，1961年，第12页。

　　就如同伽达默尔说，"历史精神的本质并不在于对过去的恢复，而在于与当代生活在思想上的沟通"[1]。伽达默尔认为我们必须将过去纳入我们的世界中来。以历史的特殊形式文本为例：由于受限于历史与文化条件，我们只能设法去理解对象。于是对一个文本来说，它就可以没有最终且确定的意义。例如，一个经典文本，当它在不同的世纪被不同地理解，成为不同的体验时，它呈现了一个意义历史发展的过程。这种文本没有终极意义和确定意义而存在于每一种理解中的情形，就是传统自身在艺术文本、习俗，尤其是语言里的本质表达。假如一个文本为读者所理解，伴随其所表现的传统而来的那些遗传下来的偏见没有被读者接受，那么，他们就会随着时间距离的拉大看见我们和文本之间所存在的差异——文化的、历史的差异，也才能区分偏见。

　　"效果历史"是伽达默尔一个重要的规定性概念，效果历史强调意识与历史主体的不分离性，表明了意识在历史事物本身中的作用。伽达默尔的要求是，理解和阐释要意识到效果历史。这种意识意味着人总是处在一个处境之下，并不能够脱离这个处境来认识和评判历史。历史本身和理解主体永远互为关系体。用文本来解释的话，即文本和读者永远处于相互作用的磁场中，只有在永不停息的相互作用之下才能达到相对的文本意义的理解。这就是效果历史的作用，而时间距离是效果历史产生作用的前提之一。伽达默尔在效果历史作用的过程中又提出了"视域"的概念，"视域"指的是在固定一个立场所能看到的一切。而人们总认为要理解一个人或一件事就要试图站到他的立场，进入他的视域。这叫作视域迁移，但是伽达默尔不认为视域可以轻易地进行简单的由此及彼的改变和迁移。在视域迁移的过程中，一个人进入另一个人的立场，也就将其自身的立场带了进去。

---

[1][德] 伽达默尔：《真理与方法——哲学诠释学的基本特征》，洪汉鼎译，上海：上海译文出版社，1999年，第168-169页。

192

他带着自己的视域，将自己的处境注入了那个试图要去理解的立场，这样的过程就叫作"视域融合"。值得强调的是，这融合在一起的两种视域不会完全分离，也不会完全重合，而是一个相对的永动的过程。

由于理解是历史性的，读者和文本之间总是横跨着时间距离，但这个时间距离不一定会影响读者对文本的理解，反而推动了读者对文本的理解。因为效果历史意识是开放性及问题性的，文本将不停地对读者提出问题，读者需要理解及回答文本提出的问题，在这个过程中推动了文本和读者间的视域融合。文本的意义和读者的理解都在视域融合的过程中不断地提升。伽达默尔维护文学阐释活动中读者的能动地位和权利，"在这里允许我为读者的权利辩护，读者就是要读诗，并将它看成自己的东西。在这样一个事实体中，对理解进行结构与日常生活中人与人之间的交谈完全一样。无论是当面说出，还是诗中说出——作为接受者，我们会试图去完成被说之物的含义一体性（Sinn-Einheit），接受者是伙伴，要同行和回答，或者是一首诗的读者，他与诗同行，最终与诗同唱。倡导与诗同行一直是诠释的第一任务"[1]。以接受美学闻名于世的姚斯就是伽达默尔的学生，应该说他对读者的强调很大程度上脱胎于伽达默尔的诠释学。伽达默尔坚持认为，诠释的目的不是理解及阐释那个作品对它的原始读者和作者意味着什么，而是理解及阐释对于现在的我们意味着什么。依照加达默尔的观点，诠释带来了一种过去与现在的对话、他者与我们的对话，这种对话发生在二者之间视域融合的瞬间。

哲学解释学的精神一直贯穿着瓦格纳的早中期研究，王弼研究和中国当代文学研究中都看到诠释学的具体实践。瓦格纳一直致力于文本和读者的对话和互动。瓦格纳将诠释学作为一种方法论来使用是非常符合伽达默尔的本意的。哲学解释学除了在本体论的角度上是一种哲学理论外，还具

[1]［德］伽达默尔：《美学与诗学：诠释学的实施》，吴建广译，北京：商务印书馆，2013年，第440页。

有非常强烈的实践性，它反对形而上学的预设，表现在对文本诠释的实践
中，就是与理解文本的艺术有关的学说；重视文本和重视读者体现在瓦格
纳诠释学实践的方方面面。

我们可以把读者分成两个层次：第一个层次是对原始文本进行解读的
读者，解读者本身的传统和前见影响了其对文本的解读结果，解读者对历
史的看法映射到了对文本的诠释之中；第二个层次的读者面对的是第一层
次的读者作为作者所生产的文本，通常表现为文学评论者或者学术研究者
写的解读文本。瓦格纳将王弼《老子注》作为一部《老子》的注释作品来
看待，他对王弼的注释技巧进行了详细的解读和剖析。他塑造的王弼形象
为接受文本内在约束的前提下，努力消除文本的多义性，并做出了"推论
性"的翻译，即符合王弼老子解读的翻译，并在此基础上将《老子》中的
哲学含义进一步阐发。这是非常典型的伽达默尔哲学解释学中所提出的方
法论，倡导读者和文本的视域融合。在瓦格纳解读王弼《老子注》的过程
中，存在着两重视域融合的过程：第一重的视域融合是王弼与老子的视域
融合，这时王弼是读者，《老子》是文本。王弼和《老子》之间隔着八百
年的时间长河，而《老子注》试图去除《老子》文本所有可能的多义性，
阐发文本本身所具有的唯一一种合理选项。这是瓦格纳试图破解王弼注释
密码的过程，以此探析王弼与《老子》文本视域融合的发展过程和最终结
果。第二重视域融合发生在瓦格纳和王弼《老子注》之间，这时王弼写的
《老子注》是文本，而瓦格纳是读者，瓦格纳凭着自己的汉学学养以王弼
为本体，研究其哲学思想。

瓦格纳研究中国当代文学的方法要比王弼研究来得更为多元，其中
最明显的是新历史主义建立在互文性基础上的文学研究方法，但重视文本
和文本分析，重视读者的解释学方法基本特征还是体现得非常明显。伽达
默尔指出，诠释的难题之一是如何克服文本与读者距离的疏远，即一个从
原始文化和历史环境中分离出的文本如何与当代读者沟通，被当代读者理

解，而这个论题很好地展现了瓦格纳对中国当代文学诠释的基本背景。他
认为，这一难题始终伴随着对所有历史艺术作品的阐释，也伴随着所有试
图理解另一种文化和另一类人的努力，而瓦格纳在中国当代文学领域的学
术研究某种程度上成了一个可以用诠释学来解释的误读范例。瓦格纳开始
中国当代文学研究值 20 世纪 80 年代初冷战正酣之际，瓦格纳刚刚从美国
归来，受到了美国中国学将汉学与现实生活相关联的理念影响。带着这样
的前见瓦格纳开始了他的文本解读。在实践过程中，他把对 1949 年后的中
国当代文学在政治意识形态上的偏见完完全全地投射到了文本理解中。属
于那段历史的瓦格纳做出了只属于那段历史的文本阐释。他认为中国当代
文学作品完全是时代和政治的产物，并没有文学价值可言。因为本节研究
对象为瓦格纳的学术研究范式，因此，暂时不对其进行价值上的评判。从
方法论的角度来说，不同的汉学家因为个人条件不同，其对文本的解释也
不同。这也正是哲学解释学这种方法的魅力所在。在这样的理解和解释活
动中，我们加深了对冷战时期西方汉学家对误读中国之方式和视角的认识，
了解了汉学家的个体性和时代性对其"他者"认识的重要影响。

> 不论是汉学文本还是汉学家本人，两者都是开放的。尽管汉
> 学文本是具有历史性的，但对其的阐释则是无限的、开放的。每
> 个汉学研究的个体虽然是有限的、具有时代性的，但就文化传承
> 来讲，整个人类历史的发展，却又是无限的，因此人们对汉学的
> 阐释和经验也必然是无限的。汉学文本的开放性就在阐释者的有
> 限性和无限性的矛盾统一中形成。[1]

伽达默尔的哲学解释学对包括瓦格纳在内的一代德国汉学家具有重大

---

[1] 李雪涛：《误解的对话：德国汉学家的中国记忆》，北京：新星出版社，2014 年，第 122 页。

的意义，对他们理论视野的建设和方法论体系的构架都起到了巨大的影响。顾彬也在多种场合从多种角度谈到伽达默尔和哲学解释学对他的影响。

学术生涯初期的瓦格纳用哲学解释学作为最主要的方法论指导，将中国古代文本作为研究对象，属于欧洲汉学传统的研究范式。瓦格纳对中国当代文学的研究可以看作从欧洲汉学传统范式到美国新中国学范式变化过程中的一种过渡，首先他依然遵循欧洲传统，非常注重文本分析。他对中国当代文学中的文学文本和与其相对应时期的政策文本进行了详细的互文性研究。但同时因为美国中国学强调研究与现实的关联，作者作为汉学家的价值判断受到了冷战和全球化策略的强烈影响，因此在研究过程中他非常强调政策文本的重要性，在某些程度上甚至代替文学文本占据了中心位置，最终很大程度上主导了文本解读结果。虽然根据第四章的内容，我们对瓦格纳在中国当代文学中所表现出的政治意识形态观持着比较质疑的态度，但仍可以客观地对其所使用之方法论给予应有的评价。

瓦格纳正式转向美国中国学研究范式是从宏观晚清史研究开始。他在20世纪60年代末第一次来美国，这正是以费正清为代表的美国中国学开始如火如荼发展的时段。在中国当代文学研究之后，瓦格纳改变学术方向开始了费正清所提倡的中国学"区域研究"，区域研究本身具有相当强烈的文化对策性和政治意识形态色彩，换而言之，区域研究很大程度上是为了美国全球化战略而服务的。区域研究从方法论上来说是一个复杂的整合体，是跨学科的整合，既包括多学科知识的整合运用，也包括多学科方法论和研究资源的联合，将一些原本无法统一在一起的材料、数据和现象加以梳理、归纳和总结，并在一个更为立体和宽广的视野之内进行分析和解读。这是一种多学科科际整合的研究方法。美国学者在区域研究的框架下对清史研究倾注了很大的热情，这可能与清代在中国历史中承上启下的时段有很大关系，对研究中国社会和其文化传承具有一定的意义。瓦格纳在晚清宏观叙事里使用了比较史学和比较文化学的方法，同时还运用了现代

196

和后现代主义的理论，以及政治学、社会学甚至经济学等各个学科的概念。

伦敦大学历史教授巴雷特在《不思进取，不可思议：汉学书籍和英国学者往事综述》中总结了费正清对"欧洲"和"美国"两种研究范式变化之认识：

> 费正清认为，汉学与社会学的结合以先孕后婚的方式出现在第二次世界大战期间和之后。不过，不管这种延误多么不应该，结合多么勉强，它在美国出现的实践却比任何地方都更早一些。以巴黎为基地的汉学过去美国人想拼命超越，结果，与社会学家理论上更为大胆的方法相比较却显得非常浅薄。费正清本人曾用这些话对巴黎汉学的渊源关系进行了描述："建筑学书大厦的资料砖块的积累（至少也是知识的堆砌）形成了微观汉学传统（tradition of micro- sinology），它汲取的只是考证学传统（为文本事实而事实）的营养。"[1]

必须声明的是，本书并不赞成费正清把欧洲汉学传统解释成考证学的观点，也不赞成用社会科学方法研究汉学的模式更为深刻的比较，有很多欧洲汉学家对美国中国学的研究方法和思维方式提出了尖锐的批评。这并非本节的研究重点，引用该段只是为了说明在费正清时期，两种研究模式迥异之处就已经凸显出来。值得一提的是，虽然费正清对欧洲汉学的传统研究方式进行了批判，但费正清的研究范式也很快地被他的徒子徒孙所扬弃。从诞生之初起，美国中国学就与社会科学的各种思潮紧密地关联在一起，因此当社会理论的前沿发生转移和变化，美国中国学的研究命题和范式就会进行转换。在人类学"民族志"和强调历史个别化特征等方法的

---

[1] T. H. Barret. *Singgular Listlessness*, London: Wellsweep. 1989.

影响下美国中国学有向中国地区史靠拢的倾向。一些变化强烈地出现在了
"中国中心观"出现后的瓦格纳中后期中国学研究中：首先，中国历史研
究地方化的大背景下，他开始了上海城市研究。在上海研究中他使用了多
学科科际整合，使用多科思维的研究方法，比如注入了生态学和新闻传播
学的概念；其次，在研究理论中导入社会科学的概念。罗威廉将哈贝马斯
的公共领域概念移植到他的汉口研究中后，瓦格纳也试图将公共领域的概
念进行界定后，与他的上海城市研究结合起来。这是瓦格纳前期研究所没
有过的；再次，20 世纪 80 年代以来，社区研究方法又开始向文化分析的
方向转型[1]，瓦格纳乘此东风，将公共领域下的上海研究进一步细化，带领
整个海德堡团队开始了上海新闻报刊史的研究，甚至对妇女史和多维语境
下上海娱乐史等街谈巷议的"边缘史"表现出了一定的兴趣。

　　瓦格纳在研究范式上的这种"新旧跨越"具有一定的先进性。这里所
指的先进性并不是指哲学解释学的方法论是落后的，相反哲学解释学的方
法是具有高度先进性的人类文明成果，在瓦格纳的整个研究生涯中也从未
放弃过；瓦格纳在研究范式上勇于改变的先进性主要体现在：在中国学领
域内，摆脱如同观察博物馆中陈列物的态度，以静态眼光解读中国文化，
而承认中国文化充满活力以及和现实生活、国际社会有着不可割裂的联系。
兼顾理论与文本、单科与多科、历史与现实，是现代科学研究之潮流，使
中国学研究进入多层次、多方位和多视域的评价体系。深受欧洲传统汉学
熏陶，并且在 1993 年就凭借王弼研究取得德国莱布尼茨奖的瓦格纳，随着
对美国中国学了解和学习的深入，逐渐改变了欧洲习惯，重新学习美国中
国学带来的新思维和新理论，并且随着其各个核心概念的更迭，不断地深
化或者说尝试深化自己的中国学研究方法。抛开对美国中国学各类概念在

---

〔1〕参见杨念群：《美国中国学研究的范式转变与中国史研究的现实处境》，见朱政惠编：《中国学者论美国
中国学》，上海：上海辞书出版社，2008 年，第 92-110 页。

198

学术价值上的种种臧否，放下欧洲汉学和美国中国学相互之间的各种批评和攻击，瓦格纳的这种不囿于已有的学术研究成果；不止步于自身的学术传承；不断接受新概念；不断尝试新方法；不断进入新领域的学术开拓精神是非常正面和值得肯定的，同时这也构成了其学术研究的主要特色之一。

第三节　多元立场——瓦格纳学术价值判断

瓦格纳在他的学术研究中所表现出的对中国的价值判断是十分矛盾和多元的。在他身上表现出强烈的愿望与立场之矛盾：他对中国文化有着深厚的感情，胸怀探索中国文化内核的抱负，在本意上拒绝西方中心论，想要突破地缘和空间距离地观察和探讨中国问题。瓦格纳这样向记者表达他毕生进行汉学研究的愿望："通过他的研究，尽可能地接近中国历史的真实脉络，尽量解读中国文化与文人思想的内涵。这是他从十九岁时开始学习汉语、接触汉学时就一直不变的愿望。"[1]他对西方理论的非普适性有着清楚的认识，他曾经批评哈贝马斯的公共领域理论完全不适合中国晚清的状况，是只适用于欧洲的理论体系，也对伽达默尔执着于欧洲不肯将理论眼光放眼世界有过微词。他如此描述他的老师伽达默尔研究的局限性：

> 在一个 1963 年的海德堡大学教授那里，他和赫拉克利特的距离与他和庄子的距离大概是一样的；而在一个 1963 年的北京大学教授那里，他和庄子的距离与他和赫拉克利特的距离也是一样的。简言之，要理解这些遥远人物的思想并且与之建立紧密的关联，一个人不得不小心地重建他思想的眼界。这种享有通向"自己的"

[1] 胡思华：《瓦格纳：让更多人读懂汉文化》，载《东方教育时报》，2013 年 6 月 26 日。

传统的特许入口的假设或许最终将构成对于理解传统而言极为可怕
的障碍，并且养成一种使传统简单化来适应自己目的的意愿。[1]

在这段话中，他用哲学解释学的方法展示了一种愿望，克服"他者"
之间的距离，以观察"自我"的视野和角度来观察"他者"，实现文化阐
释的"在地性"，杜绝东方主义或是西方主义的俯视角度和远观距离。他
一直试图颠覆西方理论构造的秩序世界，挣脱西方理论大师的桎梏，找到
西方"自我"和中国"他者"之间的沟通道路，他曾经一心沉醉于中国古
典文学和哲学文本的研究，希望用西方的理论特色，为多义性的中国古代
文本找到唯一而精确的哲学认识，充当中国文化与西方大众之间的桥梁：
"我想要说服伽达默尔和他的继任者将他的机构的视线扩展到中国哲学、
佛教哲学或者阿拉伯哲学的努力在很大程度上失败了。"[2]

瓦格纳在他的研究实践中却表现出很多与其愿望相悖的立场和判断。
他对中华人民共和国成立后的文学研究，只能说是一种"外部观察"，不
能体会到与其精神层面的对话，更多的是作为一个远远伫立用望远镜观察
着"远方"的西方学者。瓦格纳对中国现当代文学的评价在一定程度上是
一种意识形态和阐述霸权的结果，没有完全从中国现代文学的文本出发，
没有对文本进行细分，对所有的文本抱有整体性的僵化认识，全盘否定其
文学价值，这是片面和不公正的。他并没有完全从中国当代文学的文本出
发，没有对文本进行细分，对所有的文本抱有整体性的僵化认识，否定其
审美价值，并将自己对中国或者说东方的政治期待和刻板印象作为其文学
评论的尺度和标准。从王弼哲学研究转到了与时代相关的文学文本研究上，

---

[1] 张一帆：《访谈：德国海德堡大学教授鲁道夫·瓦格纳：重建思想的眼界——跨文化视域下的概念史研究》，载《文汇报》，2015 年 03 月 20 日。
[2] 张一帆：《访谈：德国海德堡大学教授鲁道夫·瓦格纳：重建思想的眼界——跨文化视域下的概念史研究》，载《文汇报》，2015 年 03 月 20 日。

200

其背后暗含着他对马克思的政治理想在现实层面，即东方的中国落实的热
切愿望。所以他在头脑中构建了一个"美好的"社会主义东方革命时代，
并且要求文学对它进行表达。季进教授将这种情况归纳为"缺乏在地性"：
"文化转向"使得"在地性主体"成为一种必要。"缺乏在地性"有一种
表现就是"磨灭作家的个人经验与特性，将其作品和人生拆分开来，对号
入座式地回应历史的主流变迁，比如以文学革命、革命文学等大历史分期
来结构一个作家的写作特征和生命沉浮"。在这个过程中瓦格纳将作家的
个人性与时代性混淆在一起。季进教授强调要"从作家作品的自身出发来
思考与阐释问题，"不能让中国现代文学成为阐释西方的材料"[1]。

以《中华人民共和国的文学与政治》为例，瓦格纳是中国当代文学
原始文本的读者，同时因为诠释学注重读者的习惯，他也同样非常在意自
己的读者，这可能也是他比较容易被西方时代大潮中占主导地位的意识形
态牵引的原因之一。通过瓦格纳的字里行间我们都可以体会到他对读者的
这种重视，在阐释七八十年代的"伤痕文学"的集子中，他强调了没有选
择"伤痕文学"时代最具盛名的两部短篇小说，是因为觉得德国读者无
论在文字还是社会历史背景上都无法真正地理解。由此可以看到，一方面
瓦格纳将读者当作一个行文过程中实实在在需要考虑到的因素；但另一方
面，毫无疑义的是，瓦格纳的作品只求与西方读者的视域融合，他的受众
只是西方读者，至于中国读者的喜好憎恶、理解能力和历史处境等并不在
他的思考范围。一个汉学家在他下笔时，洋洋洒洒书写面对的对象是谁？
思绪中的想象读者是谁？这是根据哲学解释学方法理解一个汉学家的学术
成果时很值得思考的问题，同样值得我们注意的问题是在如此浩瀚的现当
代小说当中，为什么瓦格纳选择了这些作品进行研究，或者缩小范围说，
在"伤痕文学"中为什么他选择了那几篇来进行翻译和研究。与顾彬和冯

---

[1] 季进：《季进文学评论选》，南京：江苏凤凰文艺出版社，2017年，第8页。

铁相比，瓦格纳作为研究对象的文学作品的选择针对性更加强，受众面更加小。瓦格纳反复强调，"伤痕文学"并无所谓的文学质量可言，而只存在政治意义。同时又一再申明德国读者的前期知识储备和理解水平并不能理解这些文学作品的所指，所以在这种情况下选择了所谓德国读者最能理解的几部作品收纳入集。首先这种选择是否客观，这种展现是否缺乏对前期情况的客观解释都值得商榷。这恰恰可以解释为一种迎合德国读者的猎奇行为。瓦格纳将中华人民共和国文学描述成一种不可靠近，无法理解的"野兽"，满足的仅仅是西方读者的一种对不同意识形态的窥视心态。"仁者见仁，智者见智"，在这样的引导和解读下，西方读者只可能看到他们在已有的意识形态偏见下想看见的东西，解读和阐释带有太多的导向性和个人性，对中国文化走向世界没有好处。瓦格纳在接受《文汇报》专访介绍自己的学术研究历程时表示："1978 年以后，我读过一些'文革'之后的短篇小说（包括刘心武、王蒙），我认为中国有了重要的转变，将来很可能会有丰富的学术交流"[1]，所以"我既处理上古的问题，也同时关注新中国建立以后的现实"[2]。这说明瓦格纳进入中国当代文学研究领域的本意是想了解中国社会的转变并引导西方社会对其进行新的认识，但最终，这项研究并没有起到他所预想的正面文化传播作用。当然我们也必须客观地考察瓦格纳在研究立场和价值判断方面的变化及其变化原因，研究中国当代文学时期是冷战尚未结束，意识形态对立严重，同时他接触了美国中国学学术研究要为现实政治服务的思想宗旨。大环境因素导致了这样的政治意识浓重的作品出现。

他在关于晚清的研究中强调，中国社会从既有的传统中出发，根据新的时代和社会环境对外来文化进行选择，又经历了两种文化相互排斥、相

[1] 张一帆：《访谈：德国海德堡大学教授鲁道夫·瓦格纳：重建思想的眼界——跨文化视域下的概念史研究》，载《文汇报》，2015 年 03 月 20 日。

[2] 张一帆：《访谈：德国海德堡大学教授鲁道夫·瓦格纳：重建思想的眼界——跨文化视域下的概念史研究》，载《文汇报》，2015 年 03 月 20 日。

互改变最终走向了一种新的文化生态。从这个意义上说，他的这种晚清研究有着自身特色。强调了中国作为选择主体的主动性和西方国家作为客体被中国文化改造的过程，当然其"选择西潮论"是带有鲜明的西方印记的，中国世纪之交的全部主题却完全由西方文化规定；中国选择的"主动性"不是完整和纯粹的，这种主动是部分的意愿上的主动，但在选择内容上并没有完全的自主权，也就是说在这样的选择过程中，中国也被迫接受了不想接受并且伤害中国主权及利益的某些选项。从根本上来说这仍然是一种高高在上的西方中心主义态度，自认为比中国人更能清晰地判断、洞悉和把握中国历史的实质，可以强调中国的选择权，自然可以推导出近代历史基调虽然都由西方决定，但选择全部都由中国主动做出，自然也可以名正言顺地忽视中国利益所受到的伤害。瓦格纳不仅没有承认中国的被侵略且又将西方的思想理论体系作为衡量中国历史研究价值的准绳。他对中国的治史观颇有微词，将中国历史的书写描述为"拿来主义"。如果这样的描述成立，那么中国人所书写的中国历史就毫无可信度和权威性可言。西方成了中国唯一合理合法的诠释人：

> 让历史为我所用是中国传统政治文化的固定组成部分，而这种占有是建立在自己的立场永久有效性的基础上的。"儒家思想"和"马克思主义"都遵循了这种传统，两者都从自己原则的永久有效性出发并以此从理论上论证了拿来主义。在历史角度下的当代也会从未来的角度去处理；对手的弱势的立场必须逐词全面的粉碎，不管是在他们自己那儿，在他们的著作里还是在他们的组织机构里。这样做的目的是确保自己的永久有效性……[1]

---

[1] 参见 Wagner, Rudolf G., „Staatliches Machtmonopol und alternative Optionen zur Rolle der ‚westlichen Barbaren 'im China des 19. Jahrhunderts ", in hrsg. von Jan Heeren Grevermeyer, *Traditionale Gesellschaften und europäischer Kolonialismus*, Berlin: Sydikat Autoren- und Verlagsgesellschaft, 1981, S. 105.

　　这就是在瓦格纳的文本中，时不时地会凸显一个高高在上俯视中国的
西方人形象。这是一种想要抛开前见又最终不得不回到其中的无奈，他依
然常常用那个不平等的西方视角审视中国。此外，美国中国学的清史研究
虽然政治意识形态的因素并不显性，但他们常常抱着一种文化实用主义的
态度，换而言之，就是将中国社会与西方社会发展进行对立比较，希望从
我们的文化特色中找到对西方的补益，与我们进行文化上的交往时，应该
考虑哪些历史性的因素，采取什么样的文化策略。虽然其着眼点是中国的，
但出发点却是西方。

　　瓦格纳试图借用"公共领域"的概念来构建上海研究和《申报》研
究的解释模式。其学术立场也是多维度的，首先，它容易使人看到并形
成这样的偏见：中国的历史现象只有用西方的概念才能解释，同时只有
符合西方现代化理论和概念的中国历史现象才值得被研究；但在"小生
境"概念下，瓦格纳建构了一个总体性的模式。他以充分的理由认为，
在减少了中国朝廷影响的小世界中，西方文化得以渗透并建立了自己的
社会模式，但是这种被屏蔽的影响仅仅是政治制度上的，在文化意识上
这种社会模式并不能以完全西方的方式扎根下来，一切仍然必须建立在
中国人传统的基础上。西方文化能在租界扎根一个重大的原因在于其冲
破了西方本身的传统。

　　西方汉学家从西方的立场来研究中国是一件十分符合逻辑的事，汉学
本来就是从"他者"的角度来观察中国文化，以满足其自身文化发展的需
要，在这个过程中不同的文化、不同的历史、不同的视角和不同的思维习
惯进行碰撞、冲击和切割，出现误解和误读是非常正常的，我们不能将其
一概归于东方主义的概念之下。乐黛云老师这样用一个寓言来比喻汉学家
在中国文化研究过程中所出现的"误读"：

　　　　由于文化的差异性，当两种文化接触时，就不可避免地产生

误读。所谓误读就是按照自身的文化传统，思维方式，自己所熟悉的一切去解读另一种文化。……人们在接触另一种文化时也往往如此。他原有的"视域"决定了他的"不见"和"洞见"，决定了他将对另一种文化如何选择，如何切割，然后又决定了他如何对其认知和解释。因此，我们既不能要求外国人像中国人那样"地道"地理解中国文化，也不能要求中国人像外国人一样理解外国文化，更不能把一切误读都斥之为"不懂"、"歪曲"、"要不得"，其实，误读往往在文化发展中起很好的推动作用。[1]

但同样的道理，对西方汉学家对中国文化的"误读"，我们也要进行产生原因上的具体分析，不能凭借异质文明的"他者"身份一概而论，应该分清两种情况：哪些误读是出于自身经历和历史环境而做出的不同于中国人视角的认知，是一种可经过分辨和思考后可以进行历史性解释的"误解"，哪些是出于一种纯粹的政治意识和潜在的冷战思维而得出的非学术的结论，对其需要进行学术性的批判。他的学术价值判断中洞见与不察之共存体现得非常明显。瓦格纳在中国当代文学研究之后的学术生涯中，汉学研究中的强烈的政治意识形态逐渐淡化，本书分析原因有二，首先，他与中国接触越来越多，对真实中国的认识越来越清楚及具象；其次，美国中国学中研究范式不断在变迁，整个学界对后殖民主义的警惕日趋加强，东方主义有所松动。瓦格纳在晚清研究特别是晚清上海研究和《申报》研究中，虽然使用了西方视角，但却处处有着智慧闪烁之光，为中国文化的解读和传播提供了多维度的可能性。其中误读的部分可以做出历史性的解释，属于瑕不掩瑜的"他者误读"，是一种正常文化现象。"海外汉学家正式通过对中国文化的'误读'，实现了对中国文化和学术的创造性解

[1]乐黛云：《文化差异与文化误读》，载《中国文化研究》，1994年夏之卷。

释。"〔1〕瓦格纳的晚清研究和公共领域研究虽然还是具有一些文化实用主义
的目的，没有摆脱西方中心主义的窠臼，但这些研究拥有内在体验和生命
情怀。首先，瓦格纳的晚清研究超出了文学文本的研究范围，扩展到了很
多社会学的文本，视野广博，并且试图突破中西二元论模式，充分认识到
了中国选择主体的身份。他充分发挥了自己在概念史、跨文化等方面的学
养，把自己广博的西学功底发挥在对中国情况的研究上，以一种跨越中西
对立的学术视野来探究晚清中国的历史内涵和社会内涵。晚清社会种种现
象跨文化的研究和突破二元对立阐释使其研究成果产生了超越民族和国家
界限的普遍价值，并有可能被更广泛的西方读者所理解和接受。这显然在
客观上有利于中国文化的对外传播，显然有利于中国文化真正走向世界。

　　瓦格纳在学术研究中的价值判断也可以用伽达默尔的哲学解释学理论
来阐释。瓦格纳在他的学术活动中作为理解和阐释的主体，亲身实践了伽
达默尔的理论。伽达默尔的视域融合概念中要求双方共同参与达到，因此
可以克服自己的个别性，也可以克服他者的个别性，这本来是汉学研究追
求的最高境界。作为一个西方世界的汉学家，瓦格纳学术研究工作和多年
在中国学领域的探索非常符合伽达默尔所描述的理解活动。瓦格纳作为一
个现代人，与中国历史之间有着悠长的时间距离；作为一个西方人又有着
遥远的空间距离。他身上就带有其特定的立场和处境，从完全不同的视域
来观察研究中国的历史文化，哪怕汉学家本身有进入被研究事物的愿望，
其视域融合的所得出的结果必然是与原来的视域不能完全融合的。正由此，
他的汉学研究即生出无穷幻彩的魅力，因为这份来自异邦的思索自会带给
人们完全不同的学术角度和文化蕴含；同时又产生了各种误解的可能性，
因为初步立场不同，加之每个人的个人经历、性格和历史处境不同，就会
产生各种错误偏见的可能。按照伽达默尔的阐释，这需要理解主体本身

---

〔1〕李雪涛：《误解的对话——德国汉学家的中国记忆》，北京：新星出版社，2014年，第260页。

对偏见有足够多的认识。顾彬写道:"1966年,我读了他的书《真理与方法》……该书呈现的这种诠释学哲学,不仅是两个个体的存在性相遇的事情,而且也关乎不同文化、不同人民之间的相遇。"[1]

伽达默尔诠释理论中重视阐释对话价值。他的理论显示着我们将从那些环绕我们的传统与文化,以及那些更遥远的被我们自己尽力解释的历史中有所收获,有所归属,或更直接地说,理解意味着皈依相同和承认差异。[2]伽达默尔告诉人们:各种距离令我们与文本的意义疏远了,诠释就是要穿越距离形成对话和沟通。因为在具体的理解活动中对差异和距离的理解不同,形成了瓦格纳学术研究中洞见与不见共同存在的特点。

希腊神话中的雅努斯神有着两副不同的面孔,这个特征十分贴合瓦格纳学术研究中处处透露出来的两面性,他在行文之中的态度时常发生着变化,时而是真情实感贴近中国问题,考察中国文本的学者,甚至有时会扮演在西方读者面前维护中国文化的角色。但他笔锋一转,经常会隐晦或者直接地表达对中国当代文学甚至是中国当代社会及政治的不屑和距离感,有时甚至是通过各种语气词来表达。他坚信在世纪之交的中国,现代强于传统,西方优于中国。这必然是西方中心主义的论调,但同时也阐明了文化不平等性与文化流动性之间的必然联系。就像瓦尔特・本雅明曾在他的《巴黎,19世纪的首都》中引用马克西姆・迪康的话:"历史就像雅努斯:它有两副面孔。无论看过去还是看着现在,它看的是同样的东西。"[3]瓦格纳学术立场存在着矛盾性和多元性,但我们在了解和分辨的过程中也要看到,这种矛盾和多元在瓦格纳的学术研究中也统一成为整体。我们既不能对其研究一概而论,需要抽丝剥茧,分析其各种矛盾之处及其成因,最终

〔1〕[德]沃尔夫冈・顾彬:《"只有中国人理解中国"?》,王祖哲译,载《华文文学》2006年第3期。
〔2〕参见赵一凡、张中载、李德恩主编:《西方文论关键词》,北京:外语教学与研究出版社,2006年,第6-7页。
〔3〕[德]瓦尔特・本雅明:《巴黎,19世纪的首都》,刘北成译,上海:上海人民出版社,2006年,第33页。

摸清其中国学治学态度的肌理，也需要用历史的眼光全局地考察它，了解
其立场产生如此区分度的原因。这样才能从微观到宏观，获得对其汉学价
值观的整体认知。研究趣味的差异和地缘的隔阂固然存在，但是抛开一些
带有冷战思维的政治意识形态产物，我们仍可以进行和而不同的学术交流。

余论：瓦格纳的治学习惯和写作风格

在新与旧的跨越中瓦格纳也保持着一些在任何理论范式都没有改变的
治学习惯：他一贯比较擅长细节的描摹，从比较边缘和冷门的材料中寻找
问题的突破口和与众不同的论证材料，可以阐释为大理论背景下的小切口
深入。瓦格纳在伽达默尔的哲学解释学精神的指引下，在中国学的领域找
到他自己的入口，试图以一个西方人的身份重建曾经中国的历史环境，通
过蛛丝马迹找寻其思想逻辑，建立起与历史之间的对话，在这样的氛围之
下研究中西方文化之间的流动。这种研究的视域变化多端，既考察西学在
中国的进入、生根、成长和流动，以及其对中国社会做出的深刻影响，也
考察中国社会在主动或者被动接受西方文化的同时对其进行的渗透、影响
和改变。在这样的抽象理论背景下，采撷了费正清的"冲击回应论"这样
的宏大叙事的背景之下，瓦格纳选择了自己的小切口——租界，在此基础
上他进行深入的研究，并由此引出了他在学术历程后半期的研究重点——
上海研究。上海研究既是空间研究也是时间研究。作为对历史的考查，晚
清以降中西方文化共同灌溉的文明花朵，更为深入，更为细节的研究由此
展开。

瓦格纳总结其找到"小切口"和"侧面深入"的研究方法为"边墙
理论"，认为研究主题虽然不同，但是研究方法是最重要的，不必担心题
目与人重复，用对方法，就能得到正确的结果。

　　研究一个问题不应只是去看它的中心，而应从外围切入，因为核心问题已有太多人关注，材料丰富也产生了高度一致性，要突破十分不容易，不如尝试由'边墙'出发，尽可能地吸收相关知识，或能得到新颖、可靠的观点，是讨论更具有意义。[1]

　　除了本书关注的现当代中国研究，在其博士论文有关的佛教研究和老子王弼研究中，瓦格纳都用了这样的研究方法。因此可以看出，是为其一贯的倾向性研究思路。"由众人未察觉处寻找症结，爬梳脉络，还其原貌"，这是一种"自边墙出发求其真实的精神与方法"。"边墙"是研究的路径，"真实"是研究的目的和追求，即找到"边墙"只是研究的开始，边墙也能层层深入，洞幽烛微，才能在寻找真理的路上走得更远，无限地接近那个真实的内核。

　　但同时这样的方法也面临着理论和佐证材料脱节的缺陷。边缘性的论证材料未必能够承担宏大的理论主题的重压。本书在第三章中就提到，瓦格纳用《点石斋画报》来论证上海公共领域的论题，曾被批评材料过于边缘化无法支撑论点，落入后现代主义的窠臼。本来"论从史出"还是"以史带论"都是史学研究界乃至整个人文科学界一直讨论的问题，当瓦格纳"边墙主义"的研究切入特色和社会科学化了的美国中国学研究范式结合之时，必然会产生论点过于概念化，论证过于边缘化，"史"带不动"论"之感受。不管这样的研究特色如何正面或者负面地影响着瓦格纳的学术研究成果，这已经成为他不可否认的治学习惯和研究特色。

---

[1]郭妍伶、萧开元：《由"边墙"中寻找真相——专访德国汉学家瓦格纳教授》，载《国文天地》，第25卷第10期，第98页。

结　语

　　本评传对鲁道夫·瓦格纳教授的现代中国研究进行了个案分析。我们按照一定的逻辑关系对瓦格纳现当代中国学研究中的各个重要研究主题做了比较详细的分析和阐释，并深入探析了其学术谱系和学术研究特点。除了对研究对象个体的深度开掘，我们也希望将此个案放到当下历史语境中回应一些现实的问题，从而说明汉学家个案研究或者说瓦格纳个案研究能带给我们哪些思考维度，及对中国文化发展和中外文化交互及其实践具有何种启示性。

　　汉学的本质是中华文化与异质文化交流和碰撞，是中国文化另一种延伸形式，但它又不能等同于中国文化，而是中国文化在异邦镜子中的"镜像"。法国哲学家弗朗索瓦·于连提出："我们选择出发，也就是选择离开，以创造远景思维的空间。"这揭示了汉学的本质目的，即从研究者本土语境出发，使用研究者所熟悉的本土的研究方法来考察中国文化，其根本目的是在了解中国的基础上，汲取中国文明的精华，改善研究者本土的文明。同理可知，海外汉学研究是对汉学的再研究，对异质文化的研究成果进行学术价值和公正与否的判断，所以海外汉学研究的根本目的也可以推断为给中国提供一个良好的反观自身的机会，通过他者的镜像形成对"自我"新的认识角度、认知思路和思考方向。在西方参照系和自身的比较中，重新认识和反思自己，进一步明确自身特性之所在。因此汉学的价值不仅仅取决于其本身，而更取决于其接受者。同时作为接受主体之一的海外汉学研究者会以什么样的心态、立场和方法来进行汉学研究，是一个非常重要和具象的问题。为了避免对汉学的批评意见过于大而化之流于表面，个案研究是海外汉学研究中一个不可缺少的研究策略。季进教授指出了海外汉学家个案研究的路径和意义："对汉学的批评意见，过于肤泛笼统，常有套话之嫌。"不应该囿于"批评其受到意识形态的牵制，就是批评其理论限度，往往以文本为牺牲，或者声称某人思想立场偏激，早有东方主义或者西方中心主义的图谋"。我们应该进行的叩问在于：

> 这些受到政治观念左右的论者，每个人的表现是否一致，程度是否相等，是否是同一个作者的不同作品表现的是同一种意识形态？而不同的作者是否因为其所处的时代、所掌握的学术资源以及所经历的学术训练不同，而有差异性的表现呢？[1]

这点明了深入进行瓦格纳学术研究的可能性和意义之所在。进行汉学家的个体研究，可以进一步考察不同汉学家的"问题意识、提问方式、对汉学文本内涵的阐释以及价值判断"[2]，实现对个体汉学家的"内在体验"与"生命情怀"[3]的体验和关怀。"深描式"的个案研究，着笔于特殊性，而着眼于普遍性，从一个具体现象中可以看到汉学研究中的普遍规律，见树又见林。瓦格纳个案给我们的启示是对知识和方法都要进行两分法的讨论。首先，在后现代的理论中，知识的背后是权力。"知识不过是一种叙事的结果。"[4]在汉学家对知识的发现和整理工作中我们需要警惕其中所包含的政治意识形态，厘清其中所包含的立场，但同时也不能一棍子打死，

---

〔1〕季进：《季进文学评论选》，南京：江苏凤凰文艺出版社，2017 年，第 27 页。
〔2〕李雪涛：《误解的对话——德国汉学家的中国记忆》，北京：新星出版社，2014 年。
〔3〕陈平原：《视野·心态·精神——如何与汉学家对话》，载《南方周末》，2007 年 4 月 5 日。
〔4〕季进、余夏云：《英语世界中国现代文学研究综论》，北京：北京大学出版社，2017 年 8 月，第 6 页。

认为所有域外汉学家的知识成果都是有意识形态性的，不能否认其中也包含着客观知识的存在，客观主义史学和实证主义史学的存在就是最好的证明。有些外国汉学家甚至在客观知识这一方面取得了超越国内学界的成果，这样的知识具有其科学性、客观性和不可改变性，是人类文明的共同成果。这样需要加以分析和辨明的不同情况不仅仅会发生在不同的汉学家身上，甚至会出现在同一个汉学家不同时期、不同主题的研究成果中，瓦格纳的研究历程就是一个比较好的例子。我们可以看到他的学术认知和学术态度是一个渐进的动态变化过程，从埋头古典文献到关心中国现实问题，着力于研究中国历史传承与现今文化策略之间的关系。其次，用西方的理论和方法来研究中国的现象，这是萨伊德在东方学中所奋力批判和抨击的，也是很多西方汉学家或是中国学家学术研究的正当性和公正性受到质疑的原因，人们批评他们以东方为"他者"构筑自己的精神体系，在此基础上所进行的中国研究带有严重的意识形态色彩，是西方的"集体想象"。我们不得不承认有一部分海外汉学家扮演着这样的"西方观察员"的角色，并将中国文化当作"中国情报员"，应该说正是这样的学术研究影响了域外汉学作为一门科学的正确性和合理性，某种程度上甚至是合法性。我们在细致的学术探幽过程中要时刻对这样的现象保持着敏感度，但也不可将西方汉学看作在方法和理论上没有任何客观性的自我叙述和纯粹的意识形态，免得落入了"汉学主义"的窠臼。西方的学术理论和研究方式随着西方学术史而发展起来的，属于西方意识形态的一部分，但我们不能否认其所包含的科学性、客观性和独立性等特性。审视和考量西方的理论和方法不代表着完全否定，取而代之的应该是详细考察"西方中心主义"造成原因，给出符合本国情况，有利本国学术发展的计划、策略和解决方案。出于历史原因，中国学术长期没有获得自己的话语体系，也没有找到打破西方桎梏创造自己的话语体系的路径和方法。近年来，已有一些学者从宏观理论建构上给出了关于这个问题的解答。

在一个中西互动已经极为紧密的语境之下，特别是近代以来中国现代学术的建设已经将西学因素广泛包容于内在结构的情况下，我们更应该清楚地认识到海外汉学完全可以成为学术转型的有效资源。[1]

他们提议淡化内外部的概念，使中国学术作为主导的形象出现。中国学术以海外汉学为媒介，将西方的理论、方法和成果进行吸收和内化，致力于不再被西方话语控制和定义，并在内化的基础上提出有创新意义和重大影响力的概念、定义和理论，加强中国学术话语体系的国际影响力。以瓦格纳的个案为例，在瓦格纳的学术研究中，我们可以明显地体会到中国有两个形象，一个"历史的中国"和一个"现代的中国"，二者显然不是一个"想象的共同体"，存在客观知识和理论方法上的空隙，面对这种割裂的空隙，有学者提出，

中国本土的中国学研究恰恰可以"他者"立场介入西方学术场域，打通"传统中国"与"当代中国"的研究区隔，从一个连续文明体的存续和更新的角度，重塑一个完整的"中国形象"。[2]

我们进行海外汉学研究的目的并不是进行非黑即白的判断，而是在辨别东方主义的基础上，使用西方使用过的方法论，了解和梳理西方历史文化传承，将其内化为我们自己的文化资源，寻找到更适合排除西方中心主义和更有利于我们文化和话语输出的道路。"无论如何，本国的历史记忆、本国的历史问题、本国的认同基础，始终是最能刺激问题意识的话题，也

〔1〕季进、余夏云：《英语世界中国现代文学研究综论》，北京：北京大学出版社，2017 年，第 17 页。
〔2〕乔兆红：《海外中国学理论前沿：中国与世界》，上海：上海社会科学出版社，2017 年，第 3 页。

是提供研究者对于世界想象的基础。"[1]对话是阐释和实现汉学文本当代性价值的重要方式。海外汉学研究实际上为中国历史文化谋求在当代的发展，以及将中国传统资源转化为当代的学术，进行了主动和创新性地探索，其中包含了跨越古今及跨越中外的诸多思考。

---

[1]参见葛兆光：《思想史研究课堂讲录续编》，北京：生活·读书·新知三联书店，2012年，第24页。

附　录

附录一　鲁道夫·瓦格纳事迹简编

● 家族史

1929—1934 年，瓦格纳父母在美国密歇根州研究煤的液化，瓦格纳长姐在此期间在美国出生。

瓦格纳的姨母与包豪斯创始人格罗皮乌斯结婚，20 世纪 30 年代离开德国，几经辗转后在哈佛大学任教授。

● 童年和青少年时期

1941 年 3 月，出生于德国威斯巴登。

1945 年，父亲从战场归来，但并未加入纳粹党。

1948 年，瓦格纳父亲去世。

瓦格纳母亲与卫劳赫（Hubertus von Weyrauch，德国知名演员）再婚。瓦格纳母亲再婚后全家搬迁到科隆居住。

高中时代的瓦格纳开始专注于个人学术兴趣的研究，并在周围大学旁听了一些人类学、希腊学、拉丁语的研究。以高中生的身份参加了 Karl Castens 的法学研讨班。高中时期，瓦格纳读过存在主义哲学，看过贝克特的戏剧，喜欢阿尔贝托·贾科梅蒂（瑞士雕塑大师）的雕塑。看了威尔得的抽象绘画和一些禅宗佛教的翻译。

瓦格纳这一代在西德成长起来的年轻人有着独特的精神世界。学校课本里没有第三帝国的内容，德国历史终结在 1933 年。年轻人普遍对欧洲联合有着巨大的热情。他们的身份认知是欧洲人而不是德国人。

　　1956 年瓦格纳参加了在亚维农（法国南部城市）举办的为期四周的青年交流节，每天上法国历史和法国文学的课程。毕业之前学生们共同观看了阿伦·雷乃（法国导演、编剧）的《夜与雾》，一个有关奥斯威辛集中营的纪录片，这是第三帝国第一次暴露在瓦格纳一代的年轻人面前。

求学时代

　　1962—1969 年分别于波恩大学、海德堡大学、巴黎大学和慕尼黑大学学习中文、日文、政治学和哲学。

　　瓦格纳首先在波恩大学研修汉学，将重点放在古汉语的学习上，并且学习了日语，瓦格纳对那里的课程很不满意。他读了伽达默尔刚刚出版的《真理与方法》，于是第二个学期去了海德堡大学。这时海德堡大学刚刚成立了汉学系，鲍吾刚等也被聘请为教授。

　　瓦格纳在海德堡成为伽达默尔初级研讨班的学生。那时汉学研究方向共有 12 名学生，其中 4 人后来都成了汉学教授，瓦格纳在这里和很多人建立了学术交往，例如布林克（Helmut Brinker）和马汉茂（Helmut Martin）等。瓦格纳在此期间继续专注古汉语研究，长久地忽视现代汉语。

　　1963 年鲍吾刚建议瓦格纳申请德国人民奖学金。瓦格纳决定使用奖学金去巴黎学习，并攻读佛教研究的博士学位。鲍吾刚接受了瓦格纳的课题，虽然当时德国没有人研究中国佛教，佛教研究也不在鲍吾刚的兴趣范围和研究领域。他承诺将为瓦格纳寻找一个外审专家、荷兰莱顿大学的楚歇（Eric Zuercher）教授。瓦格纳前往巴黎的最主要原因是法国国家图书馆存有自敦煌夺来的佛教卷轴收藏。瓦格纳在巴黎与著名学者戴密微取得了联系，并请求其指引阅读佛教文本。

　　1966 年瓦格纳离开巴黎后去了慕尼黑，因为鲍吾刚教授接受了慕尼黑大学的邀请。瓦格纳来到慕尼黑攻读博士学位，研究对象为鸠摩罗什。当时慕尼黑大学有两位汉学教授：傅海波和鲍吾刚。

　　1968 年慕尼黑大学学生持续罢课，慕尼黑汉语研究所的学生促进了罢课的进程。在全德各地多次游行示威之后，在波恩达到了顶峰。1968 年 8 月之后，慕尼黑汉学研究所包括瓦格纳在内的学生，参选了学生会（ASTA）的选举，并在选举中拿到了 75% 的选票。当时的学生会成员有 4000 人，瓦格纳认为自己并不占当选学生会主席的任何指标——既没有在学生团体中工作多年，也没有强烈的意识形态兴趣瓦格纳当选了慕尼黑大学学生会主席。

在瓦格纳担任学生会主席的一年中，主要的活动形式是罢课，并提出了一个新的罢课模式，"调查式罢课"或者"积极罢课"，这指学生占用学院办公室并在那里开展研究。在此期间他同时维持着两份日报的正常出版，一份是慕尼黑大学的，一份是巴伐利亚州其他大学的。瓦格纳认为他在这一年中一直处于极其复杂的状况中，努力去阻止那些他感觉已经伤害到学生的事情。

1969 年瓦格纳感到学生会工作过于烦琐，压力巨大。他在这一年完成了博士论文。1969 年于慕尼黑大学获博士学位，博士论文题目为《慧远问鸠摩罗什》。在博士论文答辩中，慕尼黑大学当时的校长是考官，他和瓦格纳曾经在 1968 罢课年中有过交锋。考试中校长尽力做到了最大的公正。傅海博老师也尽力遵循了将政治分歧与考试分开的原则。鲍吾刚将瓦格纳的论文寄到了莱顿许理和那里，许理和给出的成绩是"极优"（Magna Cum Laude）（荷兰大学系统中的最高分），鲍吾刚给了"非常优秀"，非极优。

● 访学时代

1969 年至 1970 年，于哈佛大学任哈克尼斯公共福利基金研究员。

1970 年至 1971 年，加州大学伯克利分校访问学者。

1969 年瓦格纳收到了一名美国人约翰逊（Johnston）先生的电话，约翰逊先生约其在州级饭店咖啡厅喝咖啡，通知他美国哈克尼斯基金会（Harkness Foundation）决定为其提供奖学金，两年时间内去任意一所美国大学研究他想研究的课题。哈克尼斯基金会是参考罗德奖学金的模式，其财富来自得克萨斯石油，一年在欧盟只发放 10 个奖学金。瓦格纳在获悉奖学金消息后，向其女友求婚成功。

瓦格纳认为 1969 年作为慕尼黑大学学生会主席的角色使其决定永远远离政治领导的角色。带着这个决心 1969 年夏天他去了美国。1969 年起瓦格纳开始研究王弼对老子的评注。开始时瓦格纳在理解王弼的评论和老子本身的观点上遇到了很大的困难，并且学术界普遍认为二次学术行为对理解原文并没有什么帮助。瓦格纳此番共在哈佛进行了 9 个月的学术研究。在伯克利当年的主要出版物为论文《在中世纪早期的中国的生活方式与药品》，瓦格纳与妻子在伯克利一起散步，他当时的妻子学习俄罗斯文学，瓦格纳会在散步途中向其解释王弼存在论的基本原理，这些交流成为其后来对整个王弼作品研究中论证和逻辑的蓝图。

● 从教与研究时代

1972—1978 年，任柏林自由大学汉学助理教授。

1978—1981 年，任柏林自由大学东亚研究会（East Asian Seminar）汉学讲师，及德国、澳大利亚和瑞士通讯社自由撰稿人。

1981—1982 年，于康奈尔大学人类社会学系任研究员。

1982—1983 年，任柏林自由大学编外讲师。

1984 年 1 月至 6 月，访问学者，哈佛大学费正清东亚研究中心。

1984—1986 年，于加州大学伯克莱分校汉学中心进行语言研究。

1987 年起，任海德堡大学汉学系主任。

1992 年 9 月至 1996 年 8 月，任欧洲汉学会秘书长。

1989 年，与北京社科院合作研究（德国研究联合会资助）。

1990 年，获大众基金会奖学金，完成对王弼哲学思想研究，哈佛大学访问学者。

1992 年 12 月，荣获德国研究联合会莱布尼茨奖（德国最重要的学术研究奖项，资助 5 年自选课题研究）。

1995 年至 2019 年，柏林科学院院士。

1996 年 8 月至 2019 年，上海社科院特聘教授。

1996 年 9 月至 1998 年 9 月，欧洲汉学会会长。

2001 年 6 月起，出任欧洲汉学数字资料中心主任。

2003 年至 2004 年，担任柏林高级研究院研究员。

2005 年至 2009 年，担任海德堡大学东亚研究所所长。

2007 年至 2019 年 10 月，担任海德堡大学"全球背景下的亚洲与欧洲：文化流动的不对称性"卓越研究中心（Cluster of Excellence "Asia and Europe in a Global Context: Shifting Asymmetries in Cultural Flows"）副主任。

2009 年至 2019 年 10 月，任海德堡大学资深教授。

● 柏林期间

1971 年末，瓦格纳返回德国，首先定居在西柏林其母亲和继父的居所。

1972 年他的第一个女儿出生了，因此他放弃了获得的第三份奖学金，请傅海博给自己写了求职推荐信，得到了一份教职。这一年他继续投入在王弼研究中，没有进一步撰写教职论文（Hablilitation），瓦格纳获得了柏林自由大学汉学系的助理教授职位。在柏林自由大学期间瓦格纳与同伴一起创立了一个学术期刊《解放》（Befreiung），从学术的角度支持越南自由和解放战争。瓦格纳赞同毛泽东关于超越了越南抗美战争本身的关于国际政治的观点，非常认同其总结的"三个世界"理论，认为这是对世界矛盾很好的分析，在中欧发生的事件证明了这个基本的假设。因此那个时期期刊重新定位了关注点，关注两个超级霸权的紧张局势，双方都在为对方摊牌进行武装准备，在此期间瓦格纳拜访过东柏林的中国大使。

1978 年勃列日涅夫访问联邦德国，在施密特总理的家乡汉堡发表演说，包括瓦格纳在内的《解放》杂志编辑部加入了抗议苏联的政治游行中。瓦格纳主持了有四五千人参加的抗议。

1978 年瓦格纳在柏林自由大学的工作结束了，联邦德国还没有美国终身教授的制度，瓦格纳只能去其他地方寻找教授工作。此时他还没有写完在伯克利开始的有关王弼研究的论文；对教授资格论文有了很多想法。最终瓦格纳重回王弼研究并在 1979 年提交了这部教职资格论文《正始时期的语言、哲学和政治》。

1978 年瓦格纳柏林自由大学助教生涯的最后一个月，布兰特（Willy Brandt）领导下的社民党政府出台了一项法律，禁止与任何共产主义组织有往来的人进入国家公务员序列，无论是花匠还是教授都禁止进入校园工作。这对瓦格纳这类人无疑是一个紧箍咒。柏林文教部部长要求柏林自由大学校长莱默特（Eberhard Lämmert）辞退瓦格纳。巴黎的戴密微、莱顿的许理和、哈佛的费正清和许多其他国际学者都写信抗议这种政治规则。但并没有任何一个德国学者这样做。柏林自由大学并没有解雇瓦格纳，而是让合同自动到期没有续聘。

1981 年瓦格纳参与柏林自由大学"文献学、哲学和政治学在正史时代"（Philology, Philosophy and Politics in the Zhengshi Era）研究。

至此瓦格纳已经收到了教授资格论文的外审结论，结果很好，因为上面所提到的大学法规并不会影响到学术考试，因此柏林自由大学的汉学系通过了他的教职论文。瓦格纳获得了能够在德国成为教授的资格。但当时德国并没有合适他的岗位，因为他是一位有"问题"的教授候选人，所以接着瓦格纳带着孩子去了康奈尔。

关于"沼气研究"的小插曲

1979 年，瓦格纳作为游客来到中国，在上海购买了一些介绍沼气的书籍。回到德国后他给杂志写了一篇有关沼气在中国运用情况的文章，接着在柏林的研讨会上他给德国技术合作署（GTZ）介绍了他的中国之旅，促成了德国技术合作署的项目，组建了印度—中国—德国三方考察组来调研中国农村沼气使用的政治、科技、经济和社会指标。

跟随着这个 16 人小组，瓦格纳在中国农村旅行了好几个星期，从四川到浙江到吉林，同行的还有来自中国农业部（现农业农村部）沼气办的官员。在与各地技术员的不断互动中，瓦格纳比较清楚地了解到了沼气在中国的分布、传播和一些背景知识。最终，瓦格纳将根据中国沼气之旅写成的文章投给了《热带农业》（Tropenlandwirt）。

康奈尔与哈佛

瓦格纳原计划在康奈尔大学写一本关于 1978 年后中国当代文学的书，但康奈尔东亚图书馆有华生（Charles W. Wason）中国收藏，却并没有订阅最新的文学期刊。康奈尔大学收集所有有关 19 世纪中国的西方文字印刷品，华生的收藏大约有 150 卷，加上后来图书馆购买的有关中国语言的资源，瓦格纳感受到他的工作条件无与伦比。因此他决定撰写一本关于太平天国的学术书籍。他通过阐释学的方法以太平天国本身为出发点去寻找他们对自身及其活动的看法。他花费 4 个月，撰写了一本有关宗教在太平天国运动中的作用的书籍，并将这本书寄给了加州大学伯克利分校的魏斐德教授（Frederic Wakeman）和哈佛大学的柯文教授（Paul A. Cohen），受到柯文邀请在其哈佛的办公室进行了谈话。后来这本书在加州大学伯克利分校出版社出版了。

在康奈尔大学期间，瓦格纳又做了一些田野调查，以及关于技术和科学史方面的研究，因为康奈尔大学收集了 100 万个左右的昆虫标本，所以瓦格纳又在这里做了一些有关中国病虫害防治方面的研究。

对康奈尔大学之后的工作计划，瓦格纳本并没有明确的规划，但美国纽约圣若望（St. John）的金介甫教授（Jeff Kinkley）邀请其参加了一个中国现代文学会议，瓦格纳做了一个关于百花齐放时期小说的报告。梅谷（Merle Goldman）参加了会议，并对瓦格纳的研究结果表示了很大的兴趣。瓦格纳在回到德国后不久就收到了哈佛的邀请，请他去做研究助理。哈佛给予其基本的财政支持，没有教学和行政事务。瓦格纳协助关于当代中国散文研究的《进入服务角色》一书的编辑工作。此书最后由哈佛大学出版社出版。

经过一系列危机之后，瓦格纳的婚姻破裂，在汉堡的教授职位也成了泡影。1984 年，瓦格纳语言研究学家的身份去了伯克利，并且在剑桥遇到了他后来的妻子叶凯蒂。瓦格纳在伯克利完成了《进入服务角色》（ Inside a Service Trade ）这本书，并且开始研究 20 世纪 50 年代末 60 年代初的"新历史剧"，完成了新书《中国当代历史剧》。这期间瓦格纳仍然专注于王弼研究，准备其著作的英文版，并高度关注王弼所引《老子》的版本问题。

● 重回海德堡

瓦格纳在伯克利愉快地工作期间，世界局势发生了变化。关于中国研究和苏联研究的机构在美国大学和智库遍地开花，当然也包括德国、英国和澳大利亚。1986 年左右，很多教授面临退休，而大学经费的削减使得学术生涯变得缺乏吸引力。世界范围内从事汉学高级职位的人才非常短缺。1986 年瓦格纳在几周内获得了澳大利亚国立大学、悉尼大学、海德堡大学的讲席教授职位，以及芝加哥大学的副教授职位。瓦格纳出于女儿在德的原因，决定回到德国海德堡大学。

瓦格纳收到海德堡大学任职邀请之事在当时学术界引起了很大的争议，巴登符登堡州的教育部收到了很多实名或匿名的抗议信，但巴符州教育部决定支持对他的教授任命，并为汉学系批准了非常可观的经费。1987 年瓦格纳正式来到海德堡大学汉学系就职，着手改进课程，加强古典和现代领域的教学，成立了一个类似于美国大学建制的专业中国研究图书馆。

1993 年，在学院推荐下，瓦格纳获得了德国莱布尼茨奖（ 1992 年末正式颁布消息 ）。莱布尼茨奖的奖金为 150 万马克，瓦格纳将这笔钱完全投入到汉学系的建设中：根据杜威图书馆系统建立图书分类；为了节省成本书籍均自行购买自中国；同时开发特殊收藏，购买了丰富的微缩胶片、复印的中文报刊、中国独特的电影和音乐收藏；并在很早的时候就走向了数字化的收藏方向。在莱布尼茨奖的奖金全数用尽之后，瓦格纳不得不求助于克虏伯基金会（ Alfried Krupp von Bohlen und Halbach-Foundation ），由此又获得 150 万马克的资助用以开发适合中国研究的数字化设备。海德堡大学中国研究所与南亚研究所一起，成为一个全新的亚洲和跨文化研究中心。

由于花费大量精力扩建海德堡大学汉学系，1990 年至 2000 年间瓦格纳没有出版新书，只有 22 篇文章。但最终在 2000 年，"王弼研究三部曲"系列作品的第一部出版了。

海德堡大学汉学系的学生培养

　　20 世纪 90 年代，瓦格纳在海德堡大学汉学系建了两个研究小组，一个主题为注释研究，另一个为有关报刊史研究。注释研究组后来发展到 12 人，既没有外部资金注入，也没有内部管理制度存在。此小组每两星期见面一次，研究组的一位成员准备文本并分享给其他组员，然后整个小组与教授一起讨论至午夜。小组成员会对文本进行逐行逐字地阅读。由一位学生主持，其他学生、其他学者或瓦格纳本人作为主讲。组内每个参与者对同一文本的翻译都不尽相同。经历了这个过程之后，组员们都认识到了多种解释的可能性。注释小组会邀请一些非常优秀的中国学者前来海德堡共同教授课程，例如：中国社会科学院哲学研究所的王葆玹，荆州博物馆馆长、编辑了郭店竹简版《老子》的彭浩等。从海德堡大学汉学系注释小组走出去的学者包括但并不限于：爱丁堡大学的耿幽静（Joachim Gentz）、澳大利亚国立大学的白马（Michael Schimmelpfennig）、巴林大学的库茨（Johannes Kurtz）、杜塞尔多夫日本文化研究所的吕利克（Hermann-Josef Röllicke）以及美国伊利诺伊大学香槟分校的迈尔（Alexander Meier）等。这些学者使海德堡大学成为在学术地图上这一领域的中心之一，但由于语言的限制影响力仍然受限。

　　瓦格纳所指导的第二个小组以晚清报纸与杂志研究为主题。这又是一个非正规无基金的小组。学生人数在十人以内。隔周有研讨会，主讲人为瓦格纳本人。这组成员大多为女性。研究古典典籍要花很多时间建立起与文本的联系，而媒体研究领域却要更快一些：费正清和他的学生研究了大量晚清政治和社会出版物，但是忽略了报纸这个媒介，而中国学者一般将研究重点放在 1900 年之后的中国报纸，因此在晚清报纸研究方面瓦格纳和他的学生没有太多竞争对手。他的学生在此方面研究取得了让人印象深刻的成就：燕安黛（Andrea Janku）是伦敦大学亚非学院高级讲师；费南山（Natascha Vittinghoff）成为爱丁堡大学教授，写了一部使用社会学方法研究第一代中国记者的书；梅嘉乐（Barbara Mittler）是海德堡大学亚洲和欧洲精英计划项目主管；金（Nany Kim）研究了《点石斋画报》上的灵异事件。画报总是被当作晚清社会历史资源来看待，但类似于灵异故事的资料也占了该画报的很大一部分，而金只专注于研究这些被忽略的故事。海宁迈尔（Julia Henningsmeyer）采用外国元素分析《点石斋画报》的插图，并把这些外国元素放在西方广告中男性个人服装风格上。叶凯蒂（Catherine Yeh）已经从哈佛大学获得博士学位，并成为波士顿大学教授，她本人就娱乐文本做了很好的研究。现在海德堡大学汉学系已经成为晚清报纸与杂志研究领域的中心，在学术地图上有了自己的影响力，并与上海社会科学院现代史研究所取得了联系。该所所长熊月之、来自北京的王晖和刘东教授都受邀来此教授关于晚清和现代中国的课程。

● 退休时代

瓦格纳自 2009 年以后较少参与海德堡大学汉学系的教学和管理工作，但从 2009 年至他逝世的 2019 年 10 月为止依然为海德堡大学资深教授。由于其妻子叶凯蒂于美国波士顿大学比较文学（中文方向）任教授，因此瓦格纳常年居住在美国，并在世界各地开展演讲活动。2019 年 6 月 26 日海德堡大学为瓦格纳教授举行的庆祝会。10 月 25 日，瓦格纳教授因癌症于德国海德堡家中逝世。

附录二　海德堡大学悼词

　　海德堡失去了一个杰出的灵魂人物，一位伟大的欧洲汉学家。他曾建立德国乃至欧洲最重要的汉学图书馆，是海德堡大学"全球背景下的亚洲与欧洲"卓越研究群当仁不让的精神领袖。同时，他创建的海德堡跨文化研究中心，如今已经发展成为完善的亚洲研究院——CATS（亚洲与跨文化研究中心）。

　　鲁道夫·瓦格纳（Rudolf G. Wagner）可以说是"跨文化流动"的典型代表，他经常在哈佛与海德堡，台北与北京，东京和巴黎，还在很多其他地方之间来回穿梭，对于很多人来说他是一个常客，即使他如今与世长辞，以后也会一直留存于我们的记忆里。瓦格纳教授随时随地都会发来邮件，总是在敦促我们"找这个，看那个，买这个"。他注重培养我们包容的思辨精神，并鼓励我们进行针锋相对而又不失理性、妙语的辩论，从身体、心灵到美味的佳肴、动听的音乐、精美的艺术，都在我们的坦诚相待中一一谈及，我们自身的眼界得以扩大，人生道路有时也豁然开朗。他带我们去太阳剧院，去参观全景摄影展等，总是提醒我们，"永远不要忘记海德堡歌剧"，而不是"永远不要忘记阶级斗争"（尽管这也是他的担忧之一）。瓦格纳教授教会了我们多种观察、感受和听取的方法，有助于我们集中注意力。

　　瓦格纳教授的研究成果范围之广，令人印象深刻，不仅纵览多个年代，而且包含丰富的主题，横跨多个地理范围，就像他创立的跨文化研究

224

群一样涉猎广泛，甚至远远超出。他被认为是跨文化研究领域最有影响力的思想家之一，他的研究自始至终都是最具开创性的。瓦格纳教授以其催人奋进的才智和领导力清晰地证明，在全球资本和现代传媒互通出现之前，跨文化性就是人类社会的常态，而不是例外。他以自己的研究为例，把单一层次上的纯纲领式断言假设发展到复杂的详细研究假设，这些科学研究方法的成果形成了以中国和世界等为主题的一系列出版著作；隐喻也成为他经常使用的写作手法，用来描述国家的管理机制以及新闻界、百科全书或娱乐界的运作方式。瓦格纳教授的著作往往给他跨文化研究世界里的主角注入鲜活的生命力：他有时称他们为"野蛮人"，有时称为"行走的壁龛"，有时说是"文化代理人"。但他也会把研究的目光转向更多永恒的主角，树木、水流、清风、土壤都成为他研究的主题。他用源源不断的创造力、惊人的广度、丰富的内容，有力地证明了跨文化在人文和社会科学研究中的巨大潜力，同时也建立起与自然科学的联系。瓦格纳教授丰硕的学术成就，早已超出汉学研究的范畴，在德国和全世界引起热烈反响。他这么早地就离我们而去，在不断探索跨文化研究新方向的道路上，汉学系、海德堡跨文化研究中心和 CATS 全体会深切怀念瓦格纳教授的慷慨、开放和独立的思想。[1]

---

[1] 作者注：代表海德堡大学致悼词者为梅嘉乐（*Barbara Mittler*），研究方向为中国现代音乐与政治。硕士在牛津大学毕业，但牛津拒绝了这个博士论文主题，后于瓦格纳门下攻读博士学位。因为她读博期间海德堡和其他的地方音乐学院图书馆里没有关于中国音乐的材料。梅嘉乐女士曾前往香港收集过去三十年中世界各地的中国音乐人创作的记录、节目表和评论。在她的博士论文之后海德堡的研究所也成为世界上可以进行这个领域研究的两个中心之一。梅嘉乐女士一直在对其收藏进行更新和扩展，其中包括白话音乐。

英文原文：

Heidelberg has lost one its great inspirations, one of the great European sinologists, who built one of the most important China libraries in Germany and Europe and became Spiritus Rector of Heidelberg's Excellence Cluster Asia and Europe in a Global Context. From these beginnings, he built the Heidelberg Centre for Transcultural Studies and from it an entire Asia Campus has come into being, CATS, the Centre for Asian and Transcultural Studies.

Rudolf G. Wagner was, if one may say so, a living specimen of "transcultural dynamics": going back and forth between not just Harvard and Heidelberg, but Taipei and Beijing, Tokyo and Paris, and a variety of other places, too, he has been a constant presence to many of us, nevertheless（and he will continue to, in our memories）. His frequent emails from anywhere and everywhere, tenor "get this, read this, buy this, " have been an unceasing stimulation. He has made us expand our visions and trajectories by fostering a spirit of openness, of discussion and often fierce, but always fair debate–full of bon mots, in the truest sense of the word–that involved the body and mind and that always included good food, good music, good art. He made us go to Théatre du Soleil, he took us to exhibitions of panopticons and much more, and he always reminded us, not to "never forget class struggle"（although that was also one of his concerns）but, "never to forget the Heidelberg opera. " He taught us multiple–and always intensive–ways of seeing, feeling, hearing.

The range of Rudolf G. Wagner's work is impressively wide in terms not only of its chronological scope, but also its rich subject matter and geographical expanse: as wide as the Clusters' that he once founded–and far beyond. He figures as one of the most influential thinkers in the field of

Transcultural Studies. His research has been pioneering throughout; Rudolf's inspiring intellectual leadership has made it clear that transculturality must be seen as the norm rather than the exception in human societies, and long before the advent of global capital and modern media connectivity. Rudolf G. Wagner has set the example through his own research which carried this postulate from a purely programmatic assertion at a meta-level to the thicket of detailed research, the results of which are available in numerous publications on a range of themes centered on China and the world—the use of metaphors to describe the agency of the nation, the workings of the press, encyclopedias, or the entertainment world. His publications frequently bring alive the main actors of the transcultural worlds he investigates: sometimes he calls them "barbarians, " sometimes "walking niches, " sometimes "cultural brokers. " But he moved on to much more timeless actors: trees, water, the wind, the earth, took center stage in his research. His ceaseless productivity—where stunning breadth goes hand in hand with rich detail—has demonstrated in the most effective way the enormous potential of transculturality for research in the Humanities and the Social Sciences and opened a dialogue with the Natural Sciences. This rich harvest has inspired discussions in domains far beyond Sinology, and in Germany and the world. He went too early for many of us: on its way toward new directions, the Institute of Sinology, the Heidelberg Centre for Transcultural Studies, and CATS as a whole will miss his generosity, his openness, and his disputatious nature dearly.

附录三 海德堡大学卡尔·雅斯贝斯奖颁奖公告

　　海德堡大学、海德堡科学与人文学院和海德堡市政府共同颁发卡尔·雅斯贝尔斯奖。作为"全球背景下的亚洲与欧洲"卓越研究群的创始人和原主任，瓦格纳教授被授予本年度的这一崇高奖项，但在宣布这一获奖消息之后几天，他便不幸去世。因此，瓦格纳教授将被追授卡尔·雅斯贝尔斯奖，以表彰其研究享誉国际，尤其是他提出"跨文化视角"作为人文科学和社会科学研究的指导原则。颁奖典礼将于 2019 年 11 月 14 日周四晚 6∶30 在海德堡大学老礼堂举行。

英文原文：

Heidelberg University awards the Karl Jaspers Prize together with the Heidelberg Academy of Sciences and Humanities and the city of Heidelberg. Prof. Rudolf Wagner, founding member and former director of the Cluster of Excellence "Asia and Europe in a Global Context," sadly passed away only a few days after the announcement that he would be this year's receipient of the prestigious prize. Wagner will thus be posthumously awarded with the Karl Jaspers prize to honour not only his internationally respected research in general, but particularly his "vision of transculturality" as a ruling principle for the humanities and social science. The award ceremony will take place on Thursday, November 14, 2019 at 6:30 pm at the Alte Aula of Heidelberg University.

附录四　波士顿大学瓦格纳逝世讣告

鲁道夫·瓦格纳（1941—2019）

波士顿大学亚洲研究中心（BUCSA）获悉鲁道夫·瓦格纳先生于 2019 年 10 月 25 日逝世，深感悲痛。瓦格纳教授是全世界首屈一指的汉学家，是德国海德堡大学"全球背景下的亚洲与欧洲"卓越研究群的创始人和联席主任。他也是波士顿大学世界语言文学系教授、BUCSA 主任叶凯蒂女士（Catherine Vance Yeh）的丈夫。

在其漫长而杰出的生涯里，瓦格纳教授作为世界上顶尖的中国古典哲学研究专家，致力于探究古往今来中国的政治文化纽带。瓦格纳教授一生荣誉等身，曾获德国学术最高荣誉戈特弗里德·威廉·莱布尼茨奖，先后担任柏林–勃兰登堡科学院院士和欧洲汉学会会长。

瓦格纳教授频繁到访美国，经常参加 BUCSA 的活动，并应邀在波士顿大学举办了多场广受欢迎的讲座和展览。他出版了大量优秀的学术著作，将其独具特点的才华魅力展现得淋漓尽致，比如瓦格纳教授就通过近年参与的波士顿大学和海德堡大学多年合作的研究项目"亚洲的娱乐和社会变迁"，与波士顿大学的同事合作完成了专著《娱乐余地的考察》，并于 2019 年在海德堡大学出版社出版。

波士顿大学亚洲研究中心及亚洲研究界的全体同行们向叶凯蒂夫人和瓦格纳教授的家人致以诚挚的慰唁，我们会深切缅怀瓦格纳教授。

英文原文：

Rudolf G. Wagner（1941—2019）

It is with great sorrow that the Boston University Center for the Study of Asia（BUCSA）has learned of the passing of Rudolf G. Wagner on 25 October 2019. Professor Wagner was one of the world's leading sinologists and founder and co-director of the Cluster of Excellence "Asia and Europe in a Global Context" at the University of Heidelberg in Germany. He was also the husband of Catherine Vance Yeh, Professor in Boston University's Department of World Languages and Literature and former Director of BUCSA.

In a long and eminent career, Professor Wagner established himself as one of the world's most prominent experts on classical Chinese philosophy and on the interface between politics in culture in China from ancient times into the present day. Among his many awards and distinctions, Professor Wagner was a recipient of the Gottfried Wilhelm Leibniz prize, Germany's highest academic honor, a member of the Berlin-Brandenburg Academy of Sciences, as well as President of the European Association of Chinese Studies.

During his frequent sojourns in the United States, Professor Wagner was a regular participant at BUCSA events and gave a number of well-received talks and presentations at Boston University. Professor Wagner's trademark impassioned intellectual flair is evidenced by his extraordinarily productive publication record, and is shown most recently in the BU-Heidelberg multi-year collective research project, "Leisure and Social Change across Asia," and its forthcoming publication co-edited with BU colleagues, Testing the Margins of Leisure（Heidelberg University Publishing, 2019）.

The Center for the Study of Asia and members of the Asian Studies community at Boston University would like to extend their heartfelt condolences to Catherine Yeh and the rest of Professor Wagner's family. He will be sorely missed.

附录五　瓦格纳教授中国讲演一览（2011—2015）

讲座时间：2011 年 1 月 24 日

讲座地点：耶鲁大学纪念讲座

讲座主题：解读王弼《论语释疑》

讲座时间：2012 年 10—11 月

讲座主题：复旦大学人文基金高端（系列）讲座："清末公共空间跨文化结构的动力"

第一讲：华文公共空间的结构 1870—1920

The Structure of the Chinese-language Public Sphere 1870—1920

第二讲：报纸在晚清中国秩序排列中的地位

The Place of the Newspaper in the late Qing Chinese order of Things

第三讲：使公共争议文明化：申报的声音 1872—1890

Civilizing Public Controversies: The Voice of Shenbao 1872—1890

第四讲：以商业化来保护中国文化：申报馆 1872—1890

Preserving Chinese Culture through Commercialization: The Shenbaoguan 1872—1890

第五讲：一个文化经纪人的生活和时代：申报馆主任美查（1842—1908）

The Life and Times of a Cultural Broker: Ernest Major（1842—1908），
the CEO of Shenbaoguan.

第六讲：新闻与观点的跨语流：晚清与民国

The Translingual Flow of News and Opinion: Late Qing und Repblican
China

讲座时间：2013 年 6 月 11 日

主办单位：苏州大学

讲座主题：清末公共空间的跨文化结构研究：《申报》创始人美查与
其作为文化掮客的生活与时代

讲座内容：运用哈贝马斯的"公共空间"理论，针对欧美汉学界对于
中国近代公共空间问题研究的不足，主要讨论了晚清知识分子自己对于公
共空间危机的认识和挽救的设想。指出在晚清士人看来当时的公共空间危
机主要源于"上下阻隔"，而解决的途径是"上下之通"。进而指出，"上
下之通"的概念并非如其他晚清新词一样来自西方，而是中国自古以来就
有的对于远古"三代"的想象，而 1872 年的《申报》创立了新型公共空
间中报刊模式的典范，为之后所有在晚清发行的中外报纸所模仿，成为关
于"上下之通"的参照。

讲座时间：2013 年 11 月 8 日—29 日

主办单位：北京大学

讲座标题：跨文化的概念史研究

讲座内容：讲座共分 4 场，第一讲为："词语：'劳动'的历史"，研
究关注词语在特定语言中的起源与历史。瓦格纳以"劳动"为例解析了其
发展史及在不同时代被赋予的多样内涵。他还将围绕"隐喻：'瓜分'中

232

国""实践：作为社会活动形式的'运动'""制度：中山纪念堂"探讨它
们的含义及其在跨文化交流中的演变过程。

讲座时间：2014 年 11 月 3 日

主办单位：中国人民大学国学院

讲座主题：在不对称世界中做世界公民——张彭春与中国现代化

Becoming a Cosmopolitan in an Asymmetrical World: Zhang Pengchun
and the Modernization of China

讲座内容：主要围绕一位在中国文化视野中被淡忘的人物——张彭春
（1892—1957）而展开。张彭春是张伯苓之胞弟，南开人称之"九先生"。
他是将欧美话剧引进中国的重要人物之一，对我国早期话剧艺术的形成和
发展做出了重要贡献，被认为是中国现代话剧的主要创始人，亦是当时天
津乃至华北名士之一。瓦格纳教授从"记忆的选择"出发，指出这样一
个事实：张彭春这位对中国戏剧、教育和外交做出过贡献的"世界公民"
（cosmopolitan）在文学历史和政治历史中并无一席之地。张彭春自幼接受
良好的现代教育，身为中国人，在欧美不对称的世界中成了一个成功的世
界公民。抗日战争期间他是国民政府外交官，在海外介绍了中日战争的真
实情况。在参与起草联合国《世界人权宣言》的过程中，张彭春起了很关
键的作用，他引入儒家理念，周旋四方力量，长袖善舞，使得宣言得以最
终出台。

瓦格纳教授认为，张彭春等世界公民心中的乌托邦理念是世界大同。
这些人很容易从各种记忆中消失，只会随着某些具体事件的起伏而被人们
暂时记起。世界各国文化均不可缺少交流，面对当下的全球化处境，学者
们应该有意识地搜寻这些被抹去或者遗忘的记忆，恢复这些"世界公民记
忆"在文化交流中很有意义。

讲座时间：2014 年 11 月 4 日

主办单位：中国戏曲学院

讲座主题：新编历史剧的"今天"——分析方法的探索

讲座内容：分别从历史剧的背景、研究问题的提出、研究假设、寻找佐证资料、得出结论等方面进行了细致深入地分析。瓦格纳教授将其独特的理论、方法、视角运用到了对中国新编历史剧研究中。

讲座时间：2014 年 11 月 5 日

主办单位：北京大学中文系

讲座主题：郭实腊，英国圣教书会出版物与传教士中文小说

Gützlaff, the British Inland Mission Tracts and the Chinese Missionary Novel

讲座时间：2015 年 12 月 22 日

讲座地点：中国社会科学院近代史研究所

讲座主题："清末民国新知识的中文百科书"、"对现代生活方式的想象：商务印书馆 1919 年出版的《日用百科全书》"

讲座内容：瓦格纳教授详细介绍了清末、民国新知识百科书的内容来源、形式、特点以及作用。他认为中文的新知识百科书受到英国、美国、日本百科书的影响。最早的中文百科书是 1846 年林则徐著的《洋事杂录》，后来，外国传教士携带一些英文百科书来华，成为中文百科书的内容来源。与中国的传统类书不同，新知识百科书以理性和事实为导向，强调知识的实用性、系统性，其主要作用是普及新知识、新道德。他统计中文百科全书的出版情况后发现，1895 年始百科书的出版数量突然增多，至 1901 年前后达到高峰，他认为这与甲午战争、清末新政、预备立宪有密切关系。瓦格纳教授还比较了清末和民国中文百科书的不同特点，他指出清末中文

234

百科书的编撰发行是为了培养外交、管理等新式人才，而民国中文百科书则是为了培养有新知识和新道德的国民，提高其全球化知识水平。

　　叶凯蒂教授以商务印书馆出版的《日用百科全书》为案例，通过比照1919 年、1925 年、1934 年三个版本的差异，诠释不同时期中国人对现代生活方式的想象。叶凯蒂教授认为，1919 年版的《日用百科全书》，其知识结构体现了传统和西方的结合，既有对新文化的追求，又有对传统知识的继承；编撰者以商榷的口吻书写，将不同的观点呈现在书中，书中既有民众理解现实生活的道理，又有编撰者希望阅读者思考的新生活发展方向。

附录六 访谈：重建思想的眼界——跨文化视域下的概念史研究

语言是标记个人身份的重要特征，而且自从民族国家开始承担管理和标准化自己"本民族的"语言这一职责以后，语言扮演了更重要的角色。从这个意义上说，概念史就为建立高耸而且"古老的"围墙做出了贡献，以使今天的人们感到他们的语言是与其他语言相区隔开来的。恢复对于跨语言和跨文化交流的活力和重要性的适当的理解，不仅在于为人们理解跨语言发展的动力和语言的一般发展修复了可证实的框架，我还相信，学术有责任帮助人们超越这些学术自身也曾参与助成的横亘在人与人之间的人为障碍。

前不久，北京大学第四届"胡适人文讲座"邀请德国海德堡大学、"亚-欧"研究中心资深教授鲁道夫·瓦格纳（Rudolf G. Wagner）演讲总题为"跨文化的概念史研究"的系列讲座。四讲的题目分别是："词语：'劳动'的历史"、"隐喻：'瓜分'中国"、"实践：作为社会活动形式的'运动'"、"制度：中山纪念堂"。仅从题目已可看出，瓦格纳教授为此次讲座做了充分的准备；而在实际演讲过程中，瓦格纳教授更在同参与讲座的老师和同学的交流中不断调整与深化自己的思路。这不仅体现出敏锐的学术眼光，其严谨的学风与勤勉的态度也给听众留下了深刻的印象。

四次演讲以外，瓦格纳教授原拟还将参加一场与中文系师生的座谈会，并接受我受《文汇报》委托对他进行的采访。不想就在第四场演讲结束当天夜里，瓦格纳教授因为北京多变的天气与连日辛苦的工作而病倒，随即匆匆回国就医，我们的交谈只好通过电邮来完成。这使得这一次的采访没有在当时获得发表，却也给了我们进一步斟酌议题的机会。今天来看，"跨文化的概念史研究"这一课题对于中国学界而言，仍然是方兴未艾而极富生命力的，应该引起广泛的重视与进一步的讨论。因此，借助近期瓦格纳教授来北京参加国际汉学会议之机，我们最后修订了这一份采访稿予以发表，既奉献给读者，也纪念瓦格纳教授那一次难忘的北京之行。

文汇报：您从上世纪 60 年代起就开始从事对于中国的研究，而且在欧洲和北美都工作过多年，在此期间，西方汉学的范式和中国人对于汉学的接受都发生了很大变化，能谈一谈在此过程中您有什么突出的感受吗？

瓦格纳：二战以前，很多中国研究的从业者有多年在中国做外交官、传教士、商人和教师的经历。大多数人能够很好地说中文和读中文，他们与熟知国际间的中国研究并对此有所贡献的中国学者之间有着热烈的交流。外国的中国研究同时处理历史与现实，其中许多工作是翻译中国文化的核心遗产。二战后新一代学者所面临的新环境，是高度的政治化负担和较微弱的学术兴趣。学术活动在中国大陆和中国台湾两边都因为被迫服从于政治性的日常工作而枯竭，学者几乎没有机会和兴趣与海外展开学术交流。而且在新的冷战环境下，外国对于当代中国的研究趋于政治化，学者往往缺乏书写当代中国所必需的语言和历史能力。因此，汉学家也缺乏研究中国现实的动力。汉学研究开始追随古典学术（拉丁文和古希腊文研究）的范型。运用文言文的能力会受到嘉奖，而掌握现代汉语的口语和了解中国社会背景的能力则是被忽视的。我的老师们就属于这一代，他们可以很好地阅读文言文和现代的学术文章，但是他们的口语却从未超过初级水平。

一个主要的转变来自 1957 年苏联发射人造地球卫星。美国政府看到了来自铁幕背后的主要挑战。当时，社会主义阵营内部的合作还十分紧密，在美国流行的假设是，这一阵营是在苏联领导下的统一体。所以从美国开始并很快传播到欧洲的趋势是，大量资金被提供给新的机构和大学以训练专家，尤其是有明确指向的研究苏联和中国现实的专家。在德国，大多数研究中国的机构——包括海德堡研究所——都成立于 1960 年以后。因为德国大学从政府的命令中脱离出来而获得了大学的独立性，这些机构得以继续从事他们对于中国古典的研究，而这部分也是因为仅有的可选取的工作人员都是研究中国古典的。

　　我自己的历程也体现出这一代的转变。在 1961 年最初研究中文的时候，我还只关注文言文。（由于没有汉代的人活下来一起讨论，而汉语口语中的声调只是在六朝的时候才出现的，同时也没有与中国大陆学者对话的机会，我们都不顾声调而只用第一声来读中文。）我上过很多古希腊文和拉丁文研究的课程以学习方法学。我的博士论文（慕尼黑大学，1969 年）研究《大乘大义章》，讨论释慧远和鸠摩罗什讨论《大智度论》的信件。在得到一个美国的两年期奖学金以后，我在 1970 年着手研究玄学和王弼，最初是在哈佛大学，后来在加州大学伯克利分校。回到德国以后，我在柏林的一个研究机构那里获得了助理教授的位置，这一机构在经过长期的欧洲学生运动以后已经决定倾注全力来关注现代中国。我在不会说现代汉语的前提下获得这个职位，显示出要找到一个能处理中文材料的专注研究现代中国的人有多难，而我有这样的能力。1978 年以后，我读过一些"文革"之后的短篇小说（包括刘心武、王蒙），我认为中国有了重要的转变，将来很可能会有丰富的学术交流。我买了一个磁带随身听，开始自学现代汉语。所以如今在我的研究中，我既处理上古的问题，也同时关注新中国建立以后的现实。我的思考被证明是准确的，因为的确，"文革"以后的中国大陆和"解严"以后的中国台湾的开放，为学术工作和学术交流创造了比以往要好得多的环境。尽管那时新中国的学术在很大程度上仍然要在规定的框架内来操作，而且那时中国政府拒绝签证申请，或者拒绝学者获取研究资源的行为也一再对研究产生消极的影响，但是和 1950 年代与 1960 年代相比，情况还是得到了显著改善。尽管如此，中国学者研究本国学术的著作的质量，以及与外国学者交流的便利程度，仍然没有达到 1920 年代和 1930 年代的水准。整体而言，中国学者还不能够日常性地阅读没有被译成中文的外国学术成果，中国图书馆馆藏的国外汉学著作也很零散，这都阻碍了研究中国问题的中国学者在国际交流中扮演更为活跃和具有创造性的角色。

在我之后的一代汉学家很早就开始接触现代中国，他们一般可以在中国大陆或者中国台湾长期居留以获得对于中国社会运作方式的理解。对于他们而言，有许多学术以外的工作机会，而且他们经常会认为旷日持久地获得文言文的能力是浪费时间。对于学术的兴趣如今覆盖了更为广阔的范围，超出了语文学和历史，大多数的研究题目是在现代中国的语言、政治、经济、社会和文化领域。

文汇报：在您关于王弼《老子注》的研究中，充分体现出您受到伽达默尔的诠释学的影响，能不能谈一谈您接受德国的思想与学术传统的情况？

瓦格纳：在 1963 年读过伽达默尔的《真理与方法》之后，我从波恩大学搬到了他所任教的海德堡大学。我感到他的方法将有助于我自己的汉学研究。这种方法试图重建一种眼界，其间，一个居住在另一个空间、时间和环境的人正在思考、写作、阅读和被阅读，这似乎是一种好的方式来避免轻率地将其思考、写作和阅读视为某种人为发明出来的范畴下的附庸。这帮助我学会尊敬王弼作为一个曾经试图基于《老子》本文去了解《老子》的人。

王弼把《老子》的多元象征移植到一种系统的哲学论证当中去。与此同时，我和伽达默尔在观点上的分歧也越来越明显。伽达默尔，包括他的老师海德格尔，以及围绕着科泽勒克、布鲁纳、李特尔的德国"概念史"这一学派，都假设在哲学思想和概念二者与语言之间存在着一种紧密的关联。这隐含着两个前提：一是德语是一种哲学上的特权语言，德国的哲学语言在很大程度上是独立于法国、低地国家或英国，更不用说经西班牙翻译引进的阿拉伯的哲学语言而发展；二是不知道什么缘故，在现代德国哲学和哲学的黄金标准——希腊古典哲学——之间有着直接的结合。对我而言，这意味着无视一些显而易见的事实，就是说一般所说的过去——包括古希腊在内——其实是一个非常异质的和陌生的"邦国"。

我最后想到，在一个 1963 年的海德堡大学教授那里，他和赫拉克利特的距离与他和庄子的距离大概是一样的；而在一个 1963 年的北京大学教授那里，他和庄子的距离与他和赫拉克利特的距离也是一样的。简言之，要理解这些遥远人物的思想并且与之建立紧密的关联，一个人不得不小心地重建他思想的眼界。这种享有通向"自己的"传统的特许入口的假设或许最终将构成对于理解传统而言极为可怕的障碍，并且养成一种使传统简单化来适应自己目的的意愿。实际上，我认为一个哲学机构应该处理哲学，而不是把哲学像生物学家对待北极熊那样看作是一个地区性的现象，在这里是指欧洲的现象。我想要说服伽达默尔和他的继任者将他的机构的视线扩展到中国哲学、佛教哲学或者阿拉伯哲学的努力在很大程度上失败了，尽管许多年以来，更广泛的有教养的大众对于这些领域的兴趣一直与日俱增。如果说阻碍人们了解这些欧洲以外的哲学分支的最后一道防线是语言能力，那么我要说现在即使大多数研究古希腊哲学的学生在阅读原文的同时也是要放一份翻译稿在旁边的。

概念史领域的情况也是类似的。研究仍然局限于一种语言之内，尤其不会跨越欧洲和欧洲之外的语言，尽管证据显示跨语言的交流是极其庞大的。我相信诠释学有潜力成为一种跨文化研究的重要途径，但要使这种潜力转化为被广泛分享的和富有成效的研究现实，还需要许多时间和努力。

文汇报：您刚刚提到跨文化和跨语言的问题，这也是您的学术研究，包括概念史研究的突出特征之一，能再谈一谈您这方面的思考吗？

瓦格纳：语言是标记个人身份的重要特征，而且自从民族国家开始承担管理和标准化自己"本民族的"语言这一职责以后，语言扮演了更重要的角色。从这个意义上说，概念史就为建立高耸而且"古老的"围墙做出了贡献，以使今天的人们感到他们的语言是与其他语言相区隔开来的。然而这种感觉的历史其实非常年轻，不超过250年，却已经对人们理解他们在多大程度上受惠于他者（其中甚至也包括那些和他们作战多年的人们）造成了很大的伤害。恢复这种对于跨语言和跨文化交流的活力和重要性的适当的理解，不仅在于为人们理解跨语言发展的动力和语言的一般发展修复了可证实的框架，我还相信，学术有责任帮助人们超越这些学术自身也曾参与助成的横亘在人与人之间的人为障碍。

文汇报：除了您自己的研究，我们注意到您还带领着海德堡大学的一支研究队伍，想请您介绍一下那里的情况。

瓦格纳：当德国政府开启了一项"卓越计划"以鼓励德国大学提高创新性和竞争力的时候，他们决定将这一计划同时向科学、工程学与人文学、社会科学开启。在文学与社会科学领域，他们提出期待一些"老"学科比如历史、古典研究，或者德国文学可以成为申请中的领导者。在海德堡，南亚研究所拥有相当可观的研究资源，以及一批来自各个领域，包括地理学、公共卫生、法律、历史和古典的梵文研究在内的教授。汉学系最近也发展到类似的强大规模。对于许多同时身处这两个机构的学者来说，传统的局限于民族国家以内的方法似乎已经很难再提供洞察力，而他们，也包括我在内，都已经将研究跨文化和跨语言的相互作用纳入自己的研究计划当中。一位来自南亚研究所的学者和我因此共同起草了一份名为"亚洲和欧洲——文化流动的不对称性"的研究群的申请，并且邀请了一位研究国际组织的现代历史学家加入我们。最后，研究地中海地区和近东古代文化与早期历史的学者也加入进来。很高兴，我们成了三组成功申请到项目的人文学与社会科学研究群之一，并且就此发展出具有相当规模（大约有200名学者）的研究项目，其中包括若干研究小组、一个博士项目和一个硕士项目。五年之后，随着一次申请的成功使我们得以在新的视角下变革这一计划，这一计划现在叫作"全球背景下的亚洲与欧洲：跨文化的动力"。这个研究群开始发展一些具体的研究，包括跨文化的相互作用，与之相适应的方法论，以及研究过程中所需要的合作展开的工作程序。在对于这一计划的资助结束以后，它将作为新的海德堡跨文化研究中心延续下来，资金上的支持会有所减少，但仍然是大量的。

南亚中心的发展和东亚中心的建立，当然显著地为研究群的成功申请做出了贡献，反过来说，也一样是成立的。在2013年，联邦政府宣布发起一场建立研究和教学的创新中心的竞赛。通过这一研究群，东亚研究和南亚研究的相互作用得到了极大加强，我们提交了一份申请，提出建立一个包括南亚和东亚两个研究机构在内的新的亚洲和跨文化研究中心，并为其提供图书馆数字资源和协同工作上的先进设施。这份申请获得了成功，新的大楼就在研究群大楼的旁边，工人们已经开始测试地基。

文汇报：在讲座中您曾指出，语言与社会现实之间虽然有着密切的互动，但概念史以外毕竟还存在着社会现实。那么概念史和社会史之间又有着怎样的关联呢？

瓦格纳：概念当然是在特定的社会和历史语境中发展起来的。与此同时，这些语境并不是同质的，人们可以而且的确在理解和评价概念上产生了广泛的分歧，比如说"革命"或者"管理"或者"爱"，但是他们继续使用着同一个概念。一旦这样一个概念广泛流行，人们开始努力将其置于话语秩序和等级制度之中，并且规定它的主要特征。大多数概念史家处理这种类型的资源，而这其实是概念的后设论述（metadiscussion）。通过这些讨论，概念本身成为被分析的对象，而不仅仅作为日常生活和学术语言中的实际运用。因此，尽管概念产生之初的历史环境可能已经迅速改变了，但是概念仍然存在并且有效地运转。因此，概念不能被归纳为其最初起源时的环境，却在这些环境下，作为一种思想的工具在分类的次序中承担了更强的独立作用。

文汇报：说起概念史，中国学者会想到陈寅恪先生的说法："凡解释一字，即是作一部文化史"，但是在中国不存在概念史研究的传统，我们知道在德国，概念史研究是建立在著名年刊《概念史文库》，以及《哲学历史词典》等大型辞书的基础上，能不能请您介绍一下这方面的情况？

瓦格纳：从 1960 年代和 1970 年代以来，概念史在德国的确有一个强劲的发展，但是看一看在法国、英国和美国，也可以很快看出那里的许多学者（简单列举一些人的名字的话，比如法国的吕西安·费弗尔，美国的阿瑟·洛夫乔伊，英国的昆廷·斯金纳）已经以不同的范式做出了重要贡献。概念史承认概念的"历史性"，同时也承认概念的社会与政治等方面的背景。它因此和诠释学交织起来，并且通常这一哲学传统还会和伽达默尔的老师海德格尔联系起来。在英语语境和低地国家，占优势的趋势是上溯到维特根斯坦、罗素和怀特海，他们对于哲学概念持一种科学家式的理解，否认概念和史实之间的关联。在欧洲和美国的概念史家能够利用那里为不同语言编写历史词典的久远传统，这些词典追溯术语的最初发生与意义变迁。在东亚则没有这样的词典。一些有德国学术背景的汉学家已经开始研究现代中国的概念的历史了。他们在使用一些从研究德国概念的学者那里发展出来的方法论，而且超出了对于单一语言的关注，试图追踪概念的跨语言传播，一旦概念获得在全球范围内广泛分享的秩序，他们还将研究概念在语言之间的相互作用。为了促进这项研究，一些数据库已经被建立起来，其中之一可以上溯悠久的历史，并且包括佛教的概念，另一个则处理科学概念。这两个数据库都是由海德堡研究群主持，并且都是跨语言的。第三个数据库是金观涛和刘青峰发展起来的，是一个单一语言的数据库，由台湾政治大学和香港中文大学主持。如今，在台北、大阪和南京，一些专门的概念史期刊纷纷涌现，相关学者之间的学术交流也大大加强了，也许在不远的将来，我们就可以看到这个重要领域更强劲的发展。

文汇报：中国学者如果从事概念史研究，您认为应该有怎样的知识储备呢？

瓦格纳：这很难讲。有一些基本的条件，包括既能够阅读现代汉语也能高度准确地阅读文言文的能力，对于想要研究其跨语言交流进程的主要语言要有一套可靠的操作程序。这以后，学者还应同时获得具体的研究步骤中所必需的知识和方法论工具。如果一个人正在处理漫画里描绘的概念，那么所需要的知识和工具，就和处理跨文化传播实践里的概念——比方"文明头"——不一样了。关键条件在于尽可能地根据需要去获取技术的意愿。第二个条件是更难的，因为人文学的学者（也包括我在内）有着漫长的独立工作的传统。而跨语言和跨文化的概念史往往要求不同领域的专家展开合作，这不仅涉及不同的语言、资源类型、方法论和文化，也包括诸如数据库的发展和操作，或是运用复杂的数据分析工具等方面。

（选文时略作改动）

参考文献

瓦格纳学术著作:

[1] Wagner, Rudolf G.. *Die Fragen Shih Hui-yüan's an Kumarajiva*. Phil. Diss. Munich, 1969.

[2] Wagner, Rudolf G., with W. Kubin. *Essays in Modern Chinese Literature and Literary Criticism*. Bochum: Brockmeyer Publ, 1982.

[3] Wagner, Rudolf G. ed. *Literatur und Politik in der Volksrepublik China*. Frankfurt: Suhrkamp Publ, 1983.

[4] Wagner, Rudolf G.. *Reenacting the Heavenly Vision: The Role of Religion in the Taiping Rebellion; China Research Monograph; 25. Center for Chinese Studies*. Berkeley: University of California, 1984.

[5] Wagner, Rudolf G.. *The Contemporary Chinese Historical Drama: Four Studies*. Berkeley: University of California Press, 1990.

[6] Wagner, Rudolf G.. *Inside a Service Trade. Studies in Contemporary Chinese Prose*. Harvard-Yenching Institute monograph series; 34. Cambridge, Mass.: Harvard

University Press, 1992.

［7］Wagner, Rudolf G.. *The Craft of a Chinese Commentator: Wang Bi on the Laozi*. Albany: SUNY Press, 2000.

［8］Wagner, Rudolf G.. *Language, Ontology, and Political Philosophy: Wang Bi's Scholarly Exploration of the Dark（Xuanxue）*. Albany: SUNY Press, 2003.

［9］Wagner, Rudolf G.. *A Chinese Reading of the Daodejing: Wang Bi's commentary on the Laozi with critical text and translation*, Albany, NY: State Univ. of New York Press, 2003.

［10］Wagner, Rudolf G. ed. *Joining the Global Public: Word, Image, and City in Early Chinese Newspapers, 1870-1910*, Albany, NY: State Univ. of New York Press, 2007.

［11］Wagner, Rudolf G.（with Sarah C. Humphreys）.: *Modernity's Classics*. Series Transcultural Research. Heidelberg Studies on Asia and Europe in a Global Context. Heidelberg/Berlin: Springer, 2013.

［12］Wagner, Rudolf G.（with Milena Doleželová-Velingerová）.: *Chinese Encyclopaedias of New Global Knowledge（1870-1930）*. Heidelberg/Berlin: Springer, 2014.

［13］鲁道夫·瓦格纳.王弼〈老子注〉研究（上）.杨立华，译.南京：江苏人民出版社，2008.

［14］鲁道夫·瓦格纳.王弼〈老子注〉研究（下）.杨立华，译.南京：江苏人民出版社，2008.

瓦格纳学术论文：

［1］Wagner, Rudolf G.. *Die Auflösung des legalistischen Staatssystems gegen Ende der Han, Archiv Orientalni* 35, 1967: 244-261.

［2］Wagner, Rudolf G.. *Hui-yüan on Dharmakaya*, in *Papers of the XIX International Congress of Chinese Studies*, Bochum, 1968.

［3］Wagner, Rudolf G.. *The Original Structure of the Correspondence Between Shi Hui-yüan and Kumarajiva, Harvard Journal of Asiatic Studies* 31, 1971: 28-48.

［4］Wagner, Rudolf G.. *Lebensstil und Drogen im chinesischen Mittelalter（Life Style and*

Drugs in Medieval China），*T'oung Pao*LIX, 1973: 79-178.

［5］Wagner, Rudolf G.. *Overcoming Dualism, some Lessons From the Chinese Paradigm*, in T*echnologische Grundlagenforschung für Entwicklungsländer*, Technische Universität Berlin Dokumentation Heft 3, 1979: 140-146.

［6］Wagner, Rudolf G.. *Der Moderne Chinesische Untersuchungsroman*（*The Modern Chinese Novel of Social Investigation*），in J. Hermand（ed.），*Neues Handbuch der Literaturwissenschaft*, vol. 21. Wiesbaden: Athenaeum Publ., 1979: 361-407.

［7］Wagner, Rudolf G.. *Yan Fu*, in W. Bernsdorf, H. Knospe（eds.），*Internationales Soziologenlexikon*, vol. 1. Stuttgart: Enke Publ., l980: 506-508.

［8］Wagner, Rudolf G.. *Soziale und technische Faktoren für die Verbreitung von Biogasanlagen in der VR China*（*Social, and technical factors in the spread of the use of biogas in the PRC*），in *Der Tropenlandwirt*, Beiheft no. 13, 1980: 134-154.

［9］Wagner, Rudolf G.. *Interlocking Parallel Style: Laozi and Wang Bi*, in *Etudes Asiatiques* XXXIV. 1, 1980: 18-58.

［10］Wagner, Rudolf G.. *Staatliches Machtmonopol und Alternative Optionen-Zur Rolle der„ Westlichen Barbaren*"*im China des 19. Jahrhunderts*（*The Discretionary Monopoly of the State and Alternative Options-The Role of the*'*Western Barbarians*'*in Nineteenth Century China*），in J. H. Grevemeyer（ed.），*Traditionale Gesellschaften und Europäischer Kolonialismus* Frankfurt: Syndikat Publ., 1981: 105-136.

［11］Wagner, Rudolf G.. *The Cog and the Scout: Functional Concepts of Literature in Socialist Political Culture: The Chinese Debate in the Mid-Fifties*"，in W. Kubin, R. Wagner（eds.），*Essays in Modern Chinese Literature and Literary Criticism*. Bochum: Brockmeyer Publ., 1982: 334-400.

［12］Wagner, Rudolf G.. *Xiao Jun's Novel* "*Countryside in August*" *and the Tradition of* "*Proletarian Literature*"，in Fondation Singer-Polignac（ed.），*La Littérature Chinoise au Temps de la Guerre de Résistance Contre le Japon*（*de 1937 a 1945*）. Paris: Editions de la Fondation Singer-Polignac, 1982: 57-66.

［13］Wagner, Rudolf G.. *Das Han-shi Pulver, eine Moderne Droge im Mittelalterlichen China*（*The Han-shi Powder, a Modern Drug in Medieval China*），in Rautenstrauch-Joest Museum（ed.），*Rausch und Realität, Drogen im Kulturvergleich*, Teil 1. Cologne: Rautenstrauch-Joest Museum, 1982: 320-323.

［14］Wagner, Rudolf G.. *Mineraldünger, Pestizide und die Sicherung hoher langfristiger Erträge*（*Mineral fertilizer, pesticides, and the securement of high and stable harvests*）, in B. Glaeser（ed.）, *Umweltpolitik in China: Modernisierung und Umwelt in Industrie, Landwirtschaft und Energierzeugung*. Bochum: Brockmeyer Publ, 1983: 177-250.

［15］Wagner, Rudolf G.. *Biogasnutzung in ländlichen und städtischen Regionen*（*Uses of Biogas in rural and urban environments*）, in B. Glaeser（ed.）, *ibid.*, 365-394.

［16］Wagner, Rudolf G.. *God's Country in the Family of Nations: The Logic of Modernism in the Taiping Doctrine of International Relations*, in J. Bak, G. Benecke （eds.）, *Religion and Rural Revolt*. Manchester: Manchester University Press, 1984: 354-372.

［17］Wagner, Rudolf G.. *Twenty articles on Chinese Sociologists* in W. Bernsdorf, H. Knospe（eds.）, *Internationales Soziologenlexikon*, vol. 2. Stuttgart: Enke Publ., 1984.

［18］Wagner, Rudolf G.. *Lobby Literature: The Archaeology and Present Functions of Science Fiction in the People's Republic of China*, in J. Kinkley（ed.）, *After Mao: Chinese Literature and Society 1978-1981. Harvard East Asian Monographs* 115. Cambridge: Harvard University Press, 1985: 17-62.

［19］Wagner, Rudolf G.. China, in *Evangelisches Kirchenlexikon*. Göttingen: Vandenhoeck and Rupprecht, 1985.

［20］Wagner, Rudolf G.. *Charismatische Bewegungen*, in *ibid.*

［21］Wagner, Rudolf G.. *Konfuzianismus*, in *ibid.*

［22］Wagner, Rudolf G.. *Taoismus und chinesische Volksreligion*, in *ibid.*, Bd. 4, 657-661.

［23］Wagner, Rudolf G.. *Taiping-Bewegung*, in ibid., Bd. 4, 641-643.

［24］Wagner, Rudolf G.. *Der chinesische Autor im eigenen Licht. Literarische Selbstreflexion über die Literatur und ihren Zweck in der VR China*, in W. Kubin（ed.）, *Moderne Chinesische Literatur*. Frankfurt: Suhrkamp Publ., 1985: 75-101.

［25］Wagner, Rudolf G.. *Liu Binyan oder Der Autor als Wandelnde Nische*, in W. Kubin （ed.）, *Moderne Chinesische Literatur*. Frankfurt: Suhrkamp Publ., 1985: 430-446.

［26］Wagner, Rudolf G.. Wang Bi: "*The Structure of the Laozi's Pointers*"（*Laozi weizhi lilue*）-*A Philological Study and Translation*, in *T'oung Pao* LXXII,1986: 92-129,

[27] Wagner, Rudolf G.. *The Chinese Writer in His Own Mirror: Writer, State, and Society-the Literary Evidence*, in Merle Goldman (ed.) , *China's Intellectuals and the State: In Search of a New Relationship*, Harvard Contemporary China Series 3. Cambridge: Harvard University Press, 1986: 183-231.

[28] Wagner, Rudolf G.. *Liu Binyan and the texie*, in *Modern Chinese Literature* 2.1, 1986: 63-98.

[29] Wagner, Rudolf G.. *Imperial Dreams in China*, in C. Brown (ed.) , *Psycho-Sinology. The Universe of Dreams in Chinese Culture*. Washington: Woodrow Wilson International Center for Scholars, 1987: 11-24.

[30] Wagner, Rudolf G.. *Agriculture and Environmental Protection in China*, in Bernard Glaeser (ed.) , *Learning from China? Development and Environment in Third World Countries*. London: Allen & Unwin, 1987: 127-143.

[31] Wagner, Rudolf G.. *Documents Concerning "Tanqiuzhe" [The explorer]* , an *Independent Literary Journal Planned during the Hundred Flowers Period*, *Modern Chinese Literature* 3.1/2:13, 1987: 7-146.

[32] Wagner, Rudolf G.. *On Christa Wolf's Cassandra*, in M. Birnbaum, R. Trager-Verchovsky(eds.), *History: Another Text*. Michigan Studies in the Humanities no. 7. Ann Arbor: University of Michigan, 1988: 83-133.

[33] Wagner, Rudolf G.. *Wang Bi's Recension of the Laozi*, in *Early China* 14, 1989: 27-54.

[34] Wagner, Rudolf G.. *The PRC Intelligentsia: A View from Literature*, in J. Kallgren (ed.) , *Building a Nation-State. China After Forty Years*. China Research Monograph 37. Berkeley: Center for Chinese Studies, 1990) , pp. 153-183.

[35] Wagner, Rudolf G.. *Gewalt aus dem Imaginaire*, in J. Assmann, D. Harth (eds.) , *Kultur und Konflikt*. Frankfurt: Suhrkamp Publ., 1990: 14-457.

[36] Wagner, Rudolf G.. *In Guise of a Congratulation: Political Symbolism in Zhou Xinfang's "Hai Rui Submits His Memorial"* , *Australian Journal of Chinese Affairs*, 1991 (26) : 99-142 ,

[37] Wagner, Rudolf G.. *Die Unhandlichkeit des Konfuzius [The Unwieldiness of Confucius]* , in A. Assmann, J. Assmann (eds.) ,Weisheit. Munich: Finck Publ., 1991: 455-464.

［38］Wagner, Rudolf G.. *Political Institutions, Discourse and Imagination in China at Tiananmen*, in J. Manor（ed.）, *Rethinking Third World Politics*. Harlow: Longman, 1991: 121–144.

［39］Wagner, Rudolf G.. *The Implied Pilgrim: Reading the Chairman Mao Memorial Hall*, in Susan Naquin and Chu Yuan-fang（eds.）, *Pilgrims and Sacred Sites in China*. Berkeley: University of California Press, 1992: 378–423.

［40］Wagner, Rudolf G.. *Konfrontation im Imaginaire: Institutionelle Struktur und Modernisierung in der Volksrepublik China*, in D. Harth, J. Assmann,（eds.）, *Revolution und Mythos*. Frankfurt: Fischer Paperback, 1992: 313–346.

［41］Wagner, Rudolf G.. *China in der géographie imaginaire der Erweckungsbewegung*, J. Elvert, M. Salewski（eds.）, *Staatenbildung in Übersee. Die Staaten Lateinamerikas und Asiens*, Beihefte 16.2 der HMRG. Stuttgart: Steiner, 1992: 167–179.

［42］Wagner, Rudolf G.. *A Dry and Factual Account of Things Witnessed or Heard Firsthand from Other Witnesses*（with Catherine Vance Yeh）, in S. Ogden, K. Hartford, L. Sullivan, D. Zweig（eds.）, *China's Search for Democracy, The Student and Mass Movement of 1989*. Armonk: Sharpe, 1992: 413– 423.

［43］Wagner, Rudolf G.. *Operating in the Chinese Public Sphere: Theology and Technique of Taiping Propaganda*, in Chun-chieh Huang and Erik Zuercher（eds.）, *Norms and the State in China*. Leiden: E. J. Brill, 1993: 104–138.

［44］Wagner, Rudolf G.. *In Guise of a Congratulation': Political Symbolism in Zhou Xinfang's Play "Hai Rui Submits his Memorial"*. in Jonathan Unger（ed.）. *Using the Past to Serve the Present. Historiography and Politics in Contemporary China*. Armonk: Sharpe, 1993: 46–103.

［45］Wagner, Rudolf G.. *The Role of the Foreign Community in the Chinese Public Sphere, China Quarterly*, 1995.

［46］Wagner, Rudolf G.. *Der vergessene Hinweis. Wang Pi über den Lao-tzu*, in J. Assmann, B. Gladigow（eds.）, *Text und Kommentar. Archäologie der literarischen Kommunikation IV*. Munich: Wilhelm Fink Verlag, 1995: 257–278.

［47］Wagner, Rudolf G.. *Life as a Quote from a Foreign Book. Love, Pavel, and Rita*, in H. Schmidt-Glintzer（ed.）. *Das andere China. Festschrift für Wolfgang Bauer zum 65. Geburtstag*, Wolfenbütteler Forschungen; vol. 62. Wiesbaden: Harrassowitz, 1995:

463-476.

[48] Wagner, Rudolf G.. *Culture and Code. Historical Fiction in a Socialist Environment:
The GDR and China*, in H. Chung (ed.) (with M. Falchikov, B. S. McDougall,
K. McPherson) , *In the Party Spirit. Socialist Realism and Literary Practice in the
Soviet Union, East Germany and China*. Editions Rodopi: Amsterdam/Atlanta 1996.
Critical Studies 6: 129-140.

[49] Wagner, Rudolf G.. *Twice Removed from the Truth: Fragment Collection in 18th and
19th Century China*, in G. Most (ed.) . *Collecting Fragments. Fragmente Sammeln.*
Göttingen: Vandenhoeck & Ruprecht, 1997: 34-52.

[50] Wagner, Rudolf G.. *Lob des sozialistischen Geheimnisses*, in Aleida und Jan Assmann
ed., Schleier und Schwelle, Munich: Fink, 1997: 125-148.

[51] Wagner, Rudolf G.. *Neue Eliten und die Herausforderung der Moderne*, in C.
Herrmann-Pillath/Michael Lackner (Hrsg.) . *Länderbericht China. Politik,
Wirtschaft und Gesellschaft im chinesischen Kulturraum*, Bonn: Bundeszentrale für
politische Bildung, 1998: 118-134.

[52] Wagner, Rudolf G.. *Understanding Taiping Christian China: Analogy, Interest and
Policy*, in Klaus Koschorke (Hg.) , *Christen und Gewürze. Konfrontation und
Interaktion kolonialer und indigener Christentumsvarianten.* Göttingen: Vandenhoeck
und Ruprecht, 1998: 132-157.

[53] Wagner, Rudolf G.. *The Shenbao in Crisis: The International Environment and the
Conflicty between Guo Songtao and the Shenbao*, Late Imperial China 20. 1, 1999.

[54] Wagner, Rudolf G.. *Exploring the Common Ground: Buddhist Commentaries on the
Taoist Classic Laozi*, in Glenn Most, ed., *Commentaries-Kommentare*, Göttingen:
Vandenhoeck & Ruprecht, 1999: 95-120.

[55] Wagner, Rudolf G.. *The Impact of Conceptions of Rhetoric and Style upon the
Formation of Early Laozi Editions: Evidence from Guodian, Mawangdui and the
Wang Bi Laozi*, Transactions of the International Conference of Eastern Studies No.
XLIV, 1999: 32-56.

[56] Wagner, Rudolf G.. *Das Moralische Zentrum und das Triebwerk des Wandels. Eine
Geschichte zweier chinesischer Städte*, in Kai Vöckler, Dirk Luckow, Hg., *Peking
Shanghai 21st Century*, Frankfurt: Campus Verlag, Edition Bauhaus vol. 7, 2000:

32-45.

[57] Wagner, Rudolf G.. *The Moral Center and the Engine of Change. A Tale of two Chinese Cities*, in Kai Vöckler, Dirk Luckow, Hg., *Peking Shanghai Shenzhen. Städte des 21. Jahrhunderts. Beijing Shanghai Shenzhen. Cities of the 21st Century*, Frankfurt: Campus Verlag, Edition Bauhaus vol. 7, 2000: 452-459. (English version of the above)

[58] Wagner, Rudolf G.. *Importing a 'New History' for the New Nation: China 1899*, in Glen Most ed., *Historization-Historisierung*, Aporemata, Kritische Studien zur Philologiegeschichte, vol. 5, Göttingen: Vandenhoeck & Ruprecht, 2001, pp. 275-292.

[59] Wagner, Rudolf G.. *The Early Chinese Newspapers and the Chinese Public Sphere*, *European Journal of East Asian Studies* 1, 2001.

[60] Wagner, Rudolf G.. *The Canonization of May Fourth*, in M. Dolezelova, O. Kral eds. *The Appropriation of Cultural Capital. China's May Fourth Project*, Cambridge: Harvard University Asia Center, 2001: 66-120.

[61] Wagner, Rudolf G.. *The Philologist as Messiah: Kang Youwei's 1902 Commentary on the Confucian Analects*, in Glen Most ed., *Disciplining Classics-Altertumswissenschaft als Beruf*, Göttingen: Vandenhoeck & Ruprecht, 2002: 143-168.

[62] Wagner, Rudolf G.. *Ein chinesisches Plädoyer gegen die autonome Person*, in Klaus-Peter Köpping, Michael Welker, Reiner Wiehl eds., *Die Autonome Person-eine europäische Erfindung?* Munich: Wilhelm Finck, 2002: 83-94.

[63] Wagner, Rudolf G.. *Eliten*, Brunhild Staiger, Stefan Friedrich und Hans-Wilm Schütte eds., *Das Grosse China-Lexikon*, Darmstadt: Wissenschaftliche Buchgesellschaft, 2003: 178-180.

[64] Wagner, Rudolf G.. *Literatur und Politik*, Brunhild Staiger, Stefan Friedrich und Hans-Wilm Schütte eds., *Das Grosse China-Lexikon*, Darmstadt: Wissenschaftliche Buchgesellschaft, 2003: 444-448.

[65] Wagner, Rudolf G.. *Öffentlichkeit und öffentliche Meinung*, Brunhild Staiger, Stefan Friedrich und Hans-Wilm Schütte eds., *Das Grosse China-Lexikon*, Darmstadt: Wissenschaftliche Buchgesellschaft, 2003: 543-545.

[66] Wagner, Rudolf G.. *Taiping-Aufstand*, Brunhild Staiger, Stefan Friedrich und

Hans-Wilm Schütte eds., *Das Grosse China-Lexikon*, Darmstadt: Wissenschaftliche Buchgesellschaft, 2003: 735-739.

[67] Wagner, Rudolf G.. *Biographie als Lebensprogramm. Zur normativen Funktion der chinesischen Biographik*, in Walter Berschin, Wolfgang Schamoni, eds., *Biographie- "So der Westen wie der Osten"? Zwölf Studien*, Heidelberg: Mattes Verlag, 2003: 133-142.

[68] Wagner, Rudolf G.. *The concept of Work/Labor/Arbeit in the Chinese world. First Explorations*, in W. Bierwisch ed., *Die Rolle der Arbeit in verschiedenen Epochen und Kulturen*, Akademie-Verlag Berlin, 2003: 103-127.

[69] Wagner, Rudolf G.. *Notes on the History of the Chinese Term for "Labor"*, in Michael Lackner, Natascha Vittinghoff eds., Mapping meanings. *The Field of New Learning in Late Qing China*, Leiden: Brill, 2004: 129-142.

[70] Wagner, Rudolf G.. *Nachholende Modernisierung. Thesen zur neuen chinesischen Literatur*, Volker Ullrich, Felix Rudloff, Hg., Die Zeit. *Der Fischer Weltalmanach: China*, Frankfurt: Fischer Verlag. 2005.

[71] Wagner, Rudolf G.. *The Powers of Philology: Saving the Eastern Han From Collapse*, in Christoph Anderl and Halvor Eifring eds. *Studies in Chinese Language and Culture, Festschrift in honour of Christian Harbsmeier on the Occasion of his 60th Birthday*, Oslo: Hermes Academic Publishing, 2006: 51-65.

[72] Wagner, Rudolf G.. *Review of John Makeham, Transmitters and Creators: Chinese Commentators and Commentaries on the Analects*, Cambridge: Harvard University Asia Center, 2003, in *Harvard Journal of Asiatic Studies*, 66.2 , 2006: 593-605.

[73] Wagner, Rudolf G.. *Säkularisierung: Konfuzianismus und Buddhismus*, in Hans Joas, Klaus Wiegandt eds., *Säkularisierung und die Weltreligionen*, Frankfurt a. M.: Fischer Verlag, 2007, 224-253. Engl. Trsl. "Secularization: Confucianism and Buddhism," trsl. By Alex Skinner, in Hans Joas, Klaus Wiegandt eds., *Secularizations and the World Religions*, Liverpool: Liverpool University Press, 2009: 141-159.

[74] Wagner, Rudolf G.. *Joining the Global Imaginaire: The Shanghai Illustrated Newspaper Dianshizhai huabao* in Wagner, Rudolf G. ed., *Joining the Global Public: Word, Image, and City in Early Chinese Newspapers, 1870-1910*, Albany, NY: State Univ. of New York Press, 2007.

［ 75 ］ Wagner, Rudolf G.. *Still the Most Appreciated* Work on the Subject: On Paul Cohen's Between Tradition and Modernity: Wang T'ao and Reform on Late Ch'ing China," *The Chinese Historical Review* 14.2 , 2007: 185-188.

［ 76 ］ Wagner, Rudolf G.. *Das Leiden des Konfuzius: Chinesische Lehnbildungen für Jesus und Luther*（ *The Suffering of Confucius: Chinese Calques for Jesus and Luther*）, in Günter Thomas, Andreas Schüle Hg., *Gegenwart des Lebendigen Christus*, Leipzig: Evangelische Verlagsanstalt, 2007: 449-462.

［ 77 ］ Wagner, Rudolf G.. *Does This Make Sense? Reading Sinological Translations.* In: *Zurück zur Freude. Studien zur chinesischen Literatur und Lebenswelt und ihrer Rezeption in Ost und West. Festschrift für Wolfgang Kubin.* Hg. von Marc Hermann und Christian Schwermann unter Mitwirkung von Jari Grosse-Ruyken. Monumenta Serica Monograph Series 52. Sankt Augustin - Nettetal: Steyler Verlag, 2007: 767-776.

［ 78 ］ Wagner, Rudolf G.. *Women in Shenbaoguan Publications 1872-1890*, Nanxiu Qian, Grace S. Fong, Richard J. Smith eds., *Different World of Discourse. Transformations of Gender and Genre in Late Qing and Early Republican China*, Leiden: Brill, 2008: 227-256.

［ 79 ］ Wagner, Rudolf G.. *Entry* "*Ernest Major*," entry in David Pong ed., *Encyclopedia of Modern China*, New York: Charles Scribners Sons/Reference, 2009（ 2 ）: 543-545.

［ 80 ］ Wagner, Rudolf G.. Entry "*Journalism*," in David Pong ed., *Encyclopedia of Modern China*, New York: Charles Scribners Sons/Reference, 2009（ 2 ）: 398-400.

［ 81 ］ Wagner, Rudolf G.. Entry "*Gordon, Charles*," in David Pong ed., *Encyclopedia of Modern China*, New York: Charles Scribners Sons/Reference, 2009（ 2 ）: 127-128.

［ 82 ］ Wagner, Rudolf G.. Entry "*Taiping Uprising*," in David Pong ed., *Encyclopedia of Modern China*, New York: Charles Scribners Sons/Reference, 2009（ 3 ）: 520-526.

［ 83 ］ Wagner, Rudolf G.. Entry "*Hong Xiuquan*," in David Pong ed., *Encyclopedia of Modern China*, New York: Charles Scribners Sons/Reference, 2009（ 3 ）: 521.

［ 84 ］ Wagner, Rudolf G..Entry "Encyclopedias," in David Pong ed., *Encyclopedia of Modern China*, New York: Charles Scribners Sons/Reference, 2009（ 1 ）: 511-512.

［ 85 ］ Wagner, Rudolf G.. *The Zhouli as the Late Qing Path to the Future*, in Benjamin A.

Elman, Martin Kern eds., *Statecraft and Classical Learning. The Rituals of Zhou in East Asian History.* Leiden: Brill, 2009: 359-387.

[86] Wagner, Rudolf G.. *Denouement: Some Conclusions about the Zhouli*, in Benjamin A. Elman, Martin Kern eds., *Statecraft and Classical Learning. The Rituals of Zhou in East Asian History.* Leiden: Brill, 2009: 388-396.

[87] Wagner, Rudolf G.. *Ritual, Architecture, Politics and Publicity during the Republic: Enshrining Sun Yat-sen*, in Jeffrey Cody, Nancy S. Steinhardt, and Tony Atkin, *Chinese Architecture and the Beaux-Arts*, Honululu: University of Hawai'I Press, 2011: 223-278.

[88] Wagner, Rudolf G.. *China "Asleep" and "Awakening." A Study in Conceptualizing Asymmetry and Coping with It*, *Transcultural Studies* 1, 2011: 4-139.

[89] Wagner, Rudolf G.. *Produktivkraft Forschung–eine chinesische Perspektive*, *Gegenworte* 26, Fall 2011: 57-61.

[90] Wagner, Rudolf G.. *Die Verantwortlichkeit von Staatsführung in der Spannung zwischen idealisiertem Imaginaire und Regierungspraxis: China*, in Winiger/ Mahlmann/Avramov/Gailhofer（Hg.）, *Recht und Verantwortung/Droit et responsabilité*, Kongress der Schweizerischen Vereinigung für Rechts-und Sozialphilosophie, II. -12. Juni 2010, Universität Zürich/Congrès de l'Assocation Suisse de Philosophie du Droit et de Philosophie Sociale, 11-12 juin 2010, Université de Zurich, Stuttgart: Franz Steiner Verlag, 2012: 59-68.

[91] Wagner, Rudolf G.. *Don't Mind the Gap! The Foreign-language Press in Late-Qing and Republican China*, *China Heritage Quarterly*, June/Sept, 2012.

[92] With Sarah C. Humphreys, *Introduction*, Sarah C. Humphreys and Rudolf G. Wagner, eds. *Modernity's Classics*, Series Transcultural Research. Heidelberg Studies on Asia and Europe in a Global Context. Heidelberg/Berlin: Springer, 2013: 1-22.

[93] *A Classic Paving the Way to Modernity: The Ritual of Zhou in the Chinese Reform Debate Since the Taiping Civil War*, in Sarah C. Humphreys and Rudolf G. Wagner, eds. *Modernity's Classics*, Series Transcultural Research. Heidelberg Studies on Asia and Europe in a Global Context. Heidelberg/Berlin: Springer, 2013: 77-100.

[94] Wagner, Rudolf G.. *China: Vom Quell zum Objekt der Aufklärung*（China: From

source to object of enlightenment) , in Stiftung Mercator, ed. *Aufklärung im Dialog. Eine Deutsch-Chinesische Annäherung*, 49-63. Essen: Stiftung Mercator, 2013.

[95] With Milena Doleželová-Velingerová. *Chinese Encyclopaedias of New Global Knowledge(1870-1930)*. *Introduction*, in Milena Doleželová-Velingerová, Rudolf G. Wagner(eds.), Chinese Encyclopaedias of New Global Knowledge(1870-1930). Berlin/Heidelberg, 2014: 1-28.

[96] *The Formation of Encyclopaedic Commonplaces During the Late Qing: Entries on the Newspaper*, in Milena Doleželová-Velingerová , Rudolf G. Wagner (eds.) , Chinese Encyclopaedias of New Global Knowledge (1870-1930) . Berlin/Heidelberg, 2014: 103-136.

[97] Wagner, Rudolf G.. *Review of Robert Ashmore, The Transport of Reading. Text and Understanding in the World of Tao Qian.* Cambridge: Harvard University East Asia Center, 2010, in The Journal of Asian Studies 73, 2014: 211-212.

[98] Wagner, Rudolf G.. *Review of Chia-Ling Yang and Roderick Whitfield, eds. Lost Generation: Luo Zhenyu, Qing Loyalists and the Formation of Modern Chinese Culture.* London: Saffron Books, 2012.

[99] *Fate's gift economy: the Chinese case of coping with the asymmetry between man and fate.* In Jürgen von Hagen and Michael Welker, eds.. Money as God?: the monetization of the market and the impact on religion, politics, law, and ethics. Cambridge: Cambridge University Press, 2014: 184-218.

[100] Wagner, Rudolf G.. *Review of Tobie Meyer-Fong. What Remains: Coming to Terms with Civil War in 19th Century China* (Stanford U. Press, 2013) . In: *China Quarterly 215*, 2013: 791-793.

[101] Wagner, Rudolf G.. *Review of Michael Nylan, Exemplary Figures/Fayan* by Yang Xiong (Seattle: University of Washington Press, 2013. Journal of Chinese Studies 59, 2014: 312-324.

[102] Wagner, Rudolf G.. Cina, *1849. Il popolo eletto di Dio, guidato dal Suo figlio secondogenito a Nanchino, la nuova Gerusalemme. Un' analisi della teologia Taiping*, translated from English by E. Campi and A. Zangarini, in Popoli eletti. Storia di un viaggio oltre la storia, edited by Giorgio Politi. Milano: Edizioni Unicopli,

2015: 267-283.

［103］Wagner, Rudolf G.. *A Building Block of Chinese Argumentation: Initial Fu as a Phrase Status Marker*. In Literary Forms of Argument in Early China, edited by Joachim Gentz and Dirk Meyer. Leiden: Brill, 2015: 37-66.

［104］鲁道夫·瓦格纳，克里斯托弗·A. 里德. 谷腾堡在中国——中国印刷资本业的发展 1876—1937. 中国学术，2005（2）.

［105］鲁道夫·瓦格纳. 进入全球想象图景：《点石斋画报》. 中国学术. 2001（4）.

［106］鲁道夫·瓦格纳. 申报馆早期的书籍出版. //陈平原，王德威，商威，编. 晚明与晚清：历史传承与文化创新. 武汉：湖北教育出版社，2002.

［107］鲁道夫·瓦格纳. 危机中的《申报》：国际背景下的郭嵩焘与《申报》之争. //国家清史编纂委员会编译组编. 清史译丛：第九辑（罗威廉专辑）. 杭州：浙江古籍出版社，2010.

［108］鲁道夫·瓦格纳. 中国的"睡"与"醒"：不对等的概念化与应付手段之研究. 钟志欣，译. 东亚观念史集刊，2011（12）.

中文参考文献

［1］［德］阿莱达·阿斯曼. 回忆空间：文化记忆的形式和变迁. 潘璐，译. 北京：北京大学出版社，2016.

［2］［美］安乐哲. 和而不同比较哲学与中西会通. 温海明，编. 北京：北京大学出版社，2002.

［3］［美］安敏成. 现实主义的限制：革命时代的中国小说. 姜涛，译. 南京：江苏人民出版社，2001.

［4］安平秋，［美］安乐哲主编. 北美汉学家辞典. 北京：人民文学出版社，2001.

［5］［美］包弼德. 斯文唐宋思想的转型. 刘宁，译，南京：江苏人民出版社，2000.

［6］［比］保罗·德曼. 解构之图. 李自修，等译. 北京：中国社会科学出版社，1998.

［7］曹卫东. 他者的话语. 北京：北京大学出版社，2010.

［8］曹卫东. 中国文学在德国. 广州：花城出版社，2002.

［9］陈鼓应. 老子今注今译. 北京：商务印书馆，2003.

［10］陈鼓应，主编. 道家文化研究（第三辑）. 上海：上海古籍出版社，1993.

［11］陈国球. 文学史书写形态与文化政治. 北京：北京大学出版社，2004.

［12］陈乐民. 欧洲与中国. 北京：生活·读书·新知三联书店，2014.

［13］陈铭. 中德文学研究. 沈阳：辽宁教育出版社，1996.

［14］陈平原，米列娜，主编. 近代中国的百科辞书. 北京：北京大学出版社，2007.

［15］陈平原，王德威，编. 北京：都市想象与文化记忆. 北京：北京大学出版社，
　　　2005.

［16］陈平原. 小说史：理论与实践. 北京：北京大学出版社，1993.

［17］陈平原. 中国小说叙事模式的转变. 北京：北京大学出版社，2003.

［18］陈平原. 作为学科的文学史. 北京：北京大学出版社，2011.

［19］陈思和. 新文学整体观续编. 济南：山东教育出版社，2010.

［20］陈思和. 中国当代文学关键词十讲. 上海：复旦大学出版社，2002.

［21］陈思和. 中国新文学整体观. 上海：上海文艺出版社，1987.

［22］仇华飞. 美国的中国学研究. 北京：中国社会科学出版社，2011.

［23］［美］大卫·达姆罗什，陈永国，尹星，主编. 新方向：比较文学与世界文学读
　　　本. 北京：北京大学出版社，2010.

［24］［德］狄泽林克. 比较文学导论. 方维规，译. 北京：北京师范大学出版社，2009.

［25］丁虎. 从"有无之辩"走向"自然"之境：王弼哲学的精神. 北京：人民日报
　　　出版社，2009.

［26］丁四新. 郭店楚竹书《老子》校注. 武汉：武汉大学出版社，2010.

［27］董伯先，主编. 中德关系史研究. 济南：山东大学出版社，2014.

［28］董思靖. 太上老子道德经集解. 北京：中华书局，1985.

［29］董志铁. 名辩艺术与思维逻辑. 北京：中国广播电视出版社，1998.

［30］杜继东. 中德关系史话. 北京：社会科学文献出版社，2011.

［31］方维规. 20世纪德国文学思想论稿. 北京：北京大学出版社，2014.

［32］方维规. 思想与方法：地方性与普世性之间的世界文学. 北京：北京大学出版
　　　社，2017.

［33］方维规. 文学社会学新编. 北京：北京师范大学出版社，2011.

［34］方维规，主编. 思想与方法——全球化时代中西对话的可能. 北京：北京大学
　　　出版社，2014.

258

［35］［美］费正清. 观察中国. 傅光明，译. 北京：世界知识出版社，2008.

［36］［美］费正清. 中国回忆录. 阎亚婷，熊文霞译. 北京：中信出版社，2017.

［37］冯达甫. 老子译注. 上海：上海古籍出版社，2006.

［38］冯达文. 回归自然道家的主调与变奏. 广州：广东人民出版社，1992.

［39］冯达文. 中国哲学的本源：本体论. 广州：广东人民出版社，2001.

［40］冯天瑜，何晓明，周积明. 中华文化史. 上海：上海人民出版社，1990.

［41］冯友兰. 老子哲学. 郑州：河南人民出版社，2001.

［42］冯友兰. 中国哲学史. 重庆：重庆出版社，2009.

［43］［荷］佛克马：《中国文学与苏联影响（1956—1960）》，季进、聂友军译，
北京：北京大学出版社，2011年。

［44］［法］弗朗索瓦·于连，［法］狄艾里·马尔塞斯. 从外部反思欧洲——远西对
话. 张放，译. 郑州：大象出版社，2005.

［45］复旦大学历史系中国近代史教研组编. 中国近代对外关系史资料选（1840—
1900）. 上海：上海人民出版社，1977.

［46］复旦大学哲学系《老子注释》组编. 老子注释. 上海：上海人民出版社，1977.

［47］傅葆石. 双城故事：中国早期电影的文化政治. 刘辉，译. 北京：北京大学出版
社，2008.

［48］［德］伽达默尔. 真理与方法——哲学诠释学的基本特征. 洪汉鼎，译. 上海：
上海译文出版社，1999.

［49］高华平. 魏晋玄学人格美研究. 成都：巴蜀书社，2000.

［50］高龄芬. 王弼与郭象玄学方法之研究. 台北：花木兰文化出版社，2008.

［51］高正. 诸子百家研究. 北京：中国社会科学出版社，1997.

［52］［德］格奥尔格·西美尔. 宗教社会学. 曹卫东，译. 北京：北京师范大学出版
社，2017.

［53］葛洪撰，刘向传. 神仙传. 上海：上海古籍出版社，1990.

［54］葛荃. 中国政治文化教程. 北京：高等教育出版社，2006.

［55］葛荣晋. 道家文化与现代文明. 北京：中国人民大学出版社，2003年。

［56］［英］葛瑞汉. 论道者：中国古代哲学论辩. 张海晏，译. 北京：中国社会科学
出版社，2003.

［57］葛兆光. 七世纪前中国的知识、思想与信仰世界——中国思想史：第一卷. 上
海：复旦大学出版社，2013.

[58] 葛兆光. 思想史研究课堂讲录：视野、角度与方法. 北京：生活·读书·新知三联书店，2005.

[59] 葛兆光. 域外中国学十论. 上海：复旦大学出版社，2007.

[60] 葛兆光. 宅兹中国：重建有关"中国"的历史论述. 北京：中华书局，2011.

[61] 葛兆光. 中国思想史. 上海：复旦大学出版社，2013.

[62][德] 顾彬. 二十世纪中国文学史. 范劲，等译. 上海：华东师范大学出版社，2008.

[63][德] 顾彬. 汉学研究新视野. 李雪涛，熊英，整理. 桂林：广西师范大学出版社，2013.

[64][德] 顾彬，曹娟，主编. 野蛮人来临——汉学何去何从？. 北京：北京出版社，2017.

[65][德] 顾彬，李雪涛，张欣，编. 德国与中国：历史中的相遇. 桂林：广西师范大学出版社，2015。

[66] 顾明栋，周宪. "汉学主义"论争集萃. 北京：中国社会科学出版社，2017.

[67] 郭少棠. 旅行：跨文化想象. 北京：北京大学出版社，2005.

[68] 郭绍虞，主编. 中国历代文论选. 上海：上海古籍出版社，1979.

[69][美] 麦克尔·哈特，[意] 安东尼奥·奈格里. 帝国：全球化的政治秩序. 杨建国，范一亭，译. 南京：江苏人民出版社，2003.

[70][德] 海德格尔. 在通向语言的途中. 孙周兴，译. 北京：商务印书馆，2004.

[71] 韩林合. 游外以冥内——郭象哲学研究. 北京：商务印书馆，2016.

[72] 韩强. 王弼与中国文化. 贵阳：贵州人民出版社，2001.

[73][德] 汉斯-格奥尔格·伽达默尔. 诠释学真理与方法. 洪汉鼎，译. 北京：商务印书馆，2013年。

[74] 何培忠，主编. 国际视野中的中国研究——历史与现在. 北京：中国社会科学出版社，2013.

[75] 何寅，许光华，主编. 国外汉学史. 上海：上海外语教育出版社，2002.

[76][德] 黑格尔. 美学. 朱光潜，译. 北京：商务印书馆，1979.

[77] 洪修甲. 中国佛教与儒道思想. 北京：宗教文化出版社，2004.

[78] 侯且岸. 当代美国的显学：美国现代中国学研究. 北京：人民出版社，1995.

[79] 侯且岸. 美国的中国研究：从汉学到中国学. 北京：学苑出版社，2009.

[80] 胡适. 中国哲学史大纲. 北京：北京师范大学出版社，2013.

260

［81］黄瑞云. 老子本原. 北京：人民文学出版社，1995.

［82］黄时鉴. 东西交流史论稿. 上海：上海古籍出版社，1998.

［83］黄兴涛. "她"字的文化史：女性新代词符号的发明与认同研究. 福州：福建
　　　 教育出版社，2009.

［84］黄应全. 魏晋玄学与六朝文论. 北京：首都师范大学出版社，2004.

［85］黄子平. "灰阑"中的叙述. 上海：上海文艺出版社，2001.

［86］黄宗智，主编. 中国研究的范式问题讨论. 北京：社会科学文献出版社，2003.

［87］季进，余夏云. 英语世界中国现代文学研究综论. 北京：北京大学出版社，2017.

［88］季进. 季进文学评论选. 南京：江苏凤凰文艺出版社，2017.

［89］季进. 另一种声音：海外汉学访谈录. 上海：复旦大学出版社，2011.

［90］姜智芹. 中国新时期文学在国外的传播与研究. 济南：齐鲁出版社，2011.

［91］蒋丽梅. 王弼《老子注》研究. 北京：中国社会科学出版社，2012.

［92］蒋锐编. 东方之光——卫礼贤论中国文化. 孙立新，译校. 北京：外语教学与研
　　　 究出版社，2007.

［93］金岳霖. 论道. 北京：中国人民大学出版社，2010.

［94］景蜀慧. 中国魏晋南北朝文学史. 北京：人民出版社，1993.

［95］［美］柯文. 在中国发现历史：中国中心观在美国的兴起. 北京：中华书局，
　　　 1994.

［96］［美］孔飞力. 他者的中国人——中国近现代移民史. 南京：江苏人民出版社，
　　　 2016.

［97］孔子，等. 尔雅. 叶青，注. 大连：大连出版社，1998.

［98］兰喜并. 老子解读. 北京：中华书局，2005.

［99］乐黛云，主编. 当代英语世界鲁迅研究. 南昌：江西人民出版社，1993.

［100］李伯杰. 德国文化史. 北京：对外经济贸易大学出版社，2002.

［101］李零. 郭店楚简校读记. 北京：北京大学出版社，2002.

［102］李隆生. 清代的国际贸易：白银流入、货币危机和晚清工业化. 台北：秀威资
　　　　讯，2010.

［103］李欧梵，季进. 李欧梵季进对话录. 苏州：苏州大学出版社，2003.

［104］李欧梵. 苍凉与世故. 北京：人民文学出版社，2010.

［105］李欧梵. 狐狸洞话语. 北京：人民文学出版社，2010.

［106］李欧梵. 李欧梵论中国现代文学. 上海：上海三联书店，2008.

［107］李欧梵. 上海摩登：一种新都市文化在中国1930—1945. 杭州：浙江大学出版社，2017.

［108］李欧梵. 西潮的彼岸. 北京：人民文学出版社，2010.

［109］李欧梵. 现代性的追求：李欧梵文化评论精选集. 北京：生活·读书·新知三联书店，2000.

［110］李欧梵. 中西文学的徊想. 南京：江苏教育出版社，2005.

［111］李希光，刘康，等. 妖魔化中国的背后. 北京：中国社会科学出版社，1996.

［112］李学勤，主编. 国际汉学著作提要. 南昌：江西教育出版社，1996.

［113］李雪涛. 民国时期的德国汉学：文献与研究. 北京：外语教学与研究出版社，2013.

［114］李雪涛. 日耳曼学术谱系中的汉学——德国汉学之研究. 北京：外语教学与研究出版社，2008.

［115］李雪涛. 误解的对话——德国汉学家的中国记忆. 北京：新星出版社，2014.

［116］李泽厚. 中国古代思想史论. 北京：生活·读书·新知三联书店，2018.

［117］林光华. 魏晋玄学"言意之辨"研究. 北京：社会科学文献出版社，2016.

［118］林语堂. 老子的智慧. 西安：陕西师范大学出版社，2006.。

［119］林语堂. 中国新闻舆论史. 王海，何洪亮，译. 北京：中国人民大学出版社，2008.

［120］刘大杰. 魏晋思想论. 上海：上海古籍出版社，1998.

［121］刘季冬. 儒道会通：王弼《老子注》之思想建构. 北京：人民出版社，2014.

［122］刘善章，周荃. 中德关系史译文集. 青岛：青岛出版社，1992.

［123］刘晓东，主编. 经学源流. 济南：山东人民出版社，1992.

［124］刘笑敢. 老子古今：五种对勘与析评引论. 北京：中国社会科学出版社，2006.

［125］刘勰. 文心雕龙. 呼和浩特：远方出版社，2007.

［126］刘勰. 文心雕龙注. 范文澜，注. 北京：人民文学出版社，1958.

［127］刘义庆. 世说新语. 任晓彤，韩晶，注. 北京：中国社会科学出版社，2003.

［128］楼宇烈. 王弼集校释. 北京：中华书局，1980.

［129］卢桂珍. 王弼与郭象之圣人论. 台北：花木兰文化出版社，2010.

［130］鲁迅. 鲁迅全集卷三. 北京：人民文学出版社，2005.

［131］陆德明. 经典释文. 上海：上海古籍出版社，1985.

［132］逯耀东. 魏晋史学的思想与社会基础. 北京：中华书局，2006.

262

［133］栾梅健. 二十世纪中国文学发生论. 桂林：广西师范大学出版社，2006.

［134］［美］罗芙芸. 卫生的现代性：中国通商口岸卫生与疾病的含义. 向磊，译. 南京：江苏人民出版社，2007.

［135］罗钢，刘象愚，主编. 后殖民主义文化理论. 北京：中国社会科学出版社，1999.

［136］罗宏曾. 晋南北朝文化史. 成都：四川人民出版社，1989.

［137］［美］罗浦洛，主编. 美国学者论中国文化. 包伟民，陈晓燕，译. 北京：中国广播电视出版社，1994.

［138］［英］罗素. 西方哲学史. 何兆武，译. 北京：商务印书馆，2015.

［139］罗宗强. 魏晋南北朝文学思想史. 北京：中华书局，1996.

［140］罗宗强. 玄学与魏晋士人心态. 天津：天津教育出版社，2006.

［141］吕思勉. 两晋南北朝史. 上海：上海古籍出版社，2005.

［142］马德邻. 老子形上思想研究. 上海：学林出版社，2003.

［143］马汉茂，等，主编. 德国汉学（历史、发展、人物与视角）. 郑州：大象出版社，2005.

［144］茅海建. 天朝的崩溃. 北京：生活·读书·新知三联书店，1995.

［145］孟华. 比较文学形象学. 北京：北京大学出版社，2001.

［146］［捷］米列娜，编. 从传统到现代：19至20世纪转折时期的中国小说. 伍晓明，译. 北京：北京大学出版社，1991.

［147］牟宗三. 中国哲学十九讲. 上海：上海古籍出版社，2005.

［148］南怀瑾. 老子他说：第二卷. 上海：复旦大学出版社，2000.

［149］彭松. 多向之维：欧美中国现代文学研究论. 北京：光明日报出版社，2008.

［150］彭自强. 佛教与儒道的冲突和融合——以汉魏两晋时期为中心. 成都：巴蜀书社，2000.

［151］皮锡瑞. 经学通论. 北京：中华书局，1954.

［152］钱穆. 国学概论. 北京：商务印书馆，1997.

［153］钱穆. 老子辨. 上海：上海大华书局，1935.

［154］秦绍德. 上海近代报刊史论. 上海：复旦大学出版社，1993.

［155］饶宗颐. 老子想尔注校证. 上海：上海古籍出版社，1991.

［156］任继愈. 老子新译. 上海：上海古籍出版社，1985.

［157］任继愈. 王弼"贵无"的唯心主义本体论. //任继愈文集：第二册. 北京：国家图书馆出版社，2014.

［158］［美］萨义德. 东方学. 王宇根，译. 北京：生活·读书·新知三联书店，1999.

［159］［美］萨义德. 文化与帝国主义. 李琨，译. 北京：生活·读书·新知三联书店，2003.

［160］［美］史华慈. 寻求富强：严复与西方. 叶美凤，译. 南京：江苏人民出版社，1990.

［161］沈福伟. 中西文化交流史. 上海：上海人民出版社，1985.

［162］［美］史景迁. 文化类同与文化利用——世界文化总体对话中的中国形象. 廖世奇，彭小樵，译. 北京：北京大学出版社，1990.

［163］苏东天. 易老子与王弼注辨义. 北京：文化艺术出版社，1996.

［164］孙康宜. 文学经典的挑战. 南昌：百花洲文艺出版社，2002.

［165］孙立新. 近代中德关系史论. 北京：商务印书馆，2014.

［166］孙明君. 汉魏文学与政治. 北京：商务印书馆，2003.

［167］孙以楷. 老子注释三种. 合肥：安徽人民出版社. 2003.

［168］孙越生，陈书梅，主编. 美国中国学手册. 北京：中国社会科学出版社，1993.

［169］汤一介，胡仲平，编. 魏晋玄学研究. 武汉：湖北教育出版社，2008.

［170］汤一介. 国故新知：中国传统文化的再诠释. 北京：北京大学出版社，1993.

［171］汤一介. 魏晋玄学论讲义. 厦门：鹭江出版社，2006.

［172］汤用彤. 汉魏两晋南北朝佛教史. 北京：中华书局，1983.

［173］汤用彤. 理学·佛学·玄学. 北京：北京大学出版社，1991.

［174］汤用彤. 魏晋玄学讲义. 天津：天津古籍出版社，2009.

［175］汤用彤. 魏晋玄学论稿. 上海：上海古籍出版社，2001.

［176］唐翼明. 魏晋清谈. 北京：人民文学出版社，2002.

［177］唐翼明. 魏晋文学与玄学. 武汉：长江文艺出版社，2004.

［178］田汉云. 六朝经学与玄学. 南京：南京出版社，2003.

［179］田永胜. 王弼思想与诠释文本. 北京：光明日报出版社，2003.

［180］［德］瓦尔特·本雅明. 巴黎，19世纪的首都. 刘北成，译. 上海：上海人民出版社，2006.

［181］王葆玹. 黄老与老庄. 北京：中国人民大学出版社，2012.

［182］王葆玹. 今古文经学新论. 北京：中国社会科学出版社，1997.

［183］王葆玹. 正始玄学. 济南：齐鲁书社，1987.

［184］王弼. 老子道德经注. 楼宇烈，校释. 北京：中华书局，2011.

［185］王弼. 老子注. //国学整理社编. 诸子集成（第三册）. 北京：中华书局，1954.

［186］王弼. 王弼集校释. 楼宇烈，校释，北京：中华书局，1980.

［187］王德威. 如此繁华. 上海：上海书店出版社，2006.

［188］王德威. 抒情传统与中国现代性：在北大的八堂课. 北京：生活·读书·新知三联书店，2010.

［189］王德威. 现代中国小说十讲. 上海：复旦大学出版社，2003.

［190］王德威. 想象中国的方法：历史·小说·叙事. 北京：生活·读书·新知三联书店，2003.

［191］王德威. 小说中国：晚清到当代的中文小说. 台北：麦田出版社，1993.

［192］王德威. 一九四九：伤痕书写与国家文学. 香港：三联书店（香港）有限公司，2008.

［193］王笛. 茶馆：成都的公共生活和微观世界，1900—1950. 北京：社会科学文献出版社，2010.

［194］王笛. 街头文化：成都公共空间、下层民众与地方政治. 北京：中国人民大学出版社，2006.

［195］王笛. 跨出封闭的世界：长江上游区域社会研究. 北京：北京大学出版社，2018.

［196］王荣华，黄仁伟，主编. 中国学研究现状、趋势与意义. 上海：学林出版社，2007.

［197］王树人. 回归原创之思："象思维"视野下的中国智慧. 南京：江苏人民出版社，2005.

［198］王晓毅. 放荡不羁的士族. 西安：陕西人民出版社，1989.

［199］王晓毅. 郭象评传. 南京：南京大学出版社，2006.

［200］王晓毅. 儒释道与魏晋玄学形成. 北京：中华书局，2003.

［201］王晓毅. 王弼评传. 南京：南京大学出版社，2011.

［202］王晓毅. 中国古代人才鉴识术——〈人物志〉译注与研究. 长春：吉林文史出版社，1994.

［203］王晓毅. 中国文化的清流. 北京：中国社会科学出版社，1991.

［204］王尧，季进，编. 下江南——苏州大学海外汉学演讲录. 上海：复旦大学出版社，2011.

［205］王岳川. 后殖民主义与新历史主义文论. 济南：山东教育出版社，1999.

［206］韦政通. 中国思想史. 上海：上海书店出版社，2003.

［207］卫茂平，马佳欣，郑霞. 异域的召唤——德国作家与中国文化. 银川：宁夏人民出版社，2002.

［208］卫茂平. 中国对德国文学影响史述. 上海：上海外语教育出版社，1996.

［209］［美］魏斐德. 上海歹土：1937—1941. 芮传明，译. 上海：上海古籍出版社，2003.

［210］［美］魏斐德. 上海警察：1927—1973. 章红，等译. 上海：上海古籍出版社，2004.

［211］吴廷俊. 中国新闻史新修. 上海：复旦大学出版社，2008.

［212］吴正岚. 六朝江东士族的家学门风. 南京：南京大学出版社，2003.

［213］武锋. 王弼. 昆明：云南教育出版社，2012.

［214］夏晓虹. 晚清女性与近代中国. 北京：北京大学出版社，2004.

［215］萧公权. 中国政治思想史. 沈阳：辽宁教育出版社，1998.

［216］辛冠洁. 中国古代著名哲学家评论. 济南：齐鲁书社，1982.

［217］熊铁基，等. 二十世纪中国老学. 福州：福建人民出版社，2002.

［218］熊文华. 美国汉学史（上册）. 北京：学苑出版社，2015.

［219］熊文华. 美国汉学史（下册）. 北京：学苑出版社，2015.

［220］徐斌. 魏晋玄学新论. 上海：上海古籍出版社，2000.

［221］许建良. 魏晋玄学伦理思想研究. 北京：人民出版社，2003.

［222］许啸天. 老子. 北京：中国书店. 1988.

［223］薛君度，刘志琴，主编. 近代中国社会生活与观念变迁. 北京：中国社会科学出版社，2001.

［224］［法］雅克·勒高夫. 新史学. 姚蒙，编译. 上海：上海译文出版社，1989.

［225］严复. 老子道德经评点. 北京：商务印书馆，1931.

［226］严正. 儒学本体论研究. 天津：天津人民出版社，1997.

［227］严遵. 老子指归. 北京：中华书局，1994.

［228］阎步克. 波峰与波谷——秦汉魏晋南北朝的政治文明. 北京：北京大学出版社，2017.

［229］阎纯德，主编. 汉学研究：第八集. 北京：中华书局，2004.

［230］阎纯德，主编. 汉学研究：第二集. 北京：中国和平出版社，1997.

［231］阎纯德，主编. 汉学研究：第九集. 北京：中华书局，2006.

［232］阎纯德，主编. 汉学研究：第三集. 北京：中国和平出版社，1999.

266

［233］阎纯德，主编. 汉学研究：第一集. 北京：中国和平出版社，1996.

［234］［德］扬·阿斯曼. 文化记忆：早期高级文化中的文字、回忆和政治身份. 金寿福，黄晓晨，译. 北京：北京大学出版社，2015.

［235］杨鉴生. 王弼研究. 郑州：河南人民出版社，2012.

［236］杨立华. 郭象庄子注研究. 北京：北京大学出版社，2010.

［237］尹锡珉. 王弼易学解经体例探源. 成都：四川出版集团巴蜀书社，2006.

［238］余敦康. 何晏王弼玄学新探. 济南：齐鲁书社，1991.

［239］余敦康. 内圣外王的贯通. 上海：学林出版社，1997.

［240］余敦康. 魏晋玄学史. 北京：北京大学出版社，2004.

［241］俞宣孟. 本体论研究. 上海：上海人民出版社，2005.

［242］［美］宇文所安. 中国文论：英译与评论. 王柏华，陶庆梅，译. 上海：上海社会科学院出版社，2003.

［243］袁行霈. 中国文学史纲要. 北京：北京大学出版社，1990.

［244］詹剑峰. 老子其人其书及其道论. 武汉：湖北人民出版社，1982.

［245］詹明信. 晚期资本主义的文化逻辑. 北京：生活·读书·新知三联书店，2003.

［246］［美］詹姆逊. 快感：文化与政治. 王逢振，译. 北京：中国社会科学出版社，1998.

［247］张承宗，等，主编. 六朝史. 南京：江苏古籍出版社，1991.

［248］张传玺. 中国古代史教学参考地图集. 北京：北京大学出版社，1984.

［249］张春波. 肇论校释. 北京：中华书局，2010.

［250］张岱年. 中国古典哲学概念范畴要论. 北京：中华书局，2017.

［251］张岱年. 中国哲学大纲. 北京：商务印书馆，2015.

［252］张法. 中国文化与悲剧意识. 北京：中国人民大学出版社，1989.

［253］张帆，编. 论语. 北京：北京燕山出版社，1995.

［254］张国刚. 德国的汉学研究. 北京：中华书局，1994.

［255］张海惠，主编. 北美中国学研究：研究概述与文献资源. 北京：中华书局，2010.

［256］张灏. 幽暗意识与民主传统. 北京：新星出版社，2006.

［257］张寄谦，编. 中德关系史研巧论集. 北京：北京大学出版社，2011.

［258］张京媛，主编. 后殖民理论与文化批评. 北京：北京大学出版社，1999.

［259］张京媛，主编. 新历史主义与文学批评. 北京：北京大学出版社，1993.

［260］张连良. 中国古代哲学史. 北京：中国社会科学出版社，2016.

［261］张隆溪. 阐释学与跨文化研究. 北京：生活·读书·新知三联书店，2014.

［262］张岂之，主编. 中国思想史. 西安：西北大学出版社，1993.

［263］张荣明. 方术与中国传统文化. 上海：学林出版社，2000.

［264］张松如. 老子说解. 济南：齐鲁书社，1998.

［265］张松如. 老子校读. 长春：吉林人民出版社，1981.

［266］张文智. 周易集解导读. 济南：齐鲁书社，2005.

［267］张西平. 东西流水终相逢. 北京：生活·读书·新知三联书店，2010.

［268］张西平. 欧洲早期汉学史——中西文化交流与西方汉学的兴起. 北京：中华书局，2009.

［269］张西平，主编. 西方汉学十六讲. 北京：外语教学与研究出版社，2011.

［270］张兆裕. 老子. 北京：北京燕山出版社，1995.

［271］张志伟，主编. 西方哲学史. 北京：中国人民大学出版社，2002.

［272］赵稀方. 后殖民理论. 北京：北京大学出版社，2009.

［273］赵翼. 廿二史札记. 北京：商务印书馆，1987.

［274］赵振玫，主编. 中德关系史文丛. 北京：中国建设出版社，1987.

［275］郑新. 魏晋南北朝史探索. 济南：山东大学出版社，1989.

［276］中国魏晋南北朝史学会学术讨论会，编. 魏晋南北朝史研究. 成都：四川省社会科学院出版社，1986.

［277］周光庆. 中国古典解释学导论. 北京：中华书局，2002.

［278］周宁. 跨文化研究：以中国形象为方法. 北京：商务印书馆，2011.

［279］周宁，主编. 世界之中国——域外中国形象研究. 南京：南京大学出版社，2007.

［280］周绍贤. 魏晋清谈述论. 台北：台湾商务印书馆，1966.

［281］周文英. 中国逻辑思想史稿. 北京：人民出版社，1979.

［282］周一良. 魏晋南北朝史札记. 北京：中华书局，1985.

［283］周一良，主编. 中外文化交流史. 郑州：河南人民出版社，1987.

［284］周裕锴. 中国古代阐释学研究. 上海：上海人民出版社，2003.

［285］朱大渭. 魏晋南北朝社会生活史. 北京：中国社会科学出版社，1998.

［286］朱汉民. 玄学与理学的学术思想理路研究. 北京：中国社会科学出版社，2012.

［287］朱熹，注. 诗经. 上海：上海古籍出版社，1987.

［288］朱政惠，崔丕，主编. 北美中国学的历史与现状. 上海：上海辞书出版社，
　　　　2008.

［289］朱政惠. 美国中国学发展史——以历史学为中心. 上海：上海世纪出版集团，
　　　　2014.

［290］朱政惠，编. 美国学者论美国中国学. 上海：上海辞书出版社，2009.

［291］朱政惠，编. 中国学者论美国中国学. 上海：上海辞书出版社，2008.

德文文献:

［1］Bodo Harenberg. *Personen Lexikon*. Chronik Verlag, 1983.

［2］Dr. Helmut M. Müller. *Deutsche Geschichte in Schlaglichten*. Mannheim: F. A.
　　Brockhaus Gmb H, 2007.

［3］Gründer, Horst: *Geschichte der deutschen Kolonien*. Paderborn, 1985.

［4］Gründer, Horst. *Eine Geschichte der europäische Expansion, von Entdeckern und
　　Eroberern zum Kolonialismus*. Darmstadt: Wissenschaftliche Buchgesellschaft, 2003.

［5］Gründer, Horst. *Christliche Mission und deutscher Imperialismus*. Berlin: Verlagshaus
　　Jacoby Stuart, 2009.

［6］R. Grundemann. *Kleine Missionsgeographie und-statistik*. Zur Darstellung des
　　Standes der evangelischen Mission am Schluss des 19. Jahrhunderts. Frankfurt am
　　Main: Societäts-Verlag, 1998.

［7］Wilhelm Leuschner. *Aus dem Leben und der Arbeit eines China-Missinars*. Berlin.
　　Renningen: Garant Verlag GmbH, 2005.

［8］Werner Conze und Volker Hentschel. *Deutsche Geschichte. Freiburg*: Verlag Plötz,
　　1983.

［9］Andrea, Janku. Nur leere Reden: *Politischer Diskurs und die Shanghaier Presse im
　　China des späten 19. Jahrhunderts*. Wiesbaden: Harrassowitz Verlag, 2003.

［10］Vinttinghoff, Natascha. *Die Anfänge des Journalismus in China*（1860—1911）.
　　Wiesbaden: Hrrassowitz Verlag, 2002.

［11］Bauer, Wolfgang. *China und die Hoffnung auf Glück*, Paradiese, Utopien,

Idealvorstellungen in der Geistesgeschichte Chinas. München: Deutscher Taschenbuch-Verlag, 1971.

[12] Bauer, Wolfgang. *China und die Fremden–3000 Jahre Auseinandersetzung in Krieg und Frieden.* München: C.H. Beck'sche Verlagbsbuchhandlung, 1980.

[13] Glintzer, Helwig Schmidt (Hg.) : *Das andere China. Festschrift für Wolfgang Bauer Zum 65. Geburtstag.* Wiesbaden: 1995.

[14] Jia, Wenjian, Tan, Jinfu (Hg.) : *Kommunikation mit China-Eine chinesische Perspektive.* Frankfurt am Main: Peter Lang Verlag, 2005.

[15] Leutner, Mechthild (Hg.) : *Deutsch-chinesische Beziehungen 1911-1927.* Berlin: Akademie Verlag, 2006.

[16] Tan, Jinfu: *Die Entwicklung der deutsch-chinesischen Kulturbeziehungen 1949–1989.* Regenburg: Roderer Verlag, 1997.

[17] Thomas, Alexander: *Handbuch Interkulturelle Kommunikation und Kooperation*, Bd. 1. Göttingen: Deuscher Taschenbuch Verlag, 2005.

[18] Wang, Zhiqiang: *Fremdheit und Fremdverstehen aus Sicht interkultureller Germanistik*, in Interkultureller Kommunikation Deutsch-Chinesisch, Hg. v. Zhu, Jianhua. Frankfurt am Main: 2006.

[19] Bühler, Axel (Hrsg.) . *Hermaneutik. Basistext zur Einführung in die wissenschafts-theoretischen Grundlagen von Verstehen und Interpretation*, Heidelberg, 2003.

[20] Demel, Walter. *Als Fremde in China. Das Reich der Mittel im Spiegel frühneu-zeitlicher europäischer Reiseberichte.* München, 1992.

[21] Dopsch, Alfons. *Wirtschaftliche und soziale Grundlagen der europäischen Kulturentwicklung. Aus der Zeit von Caesar bis auf Karl den Großen*, 2. Bde.. Wien: L. W. Seidel & Sohn 1918.

[22] Eberhard, Wolfram. *China und seine westliche Nachbarn. Beiträge zur mittelalterlichen und neuen Geschichte Zentralasiens.* Darmstadt, 1978.

[23] Elias, Norbert. *Über den Prozess der Zivilisation: Soziogenetische und psychogenetische Untersuchungen.* Frankfurt am Main: Suhrkamp, 1997.

[24] Epkenhals, Michael. *Geschichte Deutschlands: Von 1648 bis heute.* Theiss, Konrad, 2008.

[25] Erkes, Eduard: *China und Europa. Kontrast und Ausgleich zweier Weltkulturen,*

Leipzip, 1947.

［26］Fenske, Hans: *Deutsche Geschichte. Von Ausgange des Mittelalters bis heute*. Darmstadt: Primus Verlag, 2002.

［27］Frank, Herbert: *Orientalistik. Teil 1: Sinologie*, Bern: A. Francke Verlag, 1953.

［28］Frank, Herbert: *Sinologie an deutschen Universitäten*. Wiesbaden: Steiner, 1968.

［29］Franke, Otto. *Ostasiatische Neubildungen. Beiträge zum Verständnis der politischen und kulturellen Entwicklungsvorgänge im Fernen Osten*. Hamburg: C. Boysen, 1911.

［30］Gall, Lothar. *Europa auf dem Weg in die Moderne 1850-1890*, München/Wien, 1984.

［31］Gollwitzer, Heinz. *Die gelbe Gefahr. Geschichte eines Schlagworts. Studien zum imperialistischen Denken*, Göttingen, 1962.

［32］Gollwitzer, Heinz. *Weltpolitik und Deutsche Geschichte*. Göttingen: Vandenhoeck & Ruprecht, 2008.

［33］Habermas, Jürgen: *Strukturwandel der Öffentlichkeit. Untersuchungen zu einer Kategorie der bürgerlichen Gesellschaft*. Neuwied am Rhein 1962-1987.

［34］Hahn, Hans-Werner. *Die industrielle Revolution in Deutschland*. München: Oldenbourg Verlag, 1998.

［35］Heng-yü, Kuo; Leutner, Mechthild（Hrsg.）. *Deutsch-chinesische Beziehungen vom 19. Jahrhundert bis zur Gegenwart: Beiträge des internationalen Symposiums in Berlin*. München: Minerva Publikation, 1991.

英文文献

［1］Abbas, Ackbar. Hong Kong: *Culture and the Politics of Disappearance*. Minneapolis: Minnesota University Press, 1997.

［2］Barlow, Tani E., ed. *Gender Politics in Modern China: Writing and Feminism*. Durham: Duke University Press, 1993.

［3］ Barret, T. H. *Singgular Listlessness*, London: Wellsweep.1989.

［4］ Berry, Michael. A History of Pain: *Trauma in Modern Chinese Literature and Film*. New York: Columbia University Press, 2008.

［5］ Braester, Yomi. *Witness Against History: Literature, Film, and Public Discourse in Twentieth-century China*. Stanford, Calif.: Stanford University Press, 2003.

［6］ Braester, Yomi. *Painting the City Red: Chinese Cinema and the Urban Contract*. Durham: Duke University Press, 2010.

［7］ Button, Peter. *Configurations of the Real in Chinese Literary and Aesthetic Modernity*. Leiden: Brill, 2009.

［8］ Mittler, Barbara. *A newspaper for China? Power, Identity, and Change in Shanghai's News Media, 1872-1912*. Cambridge: Harvard University Press, 2004.

［9］ Chang, Sung-Sheng Yvonne. *Modernism and the Nativist Resistance: Contemporary Chinese Fiction from Taiwan*. Durham: Duke University Press, 1993.

［10］ Chang, Sung-Sheng Yvonne. *Literary Culture in Taiwan: Martial Law to Market Law*. New York: Columbia University Press, 2004.

［11］ Chen, Xiaomei. *Occidentalism: A Theory of Counter-Discourse in Post-Mao China*. New York: Oxford, 1995.

［12］ Chen, Xiaomei. *Acting the Right Part: Political Theater and Popular Drama in Contemporary China*. Honolulu: University of Hawai'i Press, 2002.

［13］ Chen, Xiaomei, ed. *Reading the Right Text: An Anthology of Contemporary Chinese Drama*. Honolulu: University of Hawai'i Press, 2003.

［14］ Cheung, Dominic. Feng Chih: *A Critical Biography*. Boston: Twayne Publishers, 1979.

［15］ Chi, Pang-yuan & David Der-wei Wang, ed. *Chinese Literature in the Second Half of a Modern Century: A Critical Survey*. Bloomington: Indiana University Press, 2000.

［16］ Chow, Rey. *Ethics after Idealism: Theory, Culture, Ethnicity, Reading*. Bloomington: Indiana University Press, 1998.

［17］ Chow, Rey, ed. *Modern Chinese Literary Studies in the Age of Theory*: Reimagining a Field. Durham: Duke University Press, 2000.

[18] Chow, Rey. *The Age of the World Target: Self-Referentiality in War, Theory, and Comparative Work*. Durham: Duke University Press, 2006.

[19] Chow, Rey. *Sentimental Fabulations, Contemporary Chinese Films: Attachment in the Age of Global Visibility*. New York: Columbia University Press, 2007.

[20] Crevel, Maghiel van. Language Shattered: *Contemporary Chinese Poetry and Duoduo*. Leiden: CNWS Publications, 1996.

[21] Croissant, Doris & Catherine Vance Yeh & Joshua S. Mostow, eds. *Performing "Nation": Gender Politics in Literature, Theater, and the Visual Arts of China and Japan, 1880-1940*. Leiden: Brill, 2008.

[22] Daruvala, Susan. *Zhou Zuoren and an alternative Chinese response to modernity*. Cambridge: Harvard University Asia Center, 2000.

[23] Denton, Kirk Alexander, ed. *Modern Chinese Literature Thought*: Writings on Literature, 1893-1945. Stanford: Stanford University Press, 1997.

[24] Denton, Kirk Alexander, eds. *The Problematic of Self in Modern Chinese Literature: Hu Feng and Lu Ling*. Stanford: Stanford University Press, 1998.

[25] Dirlik, Arif & Zhang Xudong, eds. *Postmodernism and China*. Durham: Duke University Press, 2000.

[26] Duke, Michael. Blooming and Contending: *Chinese Literature in the Post-Mao Era*. Bloomington: Indiana University Press, 1985.

[27] Duke, Michael. *Modern Chinese Women Writers: Critical Approaches*. New York: M. E. Sharpe, 1989.

[28] Fairbank, John K. China's Response to the West: A Documentary Survey, 1839-1923, Cambridge: Harvard University Press.

[29] Feuerwerker, Yi-tsi Mei. *Ding Ling's Fiction: Ideology and Narrative in Modern Chinese Literature*. Cambridge, Mass.: Harvard University Press, 1982.

[30] Feuerwerker, Yi-tsi Mei. *Ideology, Power, Text: Self-Representation and the Peasant "Other" in Modern Chinese Literature*. Stanford: Stanford University Press, 1998.

[31] Finnane, Antonia. *Changing Clothes in China: Fashion, History, Nation*. New York: Columbia University Press, 2007.

[32] Fokkema, Douwe W., *Literary Doctrine in China and Soviet Influence: 1956-1960*.

The Hague, The Netherlands, Mouton & Co., 1965.

［33］ Forges, Alexander Des. Mediasphere Shanghai: *The Aesthetics of Cultural Production*. Honolulu: University of Hawai'i Press, 2007.

［34］ Fu, Poshek. *Passivity, Resistance, and Collaboration: Intellectual Choices in Occupied Shanghai, 1937–1945*. Stanford, Calif.: Stanford University Press, 1993.

［35］ Fu, Poshek. *Between Shanghai and Hong Kong: the politics of Chinese cinemas*. Stanford: Stanford University Press, 2003.

后　记

　　《鲁道夫·瓦格纳评传》从开始撰写到成稿已经八年过去了。这些年来，天赐庄校区办公室南窗外的银杏树一遍遍从初春的新芽到炎夏的繁茂到深秋的灿烂又到寒冬的荒寂，自然界的更替常常能安慰因为各种原因而焦躁不安的情绪。

　　此间我曾经在苏州大学聆听过瓦格纳教授的讲座，并与其夫人叶凯蒂女士保持一些联系。2019 年本书有了基本雏形，此时却惊闻了瓦格纳教授离世的消息。传主已逝，而评传的写作却在很多人的帮助下延续着。感谢瓦格纳教授出现在我的视野里，接受我不成熟的研究和判断。

　　此处感谢我的博士生导师季进教授，感谢老师这些年提供的润物细无声的学术环境和氛围，使我慢慢走进海外汉学研究的一方天地。老师使我看到了一种在真实世界和诗意世界之间随意出入的可能性。同样感谢本丛书的主编葛桂录教授。葛教授在我写作困顿之时一次又一次醍醐灌顶地指点，使我的学术认知一步步深透，让我的写作进程得以持续推进。没有葛教授的帮助，此书难以成稿。

　　本书在写作的过程中还得到了上海外国语大学谢天振教授、宋炳辉教授、中国作协吴义勤教授、华东师范大学范劲教授、苏州大学刘祥安教授、朱建刚教授的指导和帮助，在此表示无限感激。

　　感谢我的先生陆而立，在繁忙的医疗工作的同时，给予我的工作和学习从未有犹豫的支持和鼓励。感谢我的女儿见证我的成书过程，在此期间，她从一个小朋友长成了一个初中生。感谢我的家人们的理解和支持。最后，我还要感谢丛书策划祝丽总编辑、山东教育出版社责编孙文飞老师在成书期间的辛苦付出。

　　由于能力有限，本书可能存在着很多不足和疏漏之处，期待大家多多批评和指正，以于日后加以改正和修订。

赵　韧

2023 年 10 月于苏纶里